思想政治教育研究文库

高职高专学生心理健康教育

李向东　关淑霞　主编

光明日报出版社

图书在版编目（CIP）数据

高职高专学生心理健康教育 ／ 李向东，关淑霞主编
. --北京：光明日报出版社，2021.4
ISBN 978－7－5194－5864－5

Ⅰ.①高… Ⅱ.①李… ②关… Ⅲ.①心理健康—健
康教育—高等职业教育—教材 Ⅳ.①G444

中国版本图书馆 CIP 数据核字（2021）第 056882 号

高职高专学生心理健康教育
GAOZHI GAOZHUAN XUESHENG XINLI JIANKANG JIAOYU

主　　编：李向东　关淑霞

责任编辑：庄　宁　　　　　　　　　责任校对：姚　红
封面设计：中联华文　　　　　　　　责任印制：曹　净

出版发行：光明日报出版社
地　　址：北京市西城区永安路 106 号，100050
电　　话：010－63139890（咨询），63131930（邮购）
传　　真：010－63131930
网　　址：http://book.gmw.cn
E － mail：zhuangning@gmw.cn
法律顾问：北京德恒律师事务所龚柳方律师

印　　刷：三河市华东印刷有限公司
装　　订：三河市华东印刷有限公司
本书如有破损、缺页、装订错误，请与本社联系调换，电话：010－63131930

开　　本：170mm×240mm
字　　数：253 千字　　　　　　　　印　　张：16.5
版　　次：2021 年 4 月第 1 版　　　　印　　次：2021 年 4 月第 1 次印刷
书　　号：ISBN 978－7－5194－5864－5
定　　价：95.00 元

编 委 会

主　编：李向东　关淑霞

副　编：田忠梅　高海霞

参　编：包丽珍　乌日罕

　　　　斯日古楞

前　言

中共教育部党组于2018年7月4日印发了《高等学校学生心理健康教育指导纲要》。其中的主要任务就包括各高等学校要健全心理健康教育课程体系，完善心理健康教育教材体系，组织编写大学生心理健康教育示范教材，科学规范教学内容。

大学生是国家的栋梁，大学阶段正是其"三观"形成的重要时期，高等学校能否做好社会转型期大学生心理健康教育工作，将决定着这特殊历史时期大学生心理健康的整体水平和"可持续发展"。为此，《普通高等学校学生心理健康教育课程教学基本要求》（教思政厅【2011】5号）和《高等学校学生心理健康教育指导纲要》规范了高等学校学生心理健康教育的基本内容：普及心理健康知识，强化心理健康意识，识别心理异常现象；提升心理健康素质，增强社会适应能力，开发自我心理潜能；运用心理调节方法，掌握心理保健技能，提高心理健康水平。其重点是学习成才、人际交往、恋爱婚姻、自我认知与人格发展、情绪调适与压力管理、社会与生活适应以及就业创业与生涯规划。

本教材就是以上述要求为准绳编写的，按章（教学单元）、节（教学课时，可选用）序列呈现，共9章28节。教学单元的核心内容包括心理健康知识、高职高专学生认知的发展、情绪管理、自我与性格、人际交往、学习心理、恋爱心理、特殊心理等。各章各节设计的逻辑思路是：学习心理健康知识——掌握保持心理健康方法——团体辅导活动，这三个环节相互联系、逐步递进，既让学生学习了心理健康基本知识，又参与体验了心理健康活动。

　　《高职高专学生心理健康教育》在编撰中力求体现以下特色：一是以高职高专学生心理特点为基础，提升与发展其心理健康水平，突出了本教材的高职高专特色；二是强调时代性、科学性、知识性和准确性，重视体验性、探索性、实践性和趣味性的有机结合，强化知识技能和态度情感价值观的统一；三是教学内容注重体验性、活动性、应用性，结构体例注重多样化、趣味化、操作化，更强调心理调适方法的训练与实践。同时，各章附有学习目标、核心概念、拓展阅读，以及信息窗、小贴士等，形式生动活泼，文字通俗易懂，活动启迪智慧，内容具有人文关怀，以充分激发高职高专学生的学习兴趣和求知欲望。

　　本教材由李向东、关淑霞担任主编，田忠梅、高海霞担任副主编。具体编写分工如下：李向东负责全文审阅与修改，并编写第七章第四节及团体辅导部分、第八章、第九章，共计六万字，关淑霞负责本书的结构安排和全文审阅与修改，田忠梅负责第一章、第二章的第四节和第五节及团体辅导部分、第四章的第一节、第五章，共计五万两千字。高海霞负责第二章的第一至三节、第三章、第四章的第二节及团体心理辅导部分、第六章、第七章第一至三节，共计五万一千字。参编人员有包丽珍、乌日罕、斯日古楞参与了审阅与修改工作，在教材编写过程中给予了大力支持和帮助。

　　由于时间紧、任务重，加上编者水平有限，《高职高专学生心理健康教育》一书中难免存在不足和纰漏之处，恳请大家的谅解并予指导为盼。

目 录
CONTENTS

第一章

打开心扉——高职高专学生心理健康教育

学习目标：

1. 了解什么是心理、心理健康及心理健康教育。

2. 领会心理健康的标准。

3. 认识心理健康教育的意义并懂得维护心理健康的策略。

4. 能够运用所学的知识帮助自己和他人。

案例导入：

2007年，女孩杨某，追星多年，最终导致学业荒废、父亲自杀，令世人痛心。杨某追星之初，父母也曾多次劝说，可达到痴迷程度的杨某根本不听父母的劝说，导致两代人产生了很深的矛盾。看着日益憔悴的女儿，出于对女儿的疼爱，父母不得不改变态度，开始支持女儿追星。杨某的父亲为了支持女儿追星，不惜倾家荡产，甚至要卖肾为女儿圆追星梦，最后苦苦追星多年的杨某终于赴港参加歌友会，在歌友会上见到了自己的偶像，并合影留念。杨某的愿望终于实现了，然而其父在第二天凌晨却跳海自杀了，原因是歌星没有拿出更多的时间与女儿接触，辜负了女儿多年的苦追。杨某狂热追星，不惜荒废自己的学业，不顾自己家庭的经济条件，最终导致这样一个悲惨的结局，令人惋惜。据有关心理专家分析，杨某在自我意识及人格方面存在着严重的问题。①

随着社会的快速发展，社会竞争压力不断增大，社会刺激变得多样化与复杂化，心理健康的重要性也越来越突出。大学生对自己的心理健康状况了

---

① 郝春生. 高职大学生心理健康指导［M］. 北京：北京交通大学出版社，2009：17.

解与否，直接影响到学习及生活的质量高低。本章将围绕"心理健康的含义"和"心理健康的标准"这两个主题集中回答以下几个问题："心理健康是什么"，或者说对心理健康的本质和属性如何理解；"大学生心理健康的标准有哪些"，或者说大学生的心理状况有哪些方面有待完善；"促进和维护大学生心理健康的意义及途径"，或者说心理健康教育对大学生的作用、应实现的功能或发挥的效果。通过本章内容的学习，我们不仅会充分认识到心理健康和心理健康教育的重要性，还将学会判断一个人心理是否健康的方法，掌握促进心理健康的途径，并养成自觉维护自身心理健康的良好意识。

第一节　心理健康教育的含义及标准

一、心理健康教育的含义

（一）什么是心理

人在复杂的自然界和社会中生活，使人产生了各种各样复杂的心理现象，例如，人认识了苹果的色、香、味，会产生关于苹果的记忆由此引起方形苹果、苹果沙发、苹果小屋等各种想象，继而激发人相关的创造与发明，在整个过程中，也许还会时而让人欢喜、让人忧，这些都属于人的复杂心理现象。

人的心理现象的表现形式虽然多种多样，但并不是杂乱无章的，各种心理现象之间存在一定联系，成为一个有机整体。通常人们把心理现象分为心理过程和个性心理两大部分。

1. 心理过程

心理过程是指人对现实的反映过程，是一个人心理现象的动态过程，包括认识过程、情感过程和意志过程。

（1）认识过程是人最基本的心理过程，是人脑对客观事物的属性及其规律的认识，它包括感觉、知觉、记忆、想象、思维等。

例如，夏日夜晚，一个人坐在院子里，看着夜空中皎洁的月光，回忆传说中嫦娥奔月的故事，想象着嫦娥独自在月亮上广寒宫中的生活，思考着如何才能登上月球去探个究竟。

（2）情感过程是指人们总是依据自己的某种需要去认识和反映客观事物，并且随着需要的满足与否，产生某种态度上的体验。这就是人对客观现实所持的态度体验。这种体验，或是愉快的、肯定的、积极的，或是不愉快的、否定的、消极的，不同的体验构成了人的喜怒哀乐等丰富的情绪、情感。

人在认识客观世界时，并非无动于衷、冷漠无情，而总是要对之产生某种主观体验，比如久旱逢甘霖的喜悦、错失良机的懊恼、对不道德行为的憎恶、欣赏秀丽风景时的愉悦心情等。

（3）意志过程是指人在改造世界的过程中，能自觉地确定工作或学习目标，并根据目标调节自身的行动，克服困难去实现自己预定的目标。人的生存与其他万物一样必须顺应自然规律，但是人并不满足于原始状态的生存而追求更美好的生活，在认识客观世界的基础上，人根据对生活的追求和对自然规律的认识来改造世界、满足需求的行动，就是意志活动。

在人们的愿望达成的过程中，必须经历制订计划、选择方法、克服困难，最终实现既定的目标。因此，人们无论是在学习，还是工作、生活上，都不是一帆风顺的，需要用坚强的意志来克服所遇到的重重困难，以实现自我人生目标的追求。

（4）认识、情感与意志这三者不是彼此孤立的，而是相互联系、相互制约的。一方面，认识是情感和意志的基础，只有正确与深刻的认识，才能产生强烈的情感和坚强的意志，所谓"知之深，则爱之切"；另一方面，情感和意志又会影响认识活动的进行与发展，情感和意志既在人的认识中起过滤和动力作用，又是衡量人的认识水平的一个重要标志。同样，情感也会对意志行为产生推动作用，而意志行为又有利于情感的丰富和升华。

2. 个性心理

个性心理是一个人比较稳定的、具有一定倾向性和各种心理特点或品质的独特组合。个性具有独特性、整体性和稳定性的特点。个性心理包括个性倾向性和个性心理特征。

（1）个性倾向性包括需要、动机、兴趣、理想、信念、自我意识等。个性倾向性决定人对现实的态度，决定着人对认识和活动对象的趋向和选择，是个性结构中最活跃的因素，它制约着所有的心理活动，表现出个性积极性和个性的社会实质。

（2）个性心理特征包括能力、气质、性格。性格是个性心理特征的核心，它反映一个人的基本精神面貌。如有的人朴实肯干，有的人懒散拖拉；有的人大公无私，有的人斤斤计较。

虽然心理过程和个性心理是心理现象的两个组成部分，但它们是紧密联系不可分割的。一方面，个性心理通过心理过程形成，它是在个体不断认识世界、改造世界的过程中逐步形成的，区别于他人的特征。例如，经历了生活磨难的人深刻认识克服困难的重要意义后，在性格上会变得更加坚强与勤奋。另一方面，已经形成的个性心理又不断影响着心理过程，使心理过程带有个人的色彩。

（二）什么是健康

健康是人类永恒的主题，但一些人对健康的理解却存在片面的认识，认为"（人体）生理机能正常，没有缺陷和疾病"就是健康。其实健康不仅仅是指生理健康，世界卫生组织 1946 年成立时，就在它的宪章中把健康概念定义为："健康乃是一种身体上、心理上和社会上的完满状态，而不仅仅是没有疾病和虚弱的状态。" 1989 年世界卫生组织对健康又给出了新的定义，即"健康不仅是没有疾病，而且包括躯体健康、心理健康、社会适应良好和道德健康"。随着社会的发展进步、人类对自身认识的深入，健康的概念也发生了质的飞跃。越来越多的人注意到健康不仅仅是指生理健康，至少还应该包括心理健康和社会适应能力的完好状态。许多人开始接受健康是"人体各器官系统发育良好、功能正常、体质健壮、精力充沛，并具有健全的身心和社会适应能力的状态"的说法。

（三）什么是心理健康

心理健康是健康的一个重要组成部分，但对于其内涵，国内外学者由于所处的社会文化背景不同，研究问题的立场、观点和方法相异，迄今为止尚未有统一的意见。1929 年在美国召开的第三次全美儿童健康及保护会议上，与会学者认为"心理健康是指个人在其适应过程中，能发挥其最高的智能而获得满足、感觉愉快的心理状态，同时在其社会中，能谨慎其行为，并有敢于面对现实人生的能力"。1948 年，第三届国际心理卫生大会是这样定义心理健康的："心理健康是指在身体、智能以及在情感上与他人心理不矛盾的范围内，将个人的心境发展到最佳的状态。"

精神病学家麦灵格（Karl Menninger）认为，"心理健康是人们对于环境及相互间具有最高效率及快乐的适应情况。心理健康的人能适应外部世界，保持平稳的情绪，在各种心理品质中具有愉快的性情"。

《简明不列颠百科全书》指出，心理健康是指个体心理在本身及环境条件许可范围内所能达到的最佳功能状态，但不是指十全十美的绝对状态。

综观心理健康概念的发展，我们能够从中找出它们的若干共同点：基本上都承认心理健康是一种心理状态；都把适应（尤其是社会适应）良好看作心理健康的重要表现或重要特征；都强调心理健康是具有一种积极向上发展的心理状态。

因此，我们认为：所谓心理健康，是指个体在与环境的相互作用中，主体能不断调整自身心理状态，自觉保持心理上、社会上的正常或良好适应的一种持续而积极的心理功能状态。

（四）什么是心理健康教育

从前面对健康概念的分析中，我们已经认识到人的健康包括身体健康和心理健康。目前，素质教育要求我们培养出来的学生，是全面发展的人才，而全面发展的人首先必须是心理健康的人。如何实现人的心理健康和全面发展？越来越多的有识之士认识到，主要的途径是实施心理健康教育，学校教育和家庭教育必须适应社会发展对学生心理健康的要求，提高我国学生心理健康水平，对全体学生开展心理健康教育。

那么，什么是心理健康教育？20 世纪初期西方国家就已经开始研究健康教育，并且注重以立法形式纳入科学的管理。在经过多年的实践与修改后，1973 年提出了健康教育的修正定义，"健康教育是一种涉及智能、心理和社会层面的过程"，其目的在于搭起健康知识和行为习惯之间的桥梁，在于引起学生个体的健康动机，获取健康的知识并实行它，同时避免有害的行为和养成有益的习惯，促使社会及其个人更加健康。由此可见，健康教育包括了生理健康教育和心理健康教育两个方面的内容。从现代教育的观点来看，心理健康教育是学校教育的基础，它发挥着其他各育所不能替代的作用，其目的在于提高学生的心理素质。

因此，我们可以这样来理解心理健康教育："所谓心理健康教育，就是以心理学的理论和技术为主要依托，并结合学校日常教育、教学工作，根据学生生理、心理发展特点，有目的、有计划地培养（包括自我培养）学生良好的心理素质，开发心理潜能，进而促进学生身心和谐发展和素质全面提高的教育活动。"

二、心理健康的标准

（一）认识心理健康的标准

心理健康有无具体的标准呢？这是一个比较复杂的问题。心理学是一门古老而年轻的发展中的学科，受不同的社会文化背景、民族特点、经济水平、意识形态、学术思想导致的不同认知体系、价值观念的影响，致使许多心理问题迄今尚未有被世界各国、各民族公认的科学的标准体系。但是半个多世纪以来，世界各国的心理学家从不同角度对此进行了积极的、有益的探索，提出了许多观点。

关于心理健康的标准，1946年，第三届世界心理卫生联合会提出的心理健康标准包括四个方面：（1）身体、智力、情绪十分调和；（2）适应环境，人际关系中彼此能谦让；（3）有幸福感；（4）在工作和职业中，能充分发挥自己的能力，过着有效的生活。

《简明不列颠百科全书》认为，心理健康的具体标准是：（1）认知过程正常，智力正常；（2）情绪稳定乐观，心情舒畅；（3）意志坚强，做事有目的；（4）人格健全，性格、能力、价值观等均正常；（5）养成健康习惯和行为，无不良行为；（6）精力充沛地适应社会，人际关系良好。①

奥尔波特（G. W. Allport）提出六条标准：（1）力争自我成长；（2）能客观地看待自己；（3）人生观的统一；（4）具有与别人建立和谐关系的能力；（5）人生所需的能力、知识和技能的获得；（6）具有同情心和对一切有生命的事物的爱。

郑日昌教授列了十条中学生心理健康的标准：（1）认知功能良好；（2）情感反应适度；（3）意志品质健全；（4）自我意识正确；（5）个性结构完整；（6）人际关系协调；（7）社会适应良好；（8）人生态度积极；（9）行为规范化；（10）活动与年龄相符。

林崇德教授据多年的研究提出十条标准：了解自我；信任自我；悦纳自我；控制自我；调节自我；完善自我；发展自我；调适自我；设计自我；满足自我。

北京大学心理学教授王登峰在1992年提出了有关心理健康的8条标准：了解自我，悦纳自我；接受他人，善与人处；正视现实，接受现实；热爱生活，乐于工作；能协调与控制情绪，心境良好；人格完整和谐；智力正常；心理行为符合年龄特征。

中国台湾学者张春兴归纳出心理健康的六个特征：（1）了解自己并肯定自己；（2）掌握自己的思想行动；（3）自我价值感与自尊心；（4）能与人建立亲密关系；（5）独立谋生意愿与能力；（6）理想追求不脱离现实。

张大均综合国内外学者（R. L. Atkinsno、黄坚厚、张春兴等）的观点，提出心理健康六条标准：（1）对现实有效知觉；（2）自知自尊与自我接纳；（3）有自我调控能力；（4）有与人建立亲密关系的能力；（5）人格结构稳定协调；（6）生活热情与工作高效率。

我国心理学家车宏生等根据国内外学者的论述和学生心理发展的特征及学校心理健康工作的实践，从四个方面来描述中小学生心理健康的标准。（1）对自己有信心。即对自己有基本的了解，能做正确的自我评价。不仅知

---

① 简明不列颠百科全书［M］. 中国大百科全书出版社《简明不列颠百科全书》编辑部，编译. 北京：中国大百科全书出版社，1986.

道自己的弱点、缺点和局限，而且还知道自己的优点、长处和发展潜质；对自己持肯定态度且怀有信心，有良好的自我形象，自尊、自爱、自信；对自己的未来抱有切合实际的希望。（2）对学校生活有兴趣。即喜欢自己担负的学业和工作任务，能在学习和工作等活动中发挥自己的智慧和才能获得满足感和成就感，认识并肯定自己的价值，从而热爱学习和班级工作。（3）喜欢与人交往，有较好的人际关系。在家里关心家庭与家人，与父母有良好的沟通；在学校与同学和老师有比较多的接触，与他们建立友好和谐的关系，共同分享快乐，分担忧虑；喜欢交结朋友，对人的态度正面的（信任、尊敬、喜欢、热爱）多于负面的（敌意、怀疑、憎恨、冷漠）。能帮助别人，也愿意接受别人的帮助。（4）具有良好的心理适应能力。能根据环境的变化调整自己，积极地适应环境变化；能面对自己的成长变化，学习调整自己；遇到失败和挫折，不过分焦虑不安和颓废丧气，具有一定的挫折容忍力。

尽管在措辞和侧重点上，学者们的描述有所不同，但基本思路是一致的，即心理健康标准涉及知情意行等心理活动的各个方面。

（二）高等职业学校学生心理健康标准

根据许多学者的研究成果和多年的工作实践，笔者提出以下七条有关高等职业学校学生心理健康标准。

1. 智力正常，乐于并善于学习

热爱学习并能在学习中发现并发展自己的才智和能力，能合理地运用自己的才智和能力，并在实践中取得理想的成就；能根据自己的特点合理并巧妙地安排学习生活；具有好奇心、喜爱探索问题、善于运用已有知识解决新问题，以不断提高学习效能，从中获得满足感。

2. 悦纳、尊重自己并不断地塑造自己

能对自己有较正确的评价，既不妄自尊大，也不过分自卑；了解自己的潜能，愿意尽其所能展现并发展自己。能在认识自己的前提下，制定切实可行的奋斗目标并为之努力。对于自己无法补救的缺失，能够正视和接受，绝不回避，更不自卑自弃。对于自己的缺点不加掩盖，勇于承认，努力改正。

3. 情绪欢乐、适宜

能经常保持欢乐的情绪，坦然地接受不如意的事情，不为恐惧、愤怒、忌妒、忧愁等情绪困扰；善于从挫折中寻找出路，不偏激、不对抗、不消沉，并善于适度地开放自我，表达自己的情感。

4. 乐于交往，善于交往

能在交往中保持积极、正面的态度（如热情、尊敬、诚实、宽厚、谦虚、责任感、同情心、爱心），减少或消除反面的态度（如仇恨、忌妒、怀疑、畏惧、刻薄、挑剔等）；在交往中，能由衷地赞美别人，也能接受别人的赞美；能说"不""对不起"，更能自己拿定主意，不受他人左右，也不强迫他人接受自己的意见。

5. 性格健全，行为正常

在任何情况下，能保持心理活动的协调、完整，言谈举止前后一致；诚实处事，实事求是；凡是自己能做到的事情就督促自己去完成，有自信心，抉择能力强，果断，富于正义感、责任心；具有较好的理性控制力，不迷恋于过去的回忆，更不沉湎于今日的享受，积极努力，勤于实践；能使自己的行为与其所扮演的种种社会角色——儿子或女儿、学生、共青团员相一致；能在符合社会要求或不违背社会规范的前提下，提出合理的需要，建立广泛的兴趣，树立切合实际的理想。

6. 适应社会

能对环境做出正确、客观的观察，并能尽可能地做出与环境相协调的适当的反应，使环境有利于人的发展；能珍惜已有一切，不断地追求真善美的事物，并能根据客观现实的可能性积极地改变环境。

7. 符合高等职业学校学生身心发展特点

国外学者尼克来这样描述中等职业学校学生的心理健康："心理健康的学生接受自己，知道如何发展，并充分运用自己的长处；另一方面绝对不让自己有如何不足影响正常的生活与长久的生命目标。他知道如何控制自己的情绪，并且在理智与感情之间，谋求适度的平衡。他能接受环境的考验，不轻易为各种驱力、价值观念与现实的冲突而困惑。"

拓展阅读

心理常识①

判断一个人的心理是否健康，应以其是否有良好的生活适应作为标准。这种标准也非常重视个人的心理感受。可以说，这种标准顺应现代社会的发展趋势，它不仅为众多的专家学者所倡导，也越来越为民众普遍接受。

长期以来，人们习惯于将人的精神正常与否看作黑白分明的事情：要么是个正常的人，无论思想和行为有多大的变化和异常现象；要么就是一个疯子，无论疾患有多大的好转。这种将人的精神正常与否作为非白即黑的判断标准，未免太过简单化。国内学者张小乔提出心理健康的"灰色理论"的概念，即人的精神正常与不正常之间没有明显的界限，它是一个连续变化的过程。具体来说，如果将人的心理正常比作白色，心理不正常比作黑色，那么在白色与黑色之间存在着一个巨大的缓冲区域——灰色区域。灰色区域又可划分为浅灰色区域与深灰色区域。处于浅灰色区域的人只有心理冲突而没有人格的变态，其突出表现诸如失恋、丧亲、工作学习不顺心、人际关系不和睦等生活矛盾所带来的心理不平衡与精神压抑。深灰色区域的人则患有某种异常人格障碍和神经症等。一般而言，浅灰色区域与深灰色区域之间无明确界限，后者往往包含前者。

第二节　心理健康教育的意义及维护心理健康的策略

一、心理健康教育的意义

一个人如果有健康的心理，就能有效调动自己的内部潜能，对生活中出现的各种挑战以及工作中所受到的挫折等，能做出恰当和正确的反应。心理调节能力强，就能积极乐观地投入生活、工作和社会活动中。

---

① 陈秀元. 大学生心理健康教程［M］. 北京：人民邮电出版社，2015：3.

（一）心理健康者具有健全的人格，健全的人格有利于自身的发展

具有健全人格的人，一般都有正确的人生观，能正确认识自我和现实，在自我发展中知道自己的长处和短处，竭力发展自我的潜能和价值，努力适应社会的变革和要求。

（二）心理健康者有良好的心态，容易适应社会环境

社会处在转型期，人们往往有着各种各样的内心，不免存在困惑和焦虑。心理健康的人能及时调整自己的心态，勇于面对现实努力使自己适应变革中的社会。

（三）心理健康的人能保持良好的人际关系

一个有健康心理的人，抑制力、自控能力都较强，心胸开阔，在同事之间能互让、互助和互谅，善于为自己创造一个良好的人际环境。

（四）心理健康者有较强的学习和工作能力，有助于自己事业的成功

心理健康者富有责任心和进取心，在学习和工作中更能发挥出自己的潜能，更容易赢得社会对自身价值的认同和赞许，从而获得较大的激励，使自己更有创造力。

二、维护心理健康的策略

心理健康的维护是现代人必须注重的一种心理教育内容，也是预防心理异常的最好方法。维护心理健康，因每人所处的环境不同，遭遇的问题各异，也就应有一套人人适用的方法，但做好以下几点，对我们的心理健康非常有益。

（一）正确认识自己

人贵有自知之明。然而，并不是人人都对自己了如指掌。自我认识的肤浅，是心理异常形成的主要原因。

自卑自怜者因幼时的过分依赖、竞争中的多次失败，由此得出的自知是"你行，我不行"。于是束缚我，贬抑自我。结果是焦虑加剧，毁了自己。

自暴自弃者不甘心说"我不行"，而又无正确的方向，亦缺乏能力来表

现自己，因此故作怪状，与人为难，在别人无可奈何的眼光中来肯定自我的价值，于是放纵自我，践踏自我。结果是反抗社会，害人害己。

自我自负者自命不凡，自吹自擂，其实是一种极度自卑的人，当然人们不像自卑自怜者那样因自卑而关闭自我、自怨自艾、叹息不如，而是自以为自己无所不能只是不为。他们所持有的自知是"我行，你不行"。于是，自我自负者呐喊着"我知道一切"，却连自己也不认识。结果是欺人一时，欺己一世。

自信自强者对自己的动机、目的有明确的了解，对自己的能力有适当的估计，从不随意说"我不行"，也不无根据地说"不在话下"。他们对自己充满信心，对他人也很尊重，他们认为在认识自己的前提下，是没有什么不可战胜的。于是他们走上了"我行，你也行"的康庄大道，其结果是充分认识自我，发挥最大潜力。自卑自怜者、自暴自弃者和自傲自负者也并非全然不了解自己。从另一角度看，他们也认识了自己，却用了一种歪曲的形式来对待自己，即不能真正接受自己，其根源都是自卑。因此，接受现实的自我，选择适当的目标，寻求良好的方法，不随意退却，不做自不量力之事，才可创造理想的自我，欣然接受自己，因此避免心理冲突和情绪焦虑，使人心安理得，获得健康。

（二）确立奋斗目标

在回答"自己想干什么"这个问题，不妨在纸上按重要程度依次写下自己最想实现的五个目标，然后从第一个目标开始，逐个问自己："这真是我自己想要的目标吗？"如果没有外界的压力或影响，如果不是为了虚荣或面子，我还会要这个目标吗？自问以后，把不是你自己真正想要的目标删去，然后认真想想自己到底想要什么，把它写下来。

当然，现在的社会风气很浮躁，能够抵御环境诱惑，做自己想做和能做的事，也同样要付出代价，比如被亲友误解、被环境诱惑等。但不论是做，还是随波逐流，都是要付出代价的，两种选择间的差异在于：后者关系到你当前的状况，而前者关系到你日后长远的发展与快乐。

人生的目标有大有小，人生的规划也有长有短，我们不必要求自己立刻就做出太长远的规划，但至少要有个三年规划或五年规划，那种方向性会使我们感到踏实和充实，并且也有助于我们产生成就感。

在为自己确立目标时要注意两点。一是清楚自己能做什么，这在于对自己主客观条件的了解。人有无限发展的潜能，但潜能分布是不均衡的，我们要尽可能地发掘自己的优势潜能，扬长避短。二是清楚自己的目标与社会利益有没有本质上的冲突。在人类文明发展过程中，我们的良知系统已发育得较为成熟，选择损害社会利益的目标，除了可能被绳之以法外，还要付出种种心理上的代价，如不安、紧张、担惊受怕、自责等。

（三）积极适应环境

能否面对现实是心理正常与否的一个客观标准。心理健康者总是能与现实保持良好的接触。一则他们能发挥自己最大的能力去改造环境，以求外界现实符合自己的主观愿望；一则在力不能及的情况下，他们又能另选目标或重选方法以适应现实环境。心理异常者最大的特点就是脱离现实或逃避现实。他们可能有美好的理想，却不能正确估计自己的能力，又置客观规律而不顾，因而理想成了空中楼阁。于是他们怨天尤人或自怨自艾，逃避现实。

在现实生活中，我们要有"走自己的路，让别人去说"的精神，若常是人云亦云，随波逐流，便会失去自主性，焦虑也由此产生。人生活在现实之中，没有一个人不被评说。若老是考虑"对不对得起别人""别人会如何看我"，也就失去了自我，失去了奋斗的动力。例如，如果老是看上司的脸色办事、看朋友的面子说话，想得到四面讨好的结果，却可能落得四面不讨好。

当然，我们也不能一意孤行，也应该注重朋友的忠告。自以为是，我行我素，只会落到形影相吊、无人理睬的境地。当你听到别人说你时，应该用心反省一下自己的行为。心理医生认为，心理健康的人应与别人有一定程度的相似，生理上如此，心理上也是这样。比如，由"月亮"想到"太阳"或"星星"或"黑夜"、由"花儿"想到"小草"或"幸福"或"姑娘"等，都是正常的联想。但那些"对月伤心"者由"月亮"想到"死亡"或"见花落泪"者，心理可能不健康。

（四）打造良好的人际关系

主动与人交往，和他人建立良好关系，是心理健康的必备条件。人类是群居动物，与人在一起不仅能得到帮助和获得信息，还可使我们的苦得到宣泄、乐得到分享、能力得到体现，从而促使自己不断进步，保持心理平衡、健康。一个人如果遇到新婚之事、乔迁之喜，或晋升职务、发表佳作而无人祝贺，其滋味如何？又试想：一个人若于丧事之苦、病痛之苦，或工作不顺、夫妻不和而无人安慰、无人倾诉衷肠，其滋味又是如何呢？因此，仅就心理健康而言，人也是需要朋友的。

与人相处时，正面的态度或情绪（如尊敬、信任、喜悦等），应多于反面的态度和情绪（如仇恨、忌妒、怀疑、畏惧、憎恶等）。人生是美好的，与人相处时有利于心理健康。但不要天真地认为怎样待人，人就应该怎样待我。其实这是一种不成熟的思维。与人相处的原则应该是：对得起他人，对得起自己。我们虽不提倡人家打你脸伸过去，但更不赞同人家因一小事负你便视其为仇人。人际关系是复杂的，我们交友肯定有深浅或厚薄。对于事实已证明不可深交的朋友也不妨浅交，不必疾恶如仇，注意适当的距离即可。

（五）建设性地满足自己的需要

每个人都有各种需要，包括物质需要和精神需要，它们是与生俱来的，不存在好坏之分，但是满足需要的方式却有优劣之别。有的人以破坏性方式满足自己的需要，结果使自己陷入困境。比如，以体罚学生的方式树立自己的威信，或者以搬弄是非的方式去解决人际冲突。而所谓建设性地满足自己的需要，是指用那种使自己进入良性循环的方式去满足自己，比如通过提高教学质量的方式去获得学生的尊敬或通过沟通去解决人际冲突等。

有必要指出的是，"需要"不是"愿望"。很多人感觉痛苦，并不是他的需要受挫，而是他的愿望受挫。比如一个人的中餐只需要半斤主食外加三菜一汤，就足够满足身体对食物的需要了，但他一定要顿顿都吃"满汉全席"。如果因为这个愿望不能被满足而不快乐甚至痛苦，那么需要调节的就是他的愿望。如果他去看心理治疗师，心理治疗师首先要做的是帮助他认识到自己的愿望不合理，然后就会与他共同商讨如何调整他的愿望。

（六）提高解决问题的能力

一个人活在世上，总会遇到各种各样的问题。心理学上有一种观点认为，很多时候人们的情绪受到困扰，甚至积郁成疾，实际上只是由于缺乏处理问题的能力。因此，要想避免心理问题，做好自我心理保健，就需要具备一定的解决问题的能力。而具备此能力的最重要的方式就是练习一题多解，也就是不论面临什么问题，都从尽可能多的角度去寻找解决的方法。此外还要注意，情绪先行。所谓"当局者迷"，就是因为情绪让他迷乱并且困惑，所以我们就有必要先调节好情绪，然后才有可能集中精力去处理问题。

（七）注意躯体健康

躯体健康的人通常精神饱满，这不仅有助于其处理与应付工作生活中的问题，而且也是一个人得以享受生活与工作的前提。一个总被躯体疾病折磨的人，即使他很坚强，他的生活质量也会大受影响。所以，躯体健康对人的心理健康具有非常重要的意义。

要保持躯体健康，就要从培养健康的生活方式入手。一个人完全有可能通过培养健康的生活方式而获得身体甚至心理上的健康。

（八）建立一个社会支持系统

建立一个社会支持系统，首先要具备社会支持理念。人们生活在这个世界上，是需要彼此支持共同发展的。我们还要了解，人有助人的需要。在力所能及的情况下，助人会使助人者也感觉到快乐，并有助于提高人们的亲密程度。其次要懂得区分社会支持系统中不同关系所具有的不同功能。有时候人们求助失败，不是因为他没有社会支持系统，而是因为他不懂得区分远近亲疏。再次，对别人的支持，我们要有感恩的心，要懂得感激和回报。最后，我们既要具备利他与助人的精神，又要学会量力而行。每个人的能力都有限，实在帮不上忙时就要及时、明确地告诉别人，以免耽误别人的事。

综上所述，心理健康的维护主要依靠自己，心理疾患的治疗除需有心理医生的指导外，也需要依靠自己的信心与毅力。如果掌握了有关心理健康和心理治疗的知识，我们不仅能随时关心和维护自己的心理健康，还可随时修正自己的行为。从此意义上讲，人人都是自己的心理医生。

拓展阅读一

关于幸福的联想①

有许多人认为自己并不幸福，但是看了以下数据，你才会知道自己有多么幸福。认为自己不幸福的人，请记住以下信息：

如果今天早上你起床时身体健康，没有疾病，那么你比其他几百万人更幸运，他们甚至看不到下周的太阳了；

如果你从未尝试过战争的危险、牢狱的孤独、酷刑的折磨和饥饿的滋味，那么你的处境比其他5亿人更好；

如果你的冰箱里有食物、有衣可穿、有房可住、有床可睡，那么你比世上75%的人更富有；

如果你在银行里有存款，钱包里有票子，口袋里有零钱，那么你属于世上8%最幸运之人；

如果你读了这封来信，那么你刚刚得到了一个双重的祝福，因为有人想到了你，而你并不属于文盲。

所以，去工作而不要以挣钱为目的；去爱而忘记所有别人对你的不是；去跳舞而不管是否有他人关注；去唱歌而不要想着有人在听；去生活就像这世界是天堂。

拓展阅读二

团体心理辅导

据不完全统计，20%～30%的学生存在着不同程度的心理问题，其主要表现为敌意、人际关系敏感、焦虑、强迫、抑郁、情感问题和学习问题等。而个体咨询与辅导更多的是以对问题学生的援助、支持、矫正与治疗作为心理健康教育的重点，在人数及效能方面都有所限制，逐渐无法满足对学生整体层面的心理健康水平的预防和发展的需求。团体心理辅导在此背景下应运而生，于20世纪90年代初传入我国内地。那么怎样理解团体的概念，团体心理辅导又是如何开展的呢？

---

① 陈秀元. 大学生心理健康教程 [M]. 北京：人民邮电出版社，2015：14.

团体的书面化解释为："是由两个人以上组成的，为了达到共同的目标，相互依存，彼此间互动的人群结合体。"其实我们每个人从出生伊始，从家庭到学校，再到社会工作岗位，都是处于团体之中，团体成员间彼此互动、具有共识。如在学校中，学生大都处在相似的身心发展阶段，就有很多共同要面对的发展课题和成长困扰。在理解团体辅导开展的共性基础后，团体心理辅导的优势就显而易见了。

团体心理辅导是在团体情境中提供心理帮助与指导性的一种心理咨询与治疗的形式，是一种预防性、发展性的工作。通过采取团体辅导的形式，面向全体学生并积极关注每一个人的心理健康，在帮助那些有着类似问题和困扰的人时，让团体来陪伴成员在人生路上克服种种难题和障碍，积极快乐地踏上成长之路。

在教育系统中开展团体心理辅导具有以下重要的意义：

1. 成长中的学生更关注同伴对自己的评价，更容易接受来自同龄人的建议。在团体活动中，团体可以让学生了解并且体验到自己是被其他学生支持的。可以增进信心，有助于班级的归属感、凝聚力及团结。

2. 学生在团体活动的场合中与教师接触，可以克服胆怯、减轻压迫感，消除过去的疑惑、戒心，改进自己的态度。经过团体讨论，交流分享，将使学生对学校的各项活动感到更有意义，能够认识更和谐的关系。

3. 来自不同的生活背景的团体成员，在充满安全、支持、信任的良好的团体气氛中，通过示范、模仿、训练等方法，可以促进成员相互间的理解。在团体中不论交流信息、解决问题、探索个人价值，还是发现共同情感，成员间也可以提供更多的观点和理解。

4. 学生对于自我的成长、心理素质的发展、潜能的开发有着强烈的渴望和追求。团体心理辅导在发展性模式下面向全体学生，促进学生各种潜力得以实现，引领学生对健康的积极向往，从而促进学生人格的健全发展。

问题与思考

1. 什么是心理现象？

2. 什么是心理健康？

3. 心理健康的标准有哪些？

4. 大学生应该怎样维护自己的心理健康？

团体心理辅导：

团体辅导主题名称：团体的乐趣

团体辅导活动名称	活动目标
大风吹	1. 强化活动形成的对自己的积极认识，增强自信心。 2. 增加团体凝聚力。
同舟共济	1. 促进自己的团体合作意识，提高人际交往能力。 2. 增强坚持力。
心中的塔	1. 在团体合作中体验领导、配合、服从等角色。 2. 学会悦纳自己、欣赏他人的态度。 3. 能够开拓思维，积极创新，大胆表现，追求形式与内涵的和谐。
心灵电波	1. 学习等待与"聆听"来自他人的"心灵电波"。 2. 体验"心有灵犀一点通"的感觉。

活动一　大风吹

一、活动目标

1. 强化活动形成的对自己的积极认识，增强自信心。

2. 增加团体凝聚力。

二、活动时间

30 分钟。

三、活动道具

无。

四、活动场地

室内为宜。

五、活动程序

全体围坐成圈或者站成一个大圈，教师立于中央。教师开始说："大风吹！"大家问："吹什么？"教师说："吹勇敢的人！"所有宣布自己勇敢的人都要移动，与其他具有勇敢特征的人抱成一团。吹的时候可以参考下列内容或随机想到的内容：聪明的人、细心的人……

六、注意事项

无。

活动二　同舟共济

一、活动目标

1. 促进自己的团体合作意识，提高人际交往能力。

2. 增强坚持力。

二、活动时间

45 分钟左右。

三、活动道具

报纸。

四、活动场地

室内、室外皆可。

五、活动程序

1. 将全体成员分成两组，给每组一张粘贴好的报纸，使全体成员都能站在上面。

2. 成员站在上面，一起合力将报纸对折。任何成员的身体不能接触到地面，否则该组的游戏结束。将报纸不断折叠，最后报纸面积最小的组获胜。

3. 讨论：

（1）你们怎么办到的？在过程中听到什么？有什么感想？

（2）在生活中你有无类似感受？从过程中你学到什么？

六、注意事项

小组成员一定要全员参与，遵守规则。

活动三　心中的塔

一、活动目标

1. 在团体合作中体验领导、配合、服从等角色。

2. 学会悦纳自己、欣赏他人的态度。

3. 能够开拓思维，积极创新，大胆表现，追求形式与内涵的和谐。

二、活动时间

大约需要 40 分钟。

三、活动道具

每组需要大报纸 4 张，透明胶带 1 卷，剪刀 1 把。

四、活动场地

室内为宜。

五、活动程序

1. 将全班学生分成若干组，每组以 7～8 人为宜。每组领取材料一份：报纸 4 张，透明胶带 1 卷，剪刀 1 把，在 20 分钟内完成建"塔"任务，并取好"塔"名。

2. 各组推荐一名同学在全班内交流，介绍"塔"名和设计创意。

六、注意事项

1. 选出 2 名观察员，全程观察各小组建"塔"过程，特别注意组内人员的角色确定过程。交流结束时做观察报告。

2. 在建"塔"过程不许用语言交流，请观察员提醒督促。

3. 建议在各组完成建"塔"任务后，小组成员与作品合影留念。

4. 报纸的用量可根据时间长短、场地大小来确定，各组的用量基本相同，但要备有余量允许各组适量添加。

活动四　心灵电波

一、活动目的

1. 学习等待与"聆听"来自他人的"心灵电波"。

2. 体验"心有灵犀一点通"的感觉。

二、活动时间

大约需要 45 分钟。

三、活动道具

无。

四、活动场地

以室内为宜。

五、活动程序

1. 所有同学围圈而坐，左手手心向上，右手手心向下，并搭在相邻者左手的手心。

2. 闭上眼睛，静静地等待左手相邻者发出的信息——在手心里轻轻点击，收到信息后立即传给右手相邻者。

3. 比较每一次信息传来的速度、强度和感觉。

4. 主持人点评"心灵电波"的情况，集体交流分享。

六、注意事项

1. 需要安静的环境，避免噪声干扰。

2. 如果参加游戏的人数较多时，可以围坐两圈或同时发出两个波源进行。

3. 在游戏开始时要做好静心准备工作，保证同学能够用心去聆听、感受来自心灵的电波，出现短波、多波不用马上停止，让大家有所感觉，游戏结束时应该让每个同学真正体验到"心有灵犀"的感觉。

第二章

勇于创新——高职高专学生认知的发展

学习目标：

1. 理解感知觉、想象、记忆和思维的内涵。

2. 知道什么是创造性思维以及创造性思维的重要性。

3. 能够运用多种方法训练自己的观察力、想象力和创造性思维。

案例导入：

美国有一家生产牙膏的公司，产品优良，包装精美，每年的营销额蒸蒸日上。不过进入第11年时，营销额则停滞下来，董事会便召开经理级以上的高层会议，商讨对策。有一名年轻的经理建议，将现在的牙膏开口直径扩大一毫米。总裁马上下令更换新的包装。试想，每天早晚，消费者都用直径扩大了一毫米的牙膏，每天牙膏的消费量多出多少倍呢？这个决定，使该公司的营业额增加了32%。仅仅是创造性的一毫米，公司就增加了巨额利润。

第一节　感知觉及观察力的发展

一、什么是感知觉

感知觉是人与世界相互作用的最基本的方式和最原始的条件，是整个认知过程的开端，人们通过感知建立起关于客观事物的最初的印象，这些印象又可进一步加工为头脑中的记忆痕迹，再成为人们驰骋想象的素材，成为抽象思维和解决问题的前提条件。

感觉是指人脑对直接作用于它的客观事物的个别属性的反映。它有两个特点：第一，感觉是客观存在的事物直接作用于感官的结果；第二，感觉只是对客观事物的个别属性的反映，也就是说，感觉只能是对事物颜色、形状、大小、声响、气味、冷热等某一个特性的认识。感觉是由感觉器官来完成的，主要包括眼、耳、鼻、舌、皮肤等。

表 2－1　感觉的种类

刺激物来自机体外部	外部感觉	视觉、听觉、嗅觉、味觉、皮肤觉
刺激物来自机体内部	内部感觉	运动觉、平衡觉、内脏觉等

知觉是指人脑对直接作用于感官的客观事物的各个部分和属性的整体的反映，是对感官信息的整合和解释。知觉是在感觉的基础上产生的，但它又不像感觉那样是仅凭单一的感觉器官对刺激进行反映，而是在原有知识经验基础上，对感觉信息的进一步整合与解释的结果。知觉具有某些特征，这些特征保证人们对事物认识的相对准确、可靠和经济合理。它具体包括知觉的整体性、知觉的理解性、知觉的选择性和知觉的恒常性。

感觉和知觉虽然在定义上是加以严格区分的，但在实际生活中却是很难分开的，所以通常把它们合称为感知觉。

二、观察和观察力

观察是知觉的高级形式，是有意识、有目的、有计划、较持久的知觉过程。观察不是单一的心理活动，而是和注意、记忆、思维、想象等智力因素，情绪、意志、兴趣等非智力因素协同活动的过程。例如，我们在观察什么，同时也是在注意，在记忆，在思考，在想象，并伴随着浓厚的兴趣、强烈的情感，把整个心理活动都集中指向观察对象的某些部分、某些特点及其变化的过程。

观察力是指迅速、准确、全面反映事物典型特征和重要细节的能力。所谓典型特征，是指某一事物所特有或具有代表性的特征。例如，心地善良、责任心强等。观察力是智力结构中重要的组成部分，它在儿童时期已有一定的发展，但是并未成熟。对于观察力的各种品质（目的性、持续时间、精确性、概括性）发展相对成熟的大学生来说，观察是他们认识世界的开始，同时也是改造世界的基础，通过观察，学生们可以在客观世界摄取丰富而准确的信息资料，经过头脑的加工改造，创造出新的事物。

三、提高观察力的方法[①]

你是不是经常对眼前的事物视而不见？你是不是刚刚经历过一件事，但当你向别人描述的时候却回想不起来一些细节？你是不是对一个人非常感兴趣，但想向别人介绍时却说不出来或写不出来？你写报告是不是总觉得无话可说、无事可写，草草结束？那是因为你没有养成观察事物、积累材料的好习惯。

经常进行观察力的练习可以改善你的注意力、记忆力、学习能力。下面五个练习可以帮助你提高观察力。

（一）静视——一目了然

在你的房间里或屋外找一样东西，比如表、笔、台灯、一张椅子或一棵花草，在距离物体约60厘米的地方平视前方，自然眨眼，集中注意力注视这一件物体。默数 60～90 下，即 1～1.5 分钟，在默数的同时，要专心致志地仔细观察。闭上眼睛，努力在脑海中勾勒出该物体的形象，应尽可能地加以详细描述，最好用文字将其特征描述出来。然后再细看一遍，如果有错，加以补充。

你在训练熟练后，逐渐转到更复杂的物体上，观察周围事物的特征，然后闭眼回想。重复几次，直到每个细节都看到。可以观察地平线、衣服的颜色、植物的形状、人们的姿势和动作、天空阴云的形状和颜色等。观察的要点是：不断改变目光的焦点，尽可能多地记住完整物体不同部分的特征，记得越多越好。在每一分析练习之后，闭上眼睛，用心灵的眼睛全面地观察，然后睁开眼睛，对照实物，校正你心灵的印象，然后再闭再睁，直到完全相同为止。还可以在某一环境中关注一种形状或颜色，试着在周围其他地方找到它。

---

① 黎文珍．心理健康教育［M］．上海：上海交通大学出版社，2016：86－88．

建议你随后再去观察名画。必须把自己的描述与原物加以对照，力求做到描写精确、细致。在用名画做练习时，应通过形象思维激发自己的感情，由感受产生兴致，由兴致上升到心情。

这样，不仅可以改善观察力、注意力，而且可以提高记忆力和创造力。因为在制作心中的形象的过程中，你吸收、使用了大量清晰的视觉信息，并且把它储藏在你的大脑中。

（二）行视——边走边看

以中等速度穿过你的房间、教室、办公室，或者绕着房间走一圈，迅速留意尽可能多的物体。回想，把你所看到的尽可能详细地说出来，最好写出来，然后对照补充。

在日常生活中，眼睛像闪电一样看。可以在眨眼的工夫，即 1 ~ 4 秒之间，去看眼前的物品，然后回想其种类和位置；看马路上疾驶的汽车牌号，然后回想其字母、号码；看一张陌生的面孔，然后回想其特征；看路边的树、楼，然后回想其棵数、层数；看广告牌，然后回想其画面和文字。所谓“心明眼亮”，这样不仅可以有效锻炼视觉的灵敏度，锻炼视觉和大脑在瞬间强烈的注意力，而且可以使你从内到外更加聪慧。

（三）抛视——天女散花

取 25 ~ 30 个大小适中的彩色圆球（三种颜色），或积木、跳棋子，其中红色、黄色、白色或其他颜色的各占三分之一。将它们完全混合在一起，放在盆里。用两手迅速抓起两把，然后放手，让它们同时从手中滚落到沙发上，或床上、桌面上、地上。当它们全部落下后，迅速看一眼这些落下的物体，然后转过身去，将每种颜色的数目凭记忆而不是猜测写下来。检查是否正确。重复这一练习 10 天，在第 10 天看看你的进步。

（四）速视——疏而不漏

取 50 张 7 厘米见方的纸片，每一张纸片上面都写上一个汉字或字母，字迹应清晰、工整，将有字的一面朝下，也可用扑克牌，取出 10 张，闭着眼使它们面朝上，尽量分散放在桌面上。然后睁眼，用极短的时间仔细看它们一眼。然后转过身，凭着你的记忆把所看到的字写下来。紧接着，用另 10 张纸片重复这一练习。每天这样练习三次，重复 10 天。在第 10 天注意一下你取得的进步。

（五）统视——尽收眼底

睁大你的眼睛，注意力完全集中注视正前方，观察你视野中的所有物体，但眼珠不可以有一点的转动。坚持 10 秒钟后，回想所看到的东西，凭借你的记忆，将所能想起来的物品的名字写下来，不要用你已有的信息和猜测来做记录。重复 10 天，每天变换观察的位置和视野。在第 10 天看看你的进步。

第二节　记忆的发展

一、记忆概述

（一）什么是记忆

记忆是指人脑对过去经验的保持和提取；也有人把人脑比作计算机，那么记忆就相当于向计算机里输入、编码和储存信息的过程。一个人出生以后，会接受来自客观世界的各种各样的刺激。这些刺激带来的信息，有的随着时间的流逝消失了，有的则在大脑中保留了下来，成为前面所说的"经验"，可以是感知过的事物，也可以是思考过的问题、体验过的情绪，或者是联系过的动作，等等。以后在一定的条件下，人们又能对这些"经验"重新回忆起来，或者当他再次出现时辨认出来，这就是记忆。

（二）记忆的分类

按不同的标准可以对记忆做不同的分类。

记忆按照其内容的不同，可以分为形象记忆、语词记忆、情绪记忆、运动记忆。

记忆按照保存的时间可分为瞬时记忆、短时记忆和长时记忆。瞬时记忆的保存时间最短一般不超过 2 秒；但是一些受到注意的信息却可以进入短时记忆，短时记忆的保存时间不超过 1 分钟；记忆时间超过 1 分钟甚至终身的记忆就是长时记忆。

记忆按照记忆材料的有无意义或学习者是否了解其意义可以把记忆分为机械记忆和意义记忆。机械记忆是对没有意义的材料或对事物没有理解的情况下，依据事物的外部联系而进行的记忆。意义记忆是在理解的基础上的记忆。

二、提高记忆的方法

（一）重视复习，善于复习

遗忘是记忆的相反过程。记忆的内容不能保持或者提取时有困难就是遗忘，如识记过的事物，在一定条件下不能再认和回忆，或者再认和回忆时发生错误。[①] 复习是克服遗忘的有效手段。遗忘是有规律的。德国心理学家艾宾浩斯通过实验发现了遗忘与时间的关系，绘制了"遗忘速度曲线"。它表明刚刚记住材料的几个小时内，速度很快，两天后就慢了下来，也就是遗忘的进程是"先快后慢"。因此，要使学的知识得以保持，必须及时复习。例如，当天所学的知识当天或第二天就复习一遍，这样才能使记忆内容在头脑中留下深刻痕迹，避免遗忘。

除了及时复习外，复习中还要注意前摄抑制和倒摄抑制的干扰。前摄抑制是指前面学习的材料对记忆后学的材料有干扰，使人回忆后学习的材料成绩下降。反过来，后学习的材料对先前学习的回忆也有干扰，这就是倒摄抑制。例如，我们在背一篇课文时，开头和结尾部分较容易记住，而中间部分最难记忆，时常出现错误。因为课文开头只有倒摄抑制的干扰，结尾只有前摄抑制的干扰，而中间既受前摄抑制的干扰又受倒摄抑制的影响，效果当然不好。研究表明，前后两种学习材料越相似，前倒摄抑制的干扰就越大，这就提醒我们，在复习时不要把相似的学科安排在一起，最好是不同学科交叉搭配学习。

---

① 彭聃龄. 普通心理学（修订版）［M］. 北京：北京师范大学出版社，2004：233.

(二) 运用联想，提高效果

由于意义记忆比机械记忆效果好，所以运用联想把本来不具有意义的抽象材料与生动有趣的事物联系起来，加强记忆的直观性，可以提高记忆的效果。例如，诗歌比其他文字材料容易记忆，我们可以利用这一点把所记的材料编成顺口溜，读起来朗朗上口，记起来也会更轻松。除了联想，我们可以采用的记忆术有记笔记、写批注或心得、制作资料卡片等。国外有句谚语："最浅的墨水也胜过最强的记忆"；中国也有"好记性不如烂笔头"。因为记笔记或心得已经对所学的知识进行了加工或深入理解，而且便于及时有序地复习，因此，它是增强记忆效果的好方法。另外，对所记材料进行比较、分类、分段、拟定小标题或提纲等也是行之有效的记忆方法。

(三) 调节情绪，减轻疲劳

很多研究表明，人在情绪愉快时记忆的效果又快又牢，因此尽量使学生在完成记忆任务时保持愉快的心情，至少也要做到平静轻松，没有负担。因为只有精神放松才能让脑细胞保持良好的精神状态。相反，当人焦躁不安、紧张沮丧时，记忆的效果是较差的。另外还需要注意疲劳的干扰，如果无休止地让大脑紧张活动，不仅造成人的身心疲惫，而且有损健康，记忆的效果也不好。因此注意劳逸结合，保持清醒的头脑和旺盛的精力是提高记忆效果的重要方面。

(四) 明确目的，树立信心

人脑记忆的潜力是无法估量的，而信心是学生发挥其记忆力的前提。教师要善于发现学生记忆的长处，帮助他们树立成功记忆的信心。例如，每个人都有适合自己的记忆方式，比如有人用书写的方式记忆效果好，而有的人则善于通过听觉来记忆，有人习惯在寂静环境下记忆，而有人则需要听着轻松的音乐才能静心学习。教师可以提醒学生找到适合自己的方式进行记忆，使学生对自己的记忆能力充满信心。

明确的记忆目的是有效记忆的另一个条件。记忆目标越具体，记忆效果越好；要求长期记忆的材料比做一般了解要求的材料记忆效果好；要求精确记忆的知识比要求记大意的材料效果好。因此，要想把知识记牢，就要给学生下达"记得准确、记得永久"的任务，明确要记什么、怎么记、为什么记，哪些是重点，集中注意攻克难关。还要进行过度学习，也就是说在刚达到背下来的程度基础上还要多学几遍，这时记忆的效果才会得到巩固。

（五）动脑动手，积极实践

有人曾做过一个实验，让一组学生用装好的圆规画图，另一组学生先把零件装配成圆规再画图，然后出其不意地让两组学生尽量准确地画出他们刚才用过的圆规。结果第二组学生画得非常准确，而第一组学生画得很不准确，许多重要部件没有画出。这说明实践活动对增强记忆有多么重要的作用。一方面，实践活动使学生对所要记忆的东西注意了细节，加深了理解；另一方面，实践活动也刺激了脑细胞，使其保持了敏锐和活跃，增强了记忆效果。因此，学生要养成动脑动手的习惯，在实践中保持旺盛的记忆力。

（六）掌握良好的记忆方法

良好记忆力的训练和培养，首先要掌握良好的识记方法，科学的识记方法能增强记忆，防止遗忘，收到事半功倍的效果。就识记方法而言，指导也应考虑年龄、个性差异以及学习科目和记忆材料的不同。良好的记忆方法有以下几种。

定位法。定位法即所谓传统记忆术，是将记忆项目与熟悉的地点位置相匹配，使地点位置作为恢复这个项目的线索。

联想记忆法。联想记忆法是通过当前的事物回忆另一事物，建立事物间的联系而进行记忆的方法。

形象记忆法。形象记忆法是对抽象的材料赋予形象的记忆方法。

谐音记忆法。谐音记忆法是根据记忆内容的读音，编成另一句读音相同的话，利用二者音调相谐产生的联想帮助记忆。

（七）掌握追忆的方法

追忆是要费一番思索才能回忆起来的，故而需要讲求方法才能做到。

首先，在追忆时可以自觉地利用中介性的联想，也就是利用事物的多方面联系去寻找线索。有时可以利用事物间的外在联系，如相似、对立、接近等联系进行追忆；有时则要运用事物之间的本质联系，进行追忆。

其次，可以利用再认来追忆。例如，忘掉了某个英文单词，就可以把自己所熟悉的单词一个一个地读出，当读到有熟悉感时，就能够立刻把它认识出来。同样，忘记了某个同学的名字时，通过回忆其他同学的名字，能把这位同学的名字回忆起来。

最后，在追忆时，常常会出现长时间努力追忆仍无结果，因而焦躁不安，甚至无明火起的情形。这种困扰情况显然不利于追忆。这时应当暂时中断追忆，稍微放松和冷静一下，然后再去追忆，这样往往可以收到很好的效果。

拓展阅读

遗忘的原因①

对遗忘的原因，有各种不同的看法，归纳起来有下述四种：

（一）衰退说

衰退理论认为，遗忘是记忆痕迹得不到强化而逐渐减弱，以至最后消退的结果。这种说法易为人们所接受，因为一些物理的、化学的痕迹有随时间而衰退甚至消失的现象。

在感觉记忆和短时记忆的情况下，未经注意或重述的学习材料，可能由于痕迹衰退而遗忘。但衰退说很难用实验证实，因为在一段时间内保持量的下降，可能由于其他材料的干扰，而不是痕迹衰退的结果。有些实验已证明，即使在短时记忆的情况下，干扰也是造成遗忘的重要原因。

（二）干扰说

干扰理论认为，遗忘是因为在学习和回忆之间受到其他刺激的干扰，一旦干扰被排除，记忆就能恢复，而记忆痕迹并未发生任何变化。干扰说可用倒摄抑制和前摄抑制来说明。

系列位置效应产生的原因，也与这两种抑制的作用有关；材料的中间部分由于同时受到前摄抑制和倒摄抑制的影响，因而识记与回忆较为困难，而

---

① 彭聃龄. 普通心理学［M］. 北京：北京师范大学出版社，2004：237－238.

首尾材料仅受到某种抑制的影响，因而识记与回忆的效果较好。

（三）压抑说

压抑理论认为，遗忘是由于情绪或动机的压抑作用引起的，如果这种压抑被解除了，记忆也就能恢复。这种现象首先是由弗洛伊德在临床实践中发现的，他在给精神病人施行催眠术时发现，许多人能回忆起早年生活中的许多事情，而这些事情平时是回忆不起来的。他认为，这些经验之所以不能回忆，是因为回忆它们时，会使人产生痛苦、不愉快和忧愁，于是便拒绝它们进入意识，将其存储在无意识中，也就是被无意识动机所压抑。只有当情绪联想减弱时，这种被遗忘的材料才能被回忆起来。在日常生活中，由于情绪紧张而引起遗忘的情况，也是常有的。例如，考试时，情绪过分紧张，致使一些学过的内容，怎么也想不起来。

压抑说考虑到个体的需要、欲望、动机、情绪等在记忆中的作用，这是前面两种理论所没有涉及的。因此，尽管它没有实验材料的支持，也仍然是值得重视的一种理论。

（四）提取失败

有的研究者认为，存储在长时记忆中的信息是永远不会丢失的，我们之所以对一些事情想不起来，是因为我们在提取有关信息的时候没有找到适当的提取线索（retrieval clue）。例如，我们常常有这样的经验，明明知道对方的名字，但就是想不起来，提取失败的现象提示我们，从长时记忆中提取信息是一个复杂的过程，而不是一个简单的"全或无"的问题。如果没有关于某一件事的记忆，即使给我们很多的提取线索我们也想不出来。但同样，如果没有适当的提取线索，我们也无法想起曾经记住的信息，就像在一个图书馆中找一本书，我们不知道它的书名、著者和检索编号，虽然它就放在书库中，我们也很难找到它。因此，在记忆一个词义的同时，尽量记住单词的其他线索，如词形、词音、词组和语境等，会帮助我们在造句时想起这个词。

第三节 想象的发展

一、想象概述

想象是个体对头脑中已有的表象进行加工改造，创造出新形象的过程。有了想象，人们才能将历史、人物、山水、事件在头脑中形成栩栩如生的形象，才会勾画出未来生活的宏伟蓝图，人类才能不断创造。想象是与思维密不可分的，是与人的创造力紧密相关的。

想象可以分为无意想象和有意想象，无意想象是指一种没有预定目的不自觉的想象，它是当人们的意识减弱时，在某种刺激的作用下，不由自主地想象某种事物的过程。有意想象是按一定目的自觉进行的想象。它跟人的创造性活动密切相关，如科学家提出的各种想象模型、文学家构思的各种人物形象等等。

有意想象又分为再造想象和创造想象。前者是指根据言语描述或图形示意，在头脑中形成与之相符或相仿的新形象的过程；后者是指不依现成描述而在头脑中独立创造出新形象的过程。在有意想象中，根据想象内容的新颖程度和形成方式的不同，可以再分为再造想象、创造想象和幻想。再造想象是根据言语描述或图形示意，在头脑中形成相应的新形象的过程。例如，我们读了"天苍苍，野茫茫，风吹草低见牛羊"的诗句，就会在头脑中浮现出一幅西北草原的壮丽画卷。创造想象是指不依靠现成描述而在头脑中独立创造出新形象的过程，它比再造想象更富有创造性。例如，鲁迅先生塑造的"阿Q"的形象，就是创造想象的产物。幻想是指向未来，并与个人愿望相联系的想象，它是创造想象的特殊形式。科幻故事中的各种人物形象都属于幻想。幻想有积极和消极之分，积极的幻想符合客观规律，是一种理想；消极的幻想不符合客观的规律，是空想或梦想。

二、高职高专学生想象力发展的特点

（一）有意想象占主导地位

随着年龄的增长，学生的有意想象也逐渐发展，特别是在初中以后，学生的有意想象得到了迅速发展，能自主确立想象任务，围绕目的展开想象。进入职业院校以后，随着学习内容的日益复杂和学习要求的不断提高，学生可以按照学习的目的进度以及学习材料的不同性质进行有意想象。例如，在阅读教学中，学生可以跟随教师或课文的思路，进行合理的再造想象，使想象在文章描绘的情境中漫游。

（二）想象趋于现实化

随着年龄的增长，大学生的想象，特别是理想，开始由具体的、虚构的，向抽象的、现实的方向发展。一方面，他们对生活的向往逐渐变得内在化抽象化，他们所想象的生活是经过概括的、提炼的；另一方面，由于认识水平提高和知识经验的积累，他们的想象也摆脱了低龄时期的天真、怪诞，能够比较准确地反映现实世界。

（三）创造想象占有优势地位

大学生想象的内容不再偏重于事物的具体描述，他们的想象逐步向复杂化和创造的方向过渡，在想象中对表象的创造性改组逐步增多。在学习中，他们已经不再满足于简单地再现知识，而是试图发挥自己的才能和想象潜力，对学习内容进行改组创造。例如，学生在手工作品的制作过程中并不局限于课堂上教师示范教授的内容，许多学生都能积极投身于创造发明中去，进行各种作品设计。

三、高职高专学生想象力的培养

想象力是人类独有的才能，是人类智慧的生命。在创造发明和探索新知识的过程中，想象力是一切希望和灵感的源泉。鲁迅先生说过："孩子是可敬佩的，他常想到星月以上的境界，想到地面下的情形，想到花卉的用处，想到昆虫的语言；他想飞到天空，他想潜入蚁穴。"作为有兴趣和有好奇心的大学生，培养自身良好的想象习惯，通常可从以下几方面入手。

（一）通过观察培养想象力

提高观察能力是发展想象能力的有效手段之一。在观察图画和事物的过程中，不仅要掌握正确的观察方法，还要根据观察对象的特点，展开创造性想象，具体合理地想象与观察对象有关的内容。例如，窗外下着漫天飞舞的大雪，学生畅想"山舞银蛇，原驰蜡象""千树万树梨花开"的美景；在读儿歌《小雨沙沙沙》前，可以结合经验展开想象，雨点还会落在哪里，会发生什么有趣的事。

（二）通过阅读培养想象力

阅读材料中蕴含着大量可以提高想象能力的素材。面对作品中描述的某些景物事物或情节，想象作者没有叙述的某些景物事物或情节；还可以通过创造性复述、续编、改写故事等方式，训练自己的合理想象。充分利用教材中创造性的内容，展开想象，不仅可以提高自己的创造能力，培养不受约束随意性的思考习惯，还可以从中获得自信心的满足。

（三）通过作文培养想象力

写和生活紧密相关的话题作文，如"闲话足球""我看申奥"，展开联想想象，自由感悟。对事物的未来进行大胆想象，如下面的题目：假如世界允许克隆人，那么，这个世界将会变成什么样子？假如记忆可以移植，人类将会面临什么问题呢？面对这样的问题大胆想象。

希望通过以上训练可以提高自己的想象能力。

第四节　思维的发展

在如今这个机遇与挑战并存的时代，创新的重要性已经越来越受到人们的重视。因此，创新的能力也被列为新时代人才所必需的基本能力。作为一名新时代的大学生，更要了解和掌握有关思维的知识和技能，提高创造性思维。

一、思维的概述

（一）思维的概念

思维是人脑借助言语、表象和动作而实现的，对客观事物的间接的、概括的反映，是组成人智力的核心。人们在学习、工作和生活中，每当碰到一时不能解决的问题时，往往会说："让我想一想""请你考虑考虑"，这种"想"和"考虑"就是指人的思维活动。思维也是人区别于其他动物最具代表性和独特性的认知方式。间接性和概括性是思维的两大基本特性。

（二）思维的分类

从不同角度对思维可以进行不同的分类。

首先，根据思维任务的性质、内容和解决问题的方式，可把思维分为直观动作思维、具体形象思维和语词逻辑思维。

其次，思维可按照解决问题的途径分为辐合思维和发散思维。辐合思维是指人们根据多种已知的信息、利用各种熟悉的规则集中寻找一条解决问题的途径，像我们学生运用刚学过的知识来解答考试题就属于这种思维。发散思维是根据已有信息尽可能多地产生不同方向的思考，以便寻找解决问题的多种途径，很多意想不到的科学新理论、新成果就是发散思维的结果。

最后，思维按其结果的创造性可分为常规思维和创造思维。常规思维是指人们运用已获得的知识经验，按现成的方案和程序直接解决问题的思维方式。如学生运用已学会的公式解决同一类型的问题，这种思维创造性水平低，对原有知识不需要进行明显的改组。而创造性思维则是重新组织已有的知识经验，提出新的方案或程序，并创作出新的思维成果的思维方式，如音乐家创造出新歌曲、工程师发明新机器。创造性思维是人类思维的巅峰，是多种思维的综合表现。它既包括了辐合思维与发散思维，同时还有创造性想象等其他认知过程的参与。

二、高职高专学生思维发展的特点

(一) 抽象逻辑思维日益占主导地位

大学生能理解一般抽象概念，掌握一定的定理，并运用假设进行推导，能对许多现象进行概括和抽象。

(二) 思维具有更强的预见性

大学生的生活经验丰富，科学知识增多，对事物之间的内在联系了解得更深刻。他们能对事物的规律提出假设，并设计方案检验假设，能够着眼于未来去看待和适应环境。

(三) 对思维的自我意识和监控能力逐渐增强

学生能够对自己的思维进行自我反省、自我调控，提高思维的正确性和效率。

(四) 思维的创造性提高

大学生喜欢提出新的假设和理论，在思维的敏捷性、灵活性、深刻性、独创性和批判性等方面都有了明显增强。

(五) 辩证思维迅速发展

大学生形式思维的发展有力地促进了辩证思维的发展。到大学阶段已基本上能理解特殊与一般、归纳与演绎，形式逻辑与辩证逻辑等因素有了全面发展，思维的功能更完善，思维的效率更高。

拓展阅读

问题解决的思维过程①

在现实生活中，我们每天都要解决大量的问题。人类思维的一个长处就是能够利用已有的知识，处理新的情境，从而达到对环境适应的目的。思维

_____

① 郑东东. 大学生心理健康教程 [M]. 北京理工大学出版社，2013：109.

有别于记忆的地方也在于此。因为记忆只是对过去经验的再现，并不能重新组织和利用已有的知识经验。那么，问题解决的思维过程是什么样子的呢？

首先，我们来看看何谓"问题"。纽厄尔和西蒙（Newell & Simon, 1972）从三个方面来定义"问题"：

（1）初始状态：开始时的不完全的信息或令人不满意的状态；

（2）目标状态：你希望获得的信息或状态；

（3）操作：为了从初始状态迈向目标状态，个体可能采取的步骤。

这三个因素一起定义了问题空间（problem space）。这样，我们就可以理解问题解决的思维过程了，这就像是在走迷津（问题空间），从我们所在的位置（初始状态），到我们想去的位置（目标状态），做一系列的转弯（允许的操作）。影响问题解决的因素有许多，涉及问题的特征、问题解决者因素和情境因素等各个方面。

（1）问题的表征。问题的表征也就是问题在解决者头脑中的反映，有时这会对问题的解决起着关键性的作用。

（2）功能固着。功能固着就是人们把某种功能赋予某种物体的倾向，如碗是用来吃饭的。在解决问题的过程中，人们能否改变事物固有的功能以适应新的问题情景的需要，常常成为解决问题的关键。例如，在下雨天，骑车的同学为了不让雨淋湿鞋子，就把塑料袋包着鞋子绑在腿上，这样原来用来装东西的塑料袋就暂时充当了一回"雨靴"。

（3）定式。定式是指以同样的方式持续做某事的倾向。一旦问题解决者头脑中形成了某种假设，他就会常常看不到其他的可能。

（4）学习迁移。过去的经验和学习一般会在当前消极或者积极地影响问题的解决过程。

（5）专家和新手。专家在解决专业范围内问题时，要比新手更有效，这是经验在起作用。

（6）动机强度。心理学的实验证明，在一定的限度内，动机的强度与解决问题的效率成正比，但动机太强或者太弱都会降低解决问题的效果。动机太强让人心情过于紧张，而不易发现解决问题的关键要素。动机太弱容易被无关因素引到问题之外。动机强度与解决问题效率之间的关系可以用一条倒

"U"形曲线来说明。

（7）情绪。紧张、焦虑、压抑和烦躁等消极情绪会阻碍问题解决的速度。这也是考试焦虑会对考生有如此之大的影响的原因。

（8）人际关系。人们在解决问题时，有一种跟周围人的解决方式保持一致的倾向，这种现象在社会心理学中称为从众。团体内的互相协作，能促使问题得以顺利解决；相反，互不信任、人际关系紧张则会妨碍问题的解决。

阿什克拉夫特（Ashcraft, 1998）在上面8个影响因素的基础上，提出了有利于问题解决的10种方法：（1）增加相关领域的知识；（2）使问题解决中的一些成分自动化；（3）做出推论：在解决问题之前，要根据问题中给定的条件做出适当的推论，这样既可避免使问题解决走入死胡同，又可消除对问题的错误表征；（4）建立子目标；（5）制订比较系统的计划；（6）逆向工作；（7）寻找矛盾点；（8）寻找当前问题与过去相关问题的联系性；（9）发现问题的多种表征；（10）多多练习。

第五节　创造性思维和思维训练

一、什么是创造性思维

创造性思维是重新组织已有的知识经验，提出新的方案或程序，并创造出新的思维成果的思维活动。创造性思维是多种思维的综合表现，它既是发散思维与聚合思维的结合，也是直觉思维与分析思维的结合。创造性思维也可以叫作创造性的问题解决。当我们遇到难题而百思不得其解，并发现不能用常规的方法解决，创造性思维就十分必要了。牛顿发现万有引力，爱迪生发明白炽灯泡，曹雪芹写出寓意深刻的《红楼梦》，都是通过创造性思维实现的。所以说，对学生的创造性思维的训练就是特别必要的了。

二、创造性思维的特点

创造性思维不同于常规性思维。

首先，体现在新颖方面，是指不拘泥于前人的方法和经验，从独特的视角看待问题。提出不同于他人的方案、办法，从而创造性地解决问题。如《曹冲称象》的故事，当各位大臣面对称量大象手足无措时，曹冲却利用等效替代的方法创造性地得出了大象的重量。

其次，创造性思维是有"价值"的思维，这种思维方式带来的是具有"社会价值"的成果，能产生社会效益。举个例子来说，具有精神分裂和躁狂症状的精神病人常有"思维奔逸""语词新作"等症状，尽管这些症状会带来许多新奇的想法和语言，然而这只是随心所欲的胡乱拼凑，没有章法，没有逻辑，并不属于创造性思维。

最后，创造性思维具有极大的灵活性。它不拘泥于某种形式，不受思维定式的影响，而是在遇到问题时发挥大脑的能动性，寻求新奇的或者最优的解决方案，甚至综合运用各种思维方式、思维方法富有成效地解决问题。

三、创造性思维训练方法

要培养创造性思维并不是一味地异想天开，以怪点子、奇特想法为标准，而是有其特有的思维方式。可以通过以下几种方式培养自己的创造性思维。

（一）发挥想象力

对于文学创作的人来说，需要想象力，他们要在头脑中刻画出人物的面貌、声音、身段、性格，想象出人与人之间发生怎样的故事和每个主人公最终的结局。与此相似的是，学生在学校举办各类文体活动或节目，都需要想象节目的安排、突发的状况及补救措施。想象不仅可以激发我们努力工作，还可以引导我们创造新事物。如人类早期想象能像鸟一样在天空飞翔，最终发明了飞机。

培养想象力，可以平时多加练习，如看着天空的云朵，想象它可能成为的形象，并将这些想象变成一个故事；上学路上碰到一个人，根据他的穿着、动作和表情，想象他经历过或将要经历的事情；将自己的照片收集起来，根据当时的表情动作，编一个故事；或是广泛阅读科幻小说，玩玩需要想象的电脑游戏等。

（二）培养发散性思维

美国心理学家吉尔福特认为经由发散性思维表现于外的行为即代表个人的创造力。所谓发散性思维就是以问题为中心，向周围寻求多种解决问题的方法。我们平常所说的"举一反三"等就是发散思维的结果。培养发散性思维要克服思维定式的障碍，因为思维定式会使人们按照习惯处理问题，从而限制人们思维的方向。

例如，怎样用 4 条线将下面 9 个点连接在一起？

     · · ·

     · · ·

     · · ·

很多人会将这 4 条直线局限在这 9 个点围成的四边形里面，所以不可能做到连在一起。

进行发散性思维的训练还可以说出 "0" 是什么（至少想出 30 种），如脑袋、地球、宇宙、英文字母 O、氧元素符号、鸡蛋、扣子、面包、铁环、孙悟空的紧箍咒、杯子、麻子、圆满等，这种训练方式比较简单，不需要任何道具，同学们可以在课间一起训练。

（三）学会逆向思维

逆向思维就是将事物的整体、部分或性能颠倒过来想，与人们通常的思路相反。

有个非常典型的例子，一位贫困的牧师为了转移哭闹不止的儿子的注意力，将一幅色彩缤纷的世界地图撕成许多细小的碎片，丢在地上，许诺说："小约翰，你如果能拼起这些碎片，我就给你二角五分钱。"牧师以为这件事会使约翰花费上午的大部分时间，但没有 10 分钟，小约翰便拼好了。牧师问："孩子，你怎么拼得这么快？"小约翰很轻松地答道："在地图的另一面是一个人的照片，我把这个人的照片拼在一起，然后把它翻过来。我想，如果这个'人'是正确的，那么这个'世界'也就是正确的。"牧师微笑着给了儿子二角五分钱。

科学史上还有一个实例，丹麦物理学家奥斯特发现通电导体周围产生磁场，即电生磁，因此英国物理学家法拉第经过不懈努力，终于发现磁生电的具体方法，从而使电能的大规模生产和利用成为可能。法拉第从电生磁想到磁生电的思维就是逆向思维法。这种思维方法在科学发现和科学创造中有着巨大的作用。

（四）结合实际情况，灵活运用"和田十二法"

"和田十二法"是我国学者许立言、张福奎在奥斯本稽核问题表的基础上加以修改，提出的创造性思维方法。

加一加：把两种物品加在一块，使之在形态上、功能上有所变化，产生的新物体具有原来单件物体没有的功能。例如，冬天杯子里的水容易凉，有人就将杯子里装上保温胆，就有了现在的保温杯。

减一减：在某件物品上减去一部分，或某件事情上减少些。例如，每次坐公交车都要买票，在减一减思维的指导下，我们有了公交车乘车卡，不用每次坐车都买票了。

扩一扩：早期的手机只能接打电话，经过功能的扩展，后来能发短信，现在发展到3G、4G和5G手机，可以上网了。

缩一缩：把某些物品缩小一些，或压缩其中的某一部分。例如，早期的计算机体积巨大、笨拙、无法移动，现在日本研制的计算机仅有骰子大小，是目前世界上最小的计算机。

变一变：改变物体的形状、颜色、味道等。例如，最初的铅笔截面都是圆的，但是容易滚动，经常掉到桌子下面，后来发明了六棱的铅笔，不容易滚下桌子，而且握着也舒服。

改一改：对一个物体的形状、结构或功能进行改进，使之更好地发挥作用。例如，原来的伞都是为了遮雨用的，一些爱漂亮的女性，怕被晒黑，于是发明了遮挡紫外线的遮阳伞。

联一联：从某一事物受到启发，联系到别的事物，从而创造出新的物品。例如，科学家根据蟑螂依靠身上分泌的信息素进行沟通这一现实，联想到制造一个能分泌这种信息素的"蟑螂卧底"，让它带领蟑螂群集体走向灭亡。

学一学：看到一种物品，学习它的功能及原理，发明一种类似的物品。

例如，蝙蝠依靠超声波信号，才能进行夜晚活动，因此，人类发明了盲人用的"探路仪"，盲人带着它可以发现台阶、电线杆等。

代一代：用一种材料代替另一种材料，用一种方法代替另一种方法等。例如，用不锈钢的厨具代替铝制成的厨具。

搬一搬：把东西、技术、道理或方法等搬到别的地方去。例如，放大镜可以放大物体，将之搬到望远镜，就可以让人们看到更远处的东西。

反一反：将一件事物正反前后或作用等颠倒一下，产生新的事物。例如，将皮鞋的里面翻到外面就成了翻皮皮鞋。

定一定：设定一些规定，如为了减少噪声污染，发明了噪声显示器，一旦声音超过85dB，显示器上的灯就亮了，提醒人们降低声音。

"和田十二法"本身也是在前人基础上的创新，这些方法通俗易懂，简单易行。

此外，还可以进行"头脑风暴"训练。"头脑风暴"法是一种用相对快速有组织的方法产生创意的一种手段，大学生可以独自一人或多人一起进行训练，例如，围绕一个问题，每个人在2分钟的时间内，积极地想象世界上最有趣的主意，接下来的一个人对前一个人的想法进行改进，然后是另一个人，直到达到预设的目的。大学生如能好好学习，定会从其中得到启发，活跃自己的思维，进行创造性活动。

拓展阅读

让思维拐个弯①

张劲东

传说，从前有一个人要自制板凳，于是叫他的儿子去山上砍几根树杈来做凳脚。儿子拿着柴刀满山地找，找了一天都没找着。天黑时疲惫地回到家里，告诉他父亲："山上的树杈都是向上的，怎么能做凳脚呀？"话一出口，

---

① 张劲东，俞旭红. 大学生心理健康实用教程［M］. 北京：中国出版集团现代教育出版社，2015：54.

就挨了他父亲的一顿臭骂。

其儿的行为之所以显得很傻很可笑，是因为他只会顺向思维，而不会逆向思维。顺向思维是一种常规性思维，而逆向思维是种反常规思维。当我们进行常规思维时，有时问题很简单，也无法解决；但进行反常规思维时，往往再复杂的问题也能迎刃而解。

反常规思维，通俗地讲，就是让思维拐个弯，即改变思维方向，转换思维角度，具有很大的灵活性和变通性。学会思维拐弯，可以给我们带来许多好处。

思维拐弯有利于解决问题。一场骑马比赛正在进行，谁的马走得慢就是胜利者。于是，两匹马慢得几乎"停止不前"，这样进行下去，比赛什么时候可以结束呢？骑手也担心和不安起来了。多亏来了个聪明人，他想出了一个好办法，才使这场比赛顺利地进行下去。聪明人的办法是让两个人互相交换马，甲骑乙的马，乙骑甲的马，继续比赛，这样就由慢变成比快了，使赛马很快结束了。

思维拐弯有利于创造发明。不论是哪里的商店，出售的儿童玩具都以"漂亮""美丽""天真""可爱"为设计制作标准。然而，偏偏有人反其道而行之，这人就是美国艾思龙公司的老板波西奈。一天，他在乡村散步时，忽然发现有几个小孩子在玩一只奇丑无比的昆虫。原来，并不美丽的东西，小孩子也喜欢玩，假如生产一些"丑陋玩具"，儿童们会不会喜欢呢？波西奈思维的"方向盘"一打，迸发出耀眼的灵感火花。他马上和公司的开发设计人员进行了研究，决定设计制造诸如"疯球""丑八怪"之类的玩具。后来连波西奈自己也没想到，"丑陋玩具"一上市就格外走俏，价格迅速上升，还超过了许多"漂亮玩具"。艾思龙公司因此而发大财。

思维拐弯有利于应对人生挫折。有个人曾经是一个上班族（从商），尽管他工作非常努力，但还是被公司解聘了。失业后，他十分气馁，悲观绝望。他的妻子安慰他"天无绝人之路"，并鼓励他往自己的兴趣——"文学"上发展。他冷静考虑后决定试一试，渐渐地，他开始在文坛崭露头角，后来，他写出了一部震撼文坛的巨作——《红字》。这个人，就是美国著名作家霍桑。试想，如果霍桑在从商受挫后思维不拐弯，悔恨终日，那么，文坛上无疑少了一个优秀作家。

　　思维拐弯有利于调和人际关系。某大学中文系教授讲课时旁征博引、妙趣横生，扣人心弦，引来不少外系的学生旁听，结果挤得本系的学生没了座位。为了解决这个难题，一班的班长在课前说："为了尽可能地保证本系学生的座位，旁听生不得坐前十排。"旁听生听了很不舒服，因逆反心理而有意争抢座位吵吵闹闹，并且造成了系际同学之间的紧张关系。下一次上课时，二班的班长采用了另一种说法："为了尽可能让旁听生有座位，中文系的同学请坐在前十排。"于是旁听生都很会意地坐到第十排后去了，不争不吵，课堂井然有序，和谐安静。

　　同样的动机，不同的说法，造成了截然相反的结果：这就是思维拐弯——换位思考产生的良好效应。

　　思维拐弯有利于保持心态平衡，获得幸福快乐。身体有残疾的人，在我们正常人看来，他们是很不幸、很痛苦的。其实不然，残疾人善于让思维拐弯，仍然活得很幸福很开心。《千手观音》的领舞邰丽华如此说："我感觉残疾不是缺陷，而是人类多元化的一个特点，残疾不是不幸，只是不便。其实每个人的人生都是一样的，有圆、有缺、有满、有空，这是你没有办法选择的。但是你可以去选择人生的态度，然后带着一颗快乐而感恩的心态去面对人生的不圆满。"

问题与思考

1. 提高观察力的方法有哪些？
2. 提高记忆力的方法是什么？
3. 什么是思维？
4. 创造性思维的训练方法有哪些？

团体心理辅导

创新实践

　　"创新是一个民族的灵魂，是国家兴旺发达的不竭动力"；"一个没有创新能力的民族，难以屹立于世界先进民族之林"。中国教育正在进行着一场以培养学生创新精神和实践能力为主的变革。所谓创新精神和实践能力，就是要大胆创新、破旧立新，并在实践活动中创造出超越自己、超越前人、超越他人的新观念、新思想、新理论、新产品等。

培养学生的创新精神，不仅是社会发展的要求，也有助于学生独立人格的培养。一个具有创新能力的人，必然是一个自尊、自立、自主、自强的人，也必然是一个具有很强的独立人格的人。一个没有独立人格的人，必然会迷信权威，人云亦云，懒于独立思考，这样的人必然不会自觉进行创新活动。

另外，培养创新精神也有助于培养学生的合作精神。当代社会是一个开放的社会，许多创新活动需要很多人的协作才能完成。因此，必须具有开放意识、合作意识和与他人沟通协作、共同创新的能力。

要培养学生的创新精神，关键在于培养学生的创造性思维。创造性思维是指以超越常规的眼界，从特异的角度观察思考问题，提出全新的创造性解决问题方案的思维方式。

以下这些游戏活动，对培养学生的创新性思维有着积极的促进作用。很多看上去不可能的事，只要开动脑筋，开拓思维，就会找到很多新的解决之道。

团体辅导主题名称：创新实践

团体辅导活动名称	活动目标
卖梳子	1. 加强敢于挑战"不可能"的勇气和解决问题的智慧。 2. 多多运用发散性思维，学会创新。
无限用途	1. 相互交流，彼此启发，开阔视野，丰富想象力。 2. 通过"头脑风暴"，积极思考，大胆倡议，科学选择，克服定式。

续表

团体辅导活动名称	活动目标
广告设计	1. 运用心理学的原理设计公益广告，提高广告的吸引力和效力。 2. 通过活动展示个人才能，满足个性的表现力。 3. 体验群策群力和团队合作精神。
遵从指导	1. 懂得打破思维定式，养成良好的阅读习惯。 2. 养成做事统观全局的思维习惯。

活动一 卖梳子

一、活动目标

1. 加强敢于挑战"不可能"的勇气和解决问题的智慧。

2. 多多运用发散性思维，学会创新。

二、活动时间

大约 45 分钟。

三、活动道具

无。

四、活动场地

室内室外均可。

五、活动程序

1. 分组，每个小组 6 人左右。

2. 主持人讲清楚游戏情境及规则。

游戏情境：

有一家效益相当好的大公司，为扩大经营规模，决定高薪招聘营销主管。广告一打出来，报名者云集。面对众多应聘者，招聘工作的负责人说："相马不如赛马，为了选拔出高素质的人才，我们出一道实践性的试题，就是想办法把木梳尽量多地卖给和尚。"

绝大多数应聘者感到困惑不解，甚至愤怒：出家人要木梳何用？这不明摆着拿人开涮吗？于是纷纷拂袖而去，最后只剩下甲、乙和丙三个应聘者。负责人交代以 10 日为限，届时向他汇报销售情况。

假定同学们是那三个幸运的应聘者之一，请在规定的时间里，每个小组的同学讨论"如何把梳子卖给和尚"，看哪个小组提出的方案中能卖给和尚的梳子最多，并在实际生活中具有一定的可操作性。

六、注意事项

1. 要向学生说明一定是把梳子卖给和尚。

2. 梳子的形状样式颜色等不要事先规定。

3. 主持人可采取"头脑风暴"的做法，要引导学生大胆说出一切可能的方法，然后在这些方法的基础上再挑出一些在实际生活中可操作的比较好的方案。

活动二　无限用途

一、活动目标

1. 相互交流，彼此启发，开阔视野，丰富想象力。

2. 通过"头脑风暴"，积极思考，大胆倡议，科学选择，克服定式。

二、活动时间

大约需要 45 分钟。

三、活动道具

塑料可乐瓶、纸、笔。

四、活动场地

以室内为宜。

五、活动程序

1. 把全班同学分为若干个 6~8 人组，推选出一名组长。

2. 请组长到主持人处领取一个塑料可乐瓶、一张白纸和一支笔。

3. 小组成员在 5 分钟内讨论：塑料可乐瓶可以有多少种用途？讨论结果记录在纸上。

4. 全班交流，在交流的基础上，小组成员将可乐瓶用途归类。

六、注意事项

1. 在"头脑风暴"中，要激发学生想象出各种各样的用途，不要有过多的约束和顾虑，在充分想象的基础上再做合理选择。

2. 在整理用途时，要注意归类总结，尽可能丰富用途类别，而不要只停留在一种类别中的多种答案。如可以做容器，用于盛水、盛油、盛可乐、盛糖……这样的答案，思路是封闭的。

活动三　广告设计

一、活动目标

1. 运用心理学的原理设计公益广告，提高广告的吸引力和效力。

2. 通过活动展示个人才能，满足个性的表现力。

3. 体验群策群力和团队合作精神。

二、活动时间

大约45分钟。

三、活动道具

每组一张50cm×60cm大小的白纸、一盒12色彩色水笔（粗头）、透明胶带、剪刀。

四、活动场地

以室内为宜。

五、活动程序

1. 分成若干小组，每组4~5人为宜，推荐产生一名组长。

2. 每组领取50cm×60cm大白纸一张，12色彩色水笔（粗头）一套。

3. 主持人讲解校园公益广告设计的要求。

主题内容：应与校园生活、社会公益相关，构思合理，体现"e时代"大学生的精神风貌。

主题形式：题材不限，作品可以是电脑动画、静态广告宣传画、漫画、数码影像。由于时间、材料的限制，要求大家现场完成的是静态平面宣传画。

内容要求：（a）主题突出，形式鲜明；（b）画面优美，震撼力强；（c）有创新、有力度、有特写；（d）时代气息强，印象深刻。

版面要求：（a）画面细腻，美感强；（b）色彩搭配和谐；（c）规格符合要求。

4. 20 分钟后集体完成一张"校园公益广告"，各组派一位同学讲解广告创意。

六、注意事项

1. 主持人在讲完创作要求后，可以拿一些经典的"校园公益广告"实样进行启发和引导，便于同学们能在短时间内完成高质量的创意构想。

2. 暗示学生运用小组表演的形式，宣传本组创作的"校园公益广告"，这样可以大大提升广告效应。

3. 在各组展示的基础上，主持人（或要求专业教师）需要根据广告设计要求，就内容、形式、效果做点评，引导学生学习、欣赏他组经验。

活动四　遵从指导

一、活动目标

1. 懂得打破思维定式，养成良好的阅读习惯。

2. 养成做事统观全局的思维习惯。

二、活动时间

大约 35 分钟。

三、活动道具

"遵从指导"的材料每人一份、秒表一只。

四、活动场地

室内。

五、活动程序

1. 分发材料，提示学生要注意阅读指导语。

2. 主持人提示本次活动需要计时，活动计时开始。

3. 活动体验分享。

附：游戏活动材料

指导语：这是一个需要速度的游戏。总共 30 道题，请你先看一遍题目，然后在右边的空白纸上按题目的要求做，速度越快越好。做完后请你看看自已花了多少时间，能挑战我们以前的纪录吗?

1. 在纸的正中写上你的姓名。

2. 在姓名的旁边写上三个"好"字。

3. 把你的性别和生日写在纸的右上角。

4. 在纸的最上方写上今天的日期。

5. 在纸的左下角画三个正方形。

6. 在这三个正方形外各画一个圈。

7. 再在这三个正方形里各画一个三角形。

8. 在你的姓名上方写上你父母的姓名。

9. 把你们三人的生肖属相分别写在姓名的旁边。

10. 把你的生日数字单个相加，把答案写在生日的下面。

11. 在纸的左上角写出你所读过的一所学校的名称。

12. 把你最喜欢的一样东西写在纸的左边。

13. 把你最讨厌的一样东西写在纸的右边。

14. 在纸的右下角画五个五角星。

15. 在你的姓名下面画一条波浪线。

16. 在父母的姓名旁边写上他们的生日。

17. 算算你父亲比你大多少岁。

18. 算算你比母亲小多少岁。

19. 看看你父母相差多少岁。

20. 在你最讨厌的东西上打一个 ×。

21. 在你最喜欢的东西上画一个笑脸图形。

22. 接下去的三个题你不用做。

23. 将题目前面的单数题号圈出来。

24. 在题目前面的单数题号上打√。

25. 在纸的下端写上 28 乘以 82 的答案。

26. 把第 7 题中你所画的三角形全部涂黑。

27. 把第 14 题中你所画的五角星全部涂黑。

28. 看完时你只需做第一题和最后两题。

29. 数一数当你"幡然醒悟"时已做了多少题。

30. 在你的名字下面写上"遵从指导我第一"。

六、注意事项

1. 主持人不要过分提示指导语。

2. 活动时间一般以 3 分钟为止，不宜过长，时间到了就停止游戏。

第三章

境由心生——高职高专学生情绪的发展

学习目标：

1. 理解情绪的含义；了解情绪的作用；把握大学生情绪的特点。

2. 识别不良情绪并愿意尝试用适宜的方式管理不良情绪。

3. 熟悉情绪调节和控制的技巧，帮助自身或他人转化消极情绪。

4. 作为幼师生，对自身情绪的识别和管理是事关教师职业素养的重要内容，应有意识地提高自身的情绪修养。

案例导入：

丽丽是高专院校二年级的学生，给人的印象是安静、内敛的。可是和她相处时间长了就会发现，安静、内敛只是表象，越亲近的朋友越知道她特别能无端地发脾气，情绪激动起来难以控制，朋友拿她没办法，丽丽自己激动过后也会很后悔。她说因为管理不好自己的情绪已经让她失去很多朋友了，这让她很是苦恼。

第一节　情绪概述

一、什么是情绪

情绪是指人们在内心活动过程中所产生的心理体验，是人脑对客观事物与主体需要之间关系的反映。"体验"是情绪的基本特征，它是人对情绪状态的自我感受。正是通过这种感受，人们体会到了伴随着认识和行为产生的，诸如幸福、快乐、爱与痛苦、苦恼、恨等各种各样的情感。

我们可以从以下五个方面来理解情绪的性质。

第一，客观事物是情绪产生的源泉。情绪作为一种心理活动过程，也是对外界刺激的心理感受和反映，情绪的产生离不开特定的刺激。

第二，情绪以主体的需要是否满足为中介。情绪反映的是客观外界事物与主体需要之间的关系，外界事物符合主体的需要，就会产生积极的情绪体验，否则便会产生消极的情绪体验。

第三，情绪是一种心理体验，具有强烈的主观色彩。情绪是不同于一般认识过程的一种特殊的心理过程，因为认识过程是对事物的认识，力求符合客观事物。

第四，情绪会引起一定的生理变化，如心率、血压、呼吸和血管容积上的变化。愉快时，面部的微血管舒张，脸会变红；害怕时，脸部的微血管收缩，血压升高，心跳加快，呼吸急促，脸会变白。这些变化是通过内分泌腺的作用实现的。

第五，情绪总会通过某种形式表达出来。情绪有其外部表现形式，即表情。表情包括面部表情、身段表情和言语表情。

表 3－1 不同情绪的面部模式[①]

情绪	面部模式
兴趣	眉眼朝下、眼睛追踪着看、倾听
愉快	笑、嘴唇朝外朝上扩展、眼笑（环形皱纹）
惊奇	眉眼朝上、眨眼
悲痛	哭、眉眼拱起、嘴朝下、有泪有韵律的啜泣
恐惧	眼发愣、脸色苍白、脸出汗发抖、毛发竖立
羞愧——羞辱	眼朝下、头低垂
轻蔑——厌恶	冷笑、嘴唇朝上
愤怒	皱眉、眼睛变狭窄、咬紧牙关、面部发红

————————

① 彭聃龄.普通心理学［M］.北京：北京师范大学出版社，2004：383.

二、情绪和情感的关系

感情曾是情绪和情感的统称，但这一概念过于笼统，它不能够清晰地表达出人们对客观事物的体验这一心理现象的全部特征。为了区别出感情发生的过程和这一过程中产生的体验，人们采用了情绪和情感两个概念，它们分别强调了同一心理现象的两个不同方面。

情绪主要指感情过程，即个体需要与情境相互作用的过程，也就是脑神经机制活动的过程，它是人类内心活动最直接的表现，如高兴时的手舞足蹈、愤怒时的暴跳如雷。它代表了感情发展的最原始的方面。情感常用于那些具有稳定的、深刻的社会意义的感情，如对祖国的热爱、对朋友的真挚。情感是同人的社会性需要相联系的主观体验，是人类特有的心理现象之一。

情绪和情感二者之间彼此依存，稳定的情感是在情绪的基础上形成发展起来的，又通过情绪反应得以表现，离开情绪的情感是不存在的。情绪的变化也反映了情感的深度，并且在情绪变化过程中包含了情感。二者之间也有区别，情绪更多地与人的生理需要相联系，情感更多地与人的社会需要相联系；情绪的发生早于情感的发生；情绪具有暂时性和外显性，情感则具有持久性和内隐性。

三、情绪的作用

（一）信号作用

情绪是个人与他人相互影响的一种重要方式，起着信息传递的作用。人们通过情绪表达自己的内心愿望、需求或观点，并对他人施加一定的影响。信号功能主要是通过表情来实现的。人类的表情作为一种"非语言符号"，是语言交流的重要补充手段，已成为我们交流和沟通的重要工具。例如，爱人之间，一个表情、一个动作，就能使对方心领神会；一个人说谎时，我们通过语言无法辨别他是否在说谎，但可以通过微表情（面部表情可能不太自然、目光游移）、小动作（触摸鼻子、摸下巴、抓颈挠腮等），或言语表情（声调提高、语速加快、停顿过长或过于频繁等）发现一些端倪。

（二）适应作用

情绪是人们适应环境、适应社会的一种重要手段。婴儿还不具备独立生存的能力，主要依赖情绪来传递信息，与成人进行交流，从而得到成人的照顾。如饥饿时，孩子会烦躁、哭闹，成人及时喂食，孩子才能生存下去。在成人的生活中，人们也是通过各种情绪，了解自身和他人的处境与状况，适应社会的需求，求得更好的生存与发展的。例如，在面对危险时，恐惧的情绪反应能让我们快速采取行动，摆脱险境，起到自我保护的作用；我们察言观色了解他人的情绪状态，然后采取适当的措施来维持或改善人际关系，从而促进人际关系的发展。

（三）动机作用

情绪是动机系统的一部分，能提高人的活动效率。一般来说，内驱力是推动有机体活动以达到满足需要的内部动力，但是情绪能对内驱力提供的信号产生放大和增强的作用，从而更有力地促使人们去行动。例如，人们在缺水的情况下，产生喝水的生理需要（内驱力的信号），单有生理需要而无情绪，还不足以驱动人产生相应的行为，如果意识到缺水会给人体带来危害，从而产生紧迫感和恐惧时，这种情绪就放大或增强了内驱力的信号，从而产生了行为，成为人行动的动机。

（四）组织作用

情绪对其他心理活动具有组织作用，这主要表现为积极情绪的协调作用和消极情绪的破坏、瓦解作用。积极情绪对人的行为起到促进作用，有利于能力和创造力的发挥，有利于学习和工作效率的提高，有利于身心协调，如喜悦、兴奋、振奋等情绪，能明显提高人的活动能力，所谓"心情愉快干劲足"。而消极情绪对人的行为起到消极、抑制作用，抑制个体的认知过程，阻碍正常水平的发挥，有害于身体健康，如悲哀、恐惧、忧郁等情绪，一般情况下会削弱人的活动能力。

但消极情绪不一定在所有情况下都有破坏和瓦解的作用，它们也可以成为积极的力量。如悲痛既可以是消极的，也可以是积极的，让人化悲痛为力量。焦虑、压力等情绪都有消极的体验，但适度的焦虑或压力能提高学习效率。因此我们要重视发挥情绪的组织功能，既要善于通过愉快、兴奋等积极情绪促进学习和工作，也要尽量减少消极情绪的破坏作用，善于把一些消极情绪转化为积极的力量。

当一个人情绪不好的时候，很容易影响到他周围的人的好心情，也就是会产生一系列的连锁反应，这就是所谓的"情绪污染"。由此，我们可以想象情绪的力量。

拓展阅读

情商

与情绪相关的一个概念是情商，这一概念是由哈佛大学的心理学博士丹尼尔·戈尔曼提出的。情商是情绪智力商数（emotional intelligence quotient）的简称，也就是 EQ。它是衡量个体情绪调节能力和社会适应能力的一个指标。

情商通常包括五类能力：①了解自己的情绪，能及时察觉自己的情绪，了解产生情绪的原因；②控制自己的情绪，掌握情绪调节的各种方法，善于摆脱消极情绪；③自我激励，懂得整理情绪，确定切实可行的目标，并朝着一定的目标努力，培养克服困难的信心和能力，善于自我鼓励、自我监督、自我教育；④善于了解他人情绪，理解他人的感觉，觉察他人的真正需要，具有同情心；⑤维系融洽的人际关系，能够理解并适应他人的情绪，包容、大度，积极处理人际交往中的问题，主动与人沟通。

第二节　高职高专学生情绪的特点

大学时期是青年人心理成熟的重要时期，也是情绪丰富多变、相对不稳定的时期。随着社会地位、知识素养的提高以及所处特定年龄阶段的影响，大学生的情绪带有鲜明的特征。

一、丰富性和复杂性

从生理发展分段来看，大学生正处于感性和情绪化的年龄阶段。几乎人类所具有的各种情绪，都可在大学生身上体现出来，并且各类情绪的强度不一，如愉快、兴奋、激动、难过、悲伤、哀痛等。

从自我意识的发展来看，大学生在自我情感体验方面很敏感，注重独立与自尊，对从外界能否感受到尊重的需要较强烈。因而，相对于其他年龄阶段也更容易产生自卑、自负等情绪体验。

从社交方面来看，再加上开放性的大学环境和网络作用，扩大了人际交往圈，与各种各样的人的交往更频繁，与同学、朋友及师长之间的交往更细腻更复杂。有的大学生还开始体验一种更突出的情感——恋爱。而恋爱活动往往又伴随着深刻的情绪体验，这种特殊的体验对大学生有十分重要的影响。

从情绪体验的内容来看，大学生的情绪呈现出相当丰富多彩的特征，以愉快的情绪来说，令大学生感到愉快的事物多种多样，如拿到奖学金、吃到美食、穿上了漂亮衣服、一两个好友把酒言欢等。

二、波动性和两极性

大学时期是人生面临多种选择的时期，学习、交友、恋爱等人生大事基本在这一阶段完成。社会、家庭、学校及生活事件，都会对大学生的情绪产生影响。大学生的情绪控制能力比中小学生强很多，但是心理发展仍处于不成熟向成熟的过渡时期，情绪起伏波动较大。一句善意的话语，一个感人的故事，一支动听的歌曲，一首情理交融的诗歌，都可以使青年的情绪发生骤然变化。今天情绪高涨、精神振奋，明天就可能情绪低落；今天对某个人崇拜得五体投地，明天就有可能恨之入骨，容易从一个极端走向另一个极端。情绪有时还会表现为大起大落、大喜大悲的两极性，如胜利时得意忘形、挫折时垂头丧气等。

三、冲动性与爆发性

由于知识水平和认知能力的提高，大学生对自己的情绪能够有所控制，但由于他们兴趣广泛，对外界事物较为敏感，加之年轻气盛和有从众心理，因而在许多情形下，其情绪易被激发，犹如急风骤雨不计后果，带有很大的冲动性。他们常常对符合自己信念、观点和理想的事件或行为迅速发生热烈的情绪；对于不符合自己信念、观点和理想的事件或行为，则迅速出现否定情绪。个别的有时甚至会盲目地狂热，而一旦遇到挫折或失败又会灰心丧气，情绪来得快，平息也快。

大学生情绪的冲动性常常与爆发性相连。由于大学生对新事物比较敏感，加上精力旺盛，虽然具有一定的理智和自我控制能力，但做事往往不计后果，其冲动爆发的情绪活动一旦失控，往往造成可怕的结果，如集体斗殴、离家出走、因感情挫折而自杀或他杀等。

四、阶段性和层次性

大学生情绪和情感的发展呈现出明显的阶段性特点。不同年级大学生有不同的情绪体验：新生的自豪感和自卑感混杂，放松感和压力感并存，新鲜感和恋旧感交替，情绪波动大。二年级经过了一年级的适应过程，能够融入校园生活中，情绪较为稳定。三年级学生在各方面得到了历练，情绪、情感发展日益成熟、深沉。此时，他们面临毕业论文（毕业设计）及择业等多方面的重大问题，紧张与焦虑情绪十分明显。另外，由于社会、家庭及自身要求、期望不同，以及能力、心理素质的差别，大学生也会体现出不同的情绪状态。

五、外显性与内隐性

大学生对外界刺激反应迅速、敏感，喜、怒、哀、乐常形于色，比起成年人更外露和直接；但比起中小学生，他们会修饰、隐藏或抑制自己的真实情感，表现出内隐、含蓄的特点。一般而言，大学生的很多情绪是一眼就能看出来的，如考试第一名或赢得一场球赛，马上就会喜形于色。但由于自制力的逐渐增强，以及思维的独立性和自尊心的发展，他们情绪的外在表现和内心体验并不总是一致的，在某些场合和特定问题上，有些大学生会隐藏或抑制自己的真实情感，有时会表现出内隐、含蓄的特点。例如，对学习、交友、恋爱和择业等具体问题，他们往往深藏不露，具有很大的内隐性。另外，随着大学生社会化的逐渐加深与心理逐渐成熟，他们能够根据特有条件、规范或目标来表达自己的情绪，使得自己的外部表情与内部体验不一致，如有的学生对异性萌生了爱慕之情，却往往留给对方的印象是漠视、冷落对方。这会给同学之间的相互交流带来障碍，使一些学生产生寂寞、苦闷的情感困惑。

第三节 不良情绪的自我管理

大学生正处于生理、心理及思想变化时期，缺乏社会生活的磨炼，缺乏恰当的适应能力，心理状态及情绪波动起伏大，常常会被愤怒、焦虑、抑郁等负面情绪困扰。对在校大学生来讲，管理情绪，做情绪的主人，不仅是自我发展和人格成熟的条件，也是维护身心健康的需要。

一、紧张情绪

所谓紧张，就和饥饿、口渴一样，都是人生活的一部分。但是，如果过度紧张，则对人体不但无益，反而有害。所以，我们必须了解紧张的好坏，然后才能懂得如何利用紧张的好处，抑制它的坏处。

在这个竞争激烈、快节奏、高效率的社会里，紧张和压力不可避免地存在。精神紧张一般分为弱的、适度的和加强的三种。人们需要适度的精神紧张，因为这是人们解决问题的必要条件。但是，过度的精神紧张，却不利于问题的解决。从生理心理学的角度来看，人若长期、反复地处于超生理程度的紧张状态中，就容易急躁、激动、恼怒，严重者会造成大脑神经功能的紊乱，有损于身体健康。因此，必须克服紧张的心理，设法把自己从紧张的情绪中解脱出来。

（一）正确认识自己

一个人如果十分争强好胜，事事都力求完美，事事都要争先，自然就会经常感觉到时间紧迫，匆匆忙忙（心理学家称之为"A型性格"）。而如果能够认清自己能力和精力的限度，放低对自己的要求，凡事从长远和整体考虑，不过分在乎一时一事的得失，不过分在乎别人对自己的看法和评价，自然就会心境松弛一些。

（二）坦然面对紧张

应该想到自己的紧张是正常的，很多人在某种情境下可能比你紧张。不要与这种不安的情绪对抗，而是体验它、接受它。要训练自己像局外人一样观察你害怕的心理，注意不要陷入里边去，不要让这种情绪完全控制住你。可以选择和你的紧张心理对话，想想所担心的最坏的结果是怎样的，这样你就可以正视并接受这种紧张的情绪，坦然从容地应对，有条不紊地做自己该做的事情。

（三）正确安排时间

合理安排每天的工作、学习和生活，实事求是地制订出每天、每周，甚至每月的工作计划及需要完成的目标。养成尽可能在限定时间内完成计划、任务的良好习惯，掌握时间的主动权，尽量避免由于时间安排与实际活动的冲突而造成的手忙脚乱。

（四）正确对待挫折

人的一生不可能不遇到困难，也不可能没有挫折，而贵在遇到困难时不气馁，面对挫折时不自卑。要有勇气和信心，相信自己的力量，这样才有利于厘清思路，从挫折中总结经验，战胜逆境，解决难题。

（五）放松身心

感到紧张时，可以做一些放松身心的活动。具体做法如下：

选择一个空气清新、四周安静、光线柔和，不受干扰、可活动自如的地方，取一个自我感觉比较舒适的姿势——站、坐或躺下。

活动一下身体的一些大关节和肌肉，做的时候速度要均匀缓慢，动作不需要有一定的格式，只要感到关节放开，肌肉松弛就行了。

做深呼吸，慢慢吸气然后慢慢呼出，每当呼出的时候在心中默念"放松"。将注意力集中到一些日常物品上。比如，看着一朵花、一点烛光或任何一件柔和美好的东西，细心观察它的细微之处。

闭上眼睛，刻意去想象一些恬静美好的景物，如蓝色的海洋、金黄色的沙滩、朵朵白云、高山流水等。

做一些与当前具体事项无关的自己比较喜爱的活动，比如游泳、洗热水澡、逛街购物、听音乐、看电视等。

综上所述，人在遇到精神紧张的时候，一定要暂时忘掉一些不快乐的事情，转移一下注意力，做你感兴趣的事情，以缓解你紧张的情绪。

二、烦闷情绪

烦闷，是人们普遍感受到的一种情绪。在这种心境下，人好像对自己所能发出的一切行为都不能认定其积极的意义所在，因而表现出时而想干这个，时而又想干那个，时而什么都想干，以致总有一种茫然的感觉。

产生烦闷情绪的原因通常有两个：一是不知道自己该做什么；二是不知道自己所做的事是否有意义。也就是说，对于这种烦闷情绪，究其根底，就是不知道人生的意义何在，或者对于自己生活的意义产生怀疑，从而表现出一种渺小迷茫的感觉。

调适烦闷情绪，必须从学习和生活入手。

（一）从学习中寻找乐趣

学生最重要的任务是学习，学习本身虽然常常不能直接给人以乐趣，但学习的性质却是人们要面对或参与的一种具有挑战性并带有技能与技巧的活动，它能给人带来无穷的乐趣，使人们在学习的过程中体验到生活的意义所在。因此要想从根本上消除烦闷的情绪，就必须从自己的学习着手，在其中倾注自己的热情和努力，只有这样才能从中体验到学习的乐趣所在。

（二）调剂业余生活

在业余生活中能够很好地享受自己的业余爱好，会使人们在学习疲乏之余仍然能感受到生活的乐趣。不会休息的人就不会学习,大概原因就在于此。现在有不少学生业余生活安排得单调枯燥,用看手机、玩游戏、闲聊天来消磨时光,久而久之难免会感到乏味无聊。因为人们不能总是在旁观别人的生活中获得乐趣,那样的话他必将丧失生活的投入感与参与感,其结果往往是别人生活得辉煌灿烂,就觉得自己生活得渺茫空虚。所以在业余生活中,同学们应挖掘自己的兴趣,并培养成爱好,使自己的生活过得丰富多彩、妙趣横生。

三、悲观情绪

人的心理活动,没有一刻的平静,有时兴奋、欢乐,有时沮丧、消极。许多人大部分生活被消极悲观情绪占领,或哀叹不已、灰心丧气,或牢骚满腹、怨天尤人,又不善于解脱排遣。事实证明,悲观情绪对人的健康有消极影响。

对悲观情绪的调适,可参考以下几点。

(一) 别盯住消极面

你可能对多少次受到别人的"抢白"和不公正的待遇记得很牢,或者你总是对自己说"我真倒霉,总被人家曲解、欺负",那你当然没有一刻的轻松愉快。

如果你把注意力盯在与别人友善、美好的事情上,并常常告诉自己,误解、敌视毕竟是次要的,要善于把愉快、向上的事串联起来,由一件想到另一件,你就可以逐步排遣自怨自艾或怨天尤人的情绪。

(二) 减少自己的欲望

乐观的人常常自我感觉良好,对失败有点可贵的"马大哈"精神。而有的人经常焦虑不安,后悔本应做得更好的事未能做好,对别人获得的每一个成就、荣誉都想无条件地取得,企求尽善尽美,最后总是既有无穷的欲望又有无穷的懊悔。

(三) 对生活不要太挑剔

大凡乐观的人往往是"憨厚"的人,而愁容满面的人,又总是那些不够宽容的人。他们看不惯社会的一切，希望人世间的一切都符合自己的理想模式，这才感到顺心。挑剔的人常给自己戴上是非分明的桂冠，其实是一种消极的人格。怨恨、挑剔、干涉是心理软弱、"老化"的表现。

（四）向龙虾学习

龙虾在某个成长的阶段里，会自行蜕掉外面那层具有保护作用的硬壳，因而很容易受到敌人的伤害。这种情形将一直持续到它长出新外壳为止。生活中的变化很正常的，每一次发生变化总会遭遇到预料不到的事件。不要躲起来，使自己变得更懦弱。相反，要敢于去应付危险的状态，对未曾经历过的事情，要树立起信心来。

（五）学会躲避挫折

遇到情绪扭不过来的时候，不妨暂时回避一下，打破静态体验，用动态活动转换情绪。只要一曲音乐，就会将你带到梦想的世界。如果你能跟随欢乐的歌曲哼起来，手脚拍打起来，无疑，你的心灵会与音乐融合在一起。同样，看场电影，散散步，和孩子玩一玩，都能把你带到另一个情绪世界。

四、懊丧情绪

懊丧，是人自觉言行不满而产生的一种不安情绪。它是一种心理上的自我指责、自我不安全感和对未来感到恐惧的几种心理活动的混合物。

懊丧成习的人绝不是马虎的人，他们没学到马虎人的生活态度，不会得过且过；相反，处事谨慎，处处提醒自己的行为不要出格。一旦有了行为失检，就会患得患失，甚至害怕大难临头。同时，容易懊丧的人也有很强的"良心"——自我监察力，即使没有什么严重后果也绝不饶恕自己。

容易懊丧的人是与世无争的好人。他们心地善良，洁身自好，习惯在处理事情时忍让、退缩、息事宁人，常常是生活中的弱者，生性胆小、怯懦。他们不仅对自己的言行"负责"，甚至对别人的过错也"负责"。

极端懊丧的人，常用反常性的方法保护自己。越是怕出错，越是将眼睛盯在过错上。一句话会后悔半天，人家并未介意的事他也感到惴惴不安；对人际冲突极为恐惧，发生冲突时经常神经过敏；解决人际冲突的办法也很奇怪，总想大事化小、小事化了，并自我惩罚，明明自己没有错，也会不安地道歉。

普通人也有懊丧情绪。表现为事情发生后的自我检查，总结自我的不足，找出不足的原因，从而在以后的行动中进行积极的调整。从这一点来说，人人都有懊丧的时候，它是人类进步的矫正器。但极端的懊丧却是不健康的心理，必须进行调适。

（一）树立成功的信心

信心是战胜不良情绪的精神力量。不轻易动摇的信心是我们每个人向往的，如果我们想一直都对人生充满信心，甚至对于始终未曾接触过的领域也充满信心，那么一定要从心灵深处建立"有信心"的信念。要从此刻开始学习想象并感受那份信心，但这并不意味着我们永远只做白日梦，希望会突然从地上冒出来。我们有了信心，就不怕挫折，就有了重新站起来的勇气。

（二）不要沉湎于后悔的体验

有些人总是把自己看作无能的人，受到伤害时，他们往往把罪责强加于自己身上，而不愿指责对方。因此，他就总是处于惶恐不安中，总是为自己的"过错"后悔不已，懊丧情绪由此而生。长此以往，懊丧情绪就成为他们的情感体验，演变成了"怪圈"。只有打破这种情感体验的习惯，才能克服懊丧情绪。

（三）始终保持快乐的心情

快乐是一切好心情的最突出体现。快乐要求不仅表现在脸上，更要在心里。内心快乐才是真快乐。因为内心快乐能使我们充满自信，对人生满怀希望，也会把快乐带给周围的人。而脸上的快乐虽然具有能消除害怕、生气、挫折感、难过、失望、沮丧、懊悔及不会用表情的能力，但这种快乐会使你觉得累，也有做作的嫌疑。只有内心快乐了，我们才会真正散发出积极的信号，一切苦恼因快乐而消散，一切努力会从快乐中开始。

（四）培养洒脱、豁达的性格

乐观的人永远把眼光盯在未来的希望上，把烦恼抛在脑后。而悲观者害怕行为失误会给自己带来危险，其实真正的危险不是危险本身，而是害怕危险的心理。如果你在最担心害怕的时候，向自己大呼一声："没有什么大不了的！"可能就不那么担惊受怕了。

当情绪低落时，就去访问孤儿院、养老院、医院，看看世界除了自己的痛苦之外还有多少不幸的人。如果情绪仍不能平静，就积极地去和这些人接触；和孩子们一起散步游戏，把自己的情绪转移到帮助别人身上，并重建自己的信心。通常只要改变环境，就能改变自己的心态和感情。

第四节　调节和控制情绪的技巧

一、认知转换法

有这样一个故事：有位老太太有两个女儿，大女儿家开伞店，小女儿家开洗衣店，老太太天天为女儿发愁，为什么呢？下雨天，担心小女儿洗的衣服干不了，晴天又担心大女儿的伞卖不出去。后来，邻居对她说："你好福气啊！下雨天，您大女儿生意兴隆；大晴天你的小女儿生意好做。对您来说，每天都是好日子！"老太太转念一想，有道理，不禁眉开眼笑了。事情没有任何变化，为什么老太太的心情有了变化？主要是调整了认知，即改变了看问题的角度。

（一）改变绝对化的要求

这是日常生活中最常见的非理性信念。它是指个体从自己的意愿出发，认为某一事情必定发生或不会发生的信念。该信念与必须"应该"这类词联系在一起，比如："我要每次考试都成功。""我对同学这么好，他们也得对我好。"怀有这种信念的人极易陷入情绪困扰，因为客观事物的发展有其自身的规律，不可能以个人的意志为转移。所以，当某件事物的发生与其对事物的绝对化要求相悖时，他们就会感到难以接受和适应，从而陷入情绪困扰之中。如何克服这种非理性的信念呢？可以经常进行自我表扬，学会制定现实可行的目标并为取得的部分成功表扬自己，如"至少部分考试我获得了成功""大部分同学都喜欢我"。

（二）改变过分概括化

过分概括化是一种以偏概全的非理性的思维方式，其表现是个体对自己或别人不合理的评价，如以某一件或某几件事来评价自身或他人的整体价值。例如，"这道题我做不出来，我真无能"；"这次英语考试没及格，我真是毫无用处"。这种片面的自我否定会导致自责、自卑等心理，产生焦虑、抑郁等情绪。如果将这种评价转向他人，就会一味责备别人，并产生愤怒、敌意的情绪。如何消除这种非理性的信念呢？妥当的做法是以评价一个人的具体行为和表现来代替对整个人的评价。换句话说就是"评价一个人的行为而不去评价一个人"。

（三）改变糟糕至极的想法

这是一种认为如果一件不好的事发生将是非常可怕、非常糟糕甚至是一场灾难的想法。"如果我考试失败了，我将是天底下最痛苦的人。""怎么天底下最倒霉的事都让我摊上了！"这种想法之所以是非理性的，是因为对任何一件事情来说都有比之更坏的情况发生，因此没有一件事情可以被定义为百分之百的糟糕透顶。当一个人认定自己遇到了糟糕透顶的情况时，就会陷入极端不良的负面情绪体验之中。正确的做法是，面对不好的事情，我们应该努力接受现实，在可能的情况下去改变这种状态，而在不能改变时学会如何在这种状态下生活下去。

二、情绪宣泄法

情绪宣泄法是指人处在不良的情绪状态时，要有意识地采取合理的途径直接或间接地把情绪表达出来。宣泄是调节情绪的重要方法，对于痛苦、愤怒等不良情绪，我们不要压抑，不要"默默忍受"，而要采取合理的途径宣泄。所谓合理是指在宣泄时不要伤害自己，不要危害他人，也不要违背社会规范，不要因为自己的宣泄而使他人感到痛苦。宣泄的方法有很多，归纳起来有哭、笑、说、写、听、动。

哭：很多人认为哭是软弱的表现，欣赏"男儿有泪不轻弹的说法"。其实，当情绪不良时，我们的身体内产生某些毒素，而眼泪能带走这些毒素；

同时哭是一种释放，能让我们心情变得轻松。因此，无论是为了身体健康，还是为了心理健康，我们都应该学会该哭就哭。

笑：和哭一样，笑是一种释放，笑本身就是一种心情轻松的表现。因此，心情不好时，要尽量让自己笑起来，在笑声中烦恼和痛苦会灰飞烟灭，而我们会获得轻松。如何笑起来呢？你可以看看喜剧、漫画、笑话，和幽默的朋友聊聊天，回忆愉快的往事。

说：许多人有这样的体验：情绪不好时找朋友倒苦水，倾诉一番，心情会变得好起来，正所谓"一吐为快"。确实是这样，那些朋友多的人，性格外向的人，往往能及时倾诉，因而也就能及时排遣烦恼。而那些"闷葫芦"，一言不发的人，往往陷入情绪的困境而不能自拔。

写：有些不好对别人说，或者说了还不管用，那就写下来。写信、写日记、写纸条……只要能表达自己的情绪就可以。写出的东西可以给别人看，也可以只给自己看，或者根本不看。关键不在于写的结果，而在于写的过程。写也是一种释放的方式。

听：听音乐也是一种放松的方式。许多研究表明，音乐具有明显的调节情绪的功能。节奏明快的使人振奋，旋律悠扬的使人宁静。当情绪紧张时，选择优美柔和的乐曲；当感到忧郁时选择激昂有力的乐曲。

动：较为剧烈的体育运动或劳动，能起到宣泄情绪的作用。跑步、踢球、健身、摔打东西，就是缓解不良情绪的方法。如果能在活动中大汗淋漓，则效果更好。"发汗"不仅有助于治疗身体的感冒，而且有助于治疗心理的"感冒"。

三、自我安慰法

人在失意的时候，容易情绪低落，这个时候就要学会安慰自己。有两种安慰形式——"酸葡萄式"和"甜柠檬式"。"酸葡萄式"是指人们想要但又得不到的东西，就故意说它不好，甚至公开表明自己不想要它，即吃不到葡萄就说葡萄是酸的。"甜柠檬式"是指人们对自己的东西，心里并不喜欢，但表面上还说它是好的，自己很需要它。看上去似乎是消极的做法，其实对情绪调节具有积极的意义。对于想得到的东西而又不可能得到的东西，不妨像《伊索寓言》中的狐狸一样，想象一下它是酸的然后放弃。如果始终跳来跳去，累死了不也得不到吗？而对于自己拥有的东西，多想一想它的好处。人有一个弱点，对于已有的东西总是容易忽视，不珍惜，而目光总是盯着自己没有的东西，从而凭空生出很多烦恼，适当的自我安慰是非常必要的。

四、自我暗示法

自我暗示是指自己有意识地将某种观念不断强化来影响自我的情绪和行为。常用的自我暗示法包括：利用语言的自我暗示、利用环境的自我暗示、利用动作的自我暗示、利用心理图像的自我暗示等。心理学研究表明，正确、积极的自我暗示不仅可以增强个体的自信心，提高个体动机水平和活动效率，而且可以有效地调节自己的情绪。在情绪不好的时候，可以设计一些积极的语言来暗示自己，让自己的情绪发生转变。例如，情绪容易低落的人，经常对自己说："今天心情不错。""我今天感觉很好。"容易愤怒的人，可以暗示自己："我要冷静些，发怒是解决不了问题的。"另外，也可以通过改变一些行为来暗示自己，以调节情绪。例如，改变面部表情，对自己微笑；改变行走姿势，抬头挺胸，昂首阔步。

五、自我放松法

当情绪紧张、身心疲惫、焦虑不安时，可以采用放松技术进行自我调节。

（一）深呼吸放松法

在安静的环境中，自然站立，双肩自然下垂，两眼微闭，然后做缓慢的深呼吸，深深地吸气，慢慢地呼气。一般持续几分钟即可达到放松的目的。

（二）想象放松法

选择安静的环境，舒服地坐在沙发上，闭上眼睛，全身放松，想象一些美好的景象、幸福的经历。例如，想象自己在大海边，仰卧在柔软的沙滩上，感受着温暖的阳光，听着海浪拍岸的声音。海风轻轻吹来，又悄然离去，感到身子好像悬浮在蔚蓝而宁静的大海上，全身感到温暖……试着感受这种安详和平静，想象你的身体和头脑正在恢复活力。5~10分钟后，慢慢睁开眼睛，伸展全身。

（三）肌肉放松法

这是通过交替收缩和放松自己的骨骼肌群，细心体会肌肉的松紧程度，最终达到缓解个体紧张和焦虑状态的一种自我训练方式。放松时，选择安静的环境，松开所有的紧身衣物，轻松地坐在一张单人沙发上，双臂和手平放于沙发扶手上，双腿自然前伸，头与上身轻轻后靠。整个放松训练按照由下而上的原则：脚趾肌肉放松——小腿肌肉放松——大腿肌肉放松——臀部肌肉放松——腹部肌肉放松——胸部肌肉放松——背部肌肉放松——肩部肌肉放松——臂部肌肉放松——颈部肌肉放松——头部肌肉放松。放松动作的要领是，先使该部位的肌肉紧张，保持紧张状态10秒钟，然后慢慢放松，并注意体验放松时的感觉，如发热、沉重等。放松时伴随想象，例如想象一股暖流从头顶慢慢流向全身。每次放松的时间20分钟左右，持之以恒，一般能够有效缓解焦虑、紧张等情绪。

六、活动转移法

这是指在情绪高度紧张或被负面情绪所困扰时，通过从事一些自己感兴趣的且较为轻松和有趣的活动，把注意力从引起不良情绪的事件或事物中转移开来，从而缓解不良情绪。转移注意力的活动应是自己感兴趣的，从事该类活动，可以感受到愉悦。例如，失恋了心里难过，可以去旅游、参加同学聚会、看电影、报名参加一次竞赛活动，或下下棋、打打球。

但要注意，活动转移法有消极的转移，也有积极的转移。消极的转移是指情绪不佳时，转而从事一些不利于个人或社会的活动，如失恋了之后酗酒、沉迷于网络等。这些活动也许可以暂时麻痹自己，但会给自己的身心带来更大的伤害。积极的转移是指把时间、精力从消极情绪体验中转向有利于个人和社会发展的方向中，如失恋了之后勤奋学习，积极参加各种实践活动等。青少年要多进行积极的转移，而避免消极的转移。

扩展阅读

合理情绪疗法

合理情绪疗法是美国临床心理学家艾尔伯特·艾利斯（Albert Ellis）在20世纪50年代提出的心理治疗方法。这种治疗方法强调认知、情绪、行为三者存在交互作用及因果关系，其中认知起重要的作用。

艾利斯认为："人不是为事情困扰着，而是被对这件事的看法困扰着。"因此，要想改变情绪困扰并不是要改变外界事件，而是应该改变认知，通过改变认知，进而改变情绪。他认为外界事件为A，人们的认知为B，情绪和行为反应为C，因此其理论又称ABC理论。通常人们认为，人的情绪和行为反应是直接由外界诱发性事件A引起的，即A引起了C，而ABC理论指出，诱发性事件A只是引起情绪及行为反应的间接诱因，而人们对诱发性事件所持的信念、看法、理解B才是引起人的情绪及行为反应更直接的原因。人们的情绪及行为反应与人们对事物的想法、看法有关。合理的信念会引起人们对事物适当的、适度的情绪和行为反应；而不合理的信念则会导致不适当的情绪和行为反应。当人们坚持某些不合理的信念，长期处于不良的情绪状态之中时，最终将会导致情绪障碍的产生。

例如，大家一起聊天，小丽发起一个话题，大家聊了几句很快就转到了另一个话题，她当时心里就很不舒服，感觉很挫败。"是不是大家觉得我不重要、可有可无，所以才没有继续话题？是不是我是一个无聊的人，说了一个无聊的事，所以大家没兴趣才转移了话题？……"小丽脑海里不断有想法涌现出来，以至于不能继续好好聊天。而另外一些人，遇到和小丽一样的事情，可能就觉得聊天中话题转移是很正常的、自然的事情，从而情绪不受任何影响。

艾利斯认为每个人都要对自己的情绪负责。他认为当人们陷入情绪障碍之中时，是他们自己使自己感到不快。改变负面情绪要从改变负面认知开始。

问题与思考：

1. 什么是情绪？

2. 情绪有什么作用？

3. 如果有了不良情绪，如何去管理自己的不良情绪呢？

团体心理辅导

情绪管理

　　情绪管理是我们日常生活中一项重要的能力。面对各种突发性事件，我们对他们的看法千差万别。一些人喜欢从积极正面的角度去看问题，从而有信心去解决它并继续好好地生活，另一些人则倾向于把一切都看得很糟糕，从而无端地给自己造成很多情绪困扰。一件事的好坏并不能决定引起怎样的情绪反应，关键在于我们对事件所持有的信念、看法和解释。如果我们保持一种乐观的信念，那么坏事也是好事，而一旦采取一种悲观的态度，那么就必然会面临很多情绪困扰，这当然不是我们所希望的，所以面对问题我们应尽量从积极正面的角度去看待，从而保持良好的心境。

　　我们每个人都希望自己每一天都快乐地生活，因此有必要学习怎样克服自己的不良情绪，并养成正确的情绪管理的习惯。

　　本主题活动"走进情绪"旨在让学生认识到自己的情绪，并了解它发生的原因；"晾晒情绪"旨在让学生懂得梳理自己的情绪，正确理解情绪对自己社会生活和身心健康的重要意义；"怒也可遏"旨在让学生了解愤怒对人的影响，学会正确的宣泄方法、表达愤怒的方式并掌握一些控制情绪的策略；"我的心情我做主"旨在让学生学会管理情绪，构建愉悦心情，帮助学生懂得自己才是情绪的主人。

　　希望学生能从这几个游戏活动中受到启发，感悟其中的道理并加以实践，促进自身调节情绪。

团体辅导主题名称：情绪管理

团体辅导活动名称	活动目标
走进情绪	1. 认识自己的情绪并了解它发生的原因。 2. 懂得尽量从积极正面的角度去看待事情，从而保持良好的心境。
晾晒情绪	1. 梳理自己的情绪，了解自己的主导情绪特点。 2. 正确理解情绪对个体社会生活和身心健康的重要意义。
怒也可遏	1. 了解愤怒对人行为、身心的影响。 2. 学会宣泄、表达愤怒的方法，掌握控制情绪的策略。
我的情绪我做主	1. 掌握调节情绪的方法和技巧，学会管理情绪，构建愉悦心情。 2. 懂得自己才是情绪的主人，转换视角、善于发现，一定会发现生活中的快乐元素。

活动一　走进情绪

一、活动目标

1. 认识自己的情绪并了解它发生的原因。

2. 懂得尽量从积极正面的角度去看待事情，从而保持良好的心境。

二、活动时间

大约需要 60 分钟。

三、活动道具

纸条若干，笔每人一支。

四、活动场地

以室内为宜。

五、活动程序

1. "青蛙跳水"热身。

2. 天使与魔鬼。

先让大家每一个人在小纸条上写好自己不开心的一件事，然后折叠起来与其他人的纸条混合在一起。

接下来大家随机抽取一张纸条（是不是自己原来的那张都没关系），并针对纸条上提出的问题展开讨论。

从第一个人开始，首先由他读出纸条上的问题，然后让他左边的三个天使和他右边的三个魔鬼交替发言，天使必须给予这个事正面的评价，而魔鬼则相反。

天使和魔鬼争辩结束后，"当事人"需要总结出自己解决的办法并判定天使和魔鬼哪一方胜利。以此类推，直到将小组成员提交的问题都一一讨论完毕，最后我们看看天使和魔鬼哪一方胜利的次数多。

最后，主持人总结。

对待同样的事物，不同人会有不同的看法，从而引发不同的情绪反应。一件事的好坏并不能决定引起怎样的情绪反应，关键在于我们对事件所持有的信念、看法和解释。如果我们保持一种乐观的信念，那么坏事也是好事，而一旦采取一种悲观的态度，那么就必然会面临很多情绪困扰，这当然不是我们所希望的，所以面对问题我们应尽量从积极正面的角度去看待，从而保持良好的心境。

六、注意事项

1. 天使和魔鬼各自的发言应言简意赅，交替发言。

2. 主持人做好秩序的维持，并适时点评。

活动二 晾晒情绪

一、活动目标

1. 梳理自己的情绪，了解自己的主导情绪特点。

2. 正确理解情绪对个体社会生活和身心健康的重要意义。

二、活动时间

大约需要 60 分钟。

三、活动道具

节奏舒缓的音乐，任务卡片每人一张。

四、活动场地

以室内为宜。

五、活动程序

1. 冥想放松：伴随舒缓的音乐，选择舒适的姿势，成员放松肌肉，回想近一段时间内生活中发生的事件，并注意自己情绪的变化。

2. 纸笔练习：发给成员每人一张卡片，要求成员完成下列句子。

（1）最近让我感觉高兴的事情是_____。我当时的心情是_____，现在想起这些事，我的心情是_____。

（2）最近让我感觉不高兴的事情是_____。我当时的心情是_____，现在想起这些事，我的心情是_____。

（3）每当心情好的时候，我会觉得_____。

（4）每当心情糟的时候，我会觉得_____。

（5）我的心情总是_____。

3. 交流、分享：引导成员间进行交流、讨论，帮助成员了解自己的主导情绪，感受到不同情绪体验对生活、行为、健康的影响，使其认识到积极情绪的重要。

4. 主持人呈现生活中与情绪有关的小故事，启发成员思考。

5. 成员讨论：引领成员认识到自己才是情绪的主人，应该主动构建快乐心情。

6. 主持人小结。

六、注意事项

1. 团体心理辅导开始后，主持人应让小组成员充分放松。

2. 纸笔练习期间要求小组成员独立完成，不需要讨论。

3. 主持人做好引领和总结工作。

活动三　怒也可遏

一、活动目标

1. 了解愤怒对人行为、身心的影响。

2. 学会宣泄、表达愤怒的方法，掌握控制情绪的策略。

二、活动时间

大约需要 60 分钟。

三、活动道具

自备纸、笔。

四、活动场地

以室内为宜。

五、活动程序

1. 情景表演环节。

两位同学分角色扮演进教学楼时不小心相撞，但互不相让，话不投机，发生争吵，导致双方情绪越来越激动，越来越愤怒，乃至于发生肢体冲突的情景。

引导成员讨论，怎样看待这一事件？为什么会出现不可控制的局面？如果是你，你会怎样做？

2. "我也有愤怒"环节。

（1）纸笔练习：写出自己曾经历的愤怒事件，当时的心情、生理反应、行为、后果、事后自己的感受。

（2）分享讨论：成员间交流自己所写的内容，并讨论：①是否应该表达愤怒？②应该怎样表达愤怒？

3. "制怒法宝"环节。

（1）成员逐一发言，提出自己控制愤怒等不良情绪的策略，其他成员认真倾听。

（2）主持人带领成员对各种方法的可行性进行鉴别、归纳、整理。

4. 结束环节。

（1）引导成员分享本次团体活动的收获和体会。

（2）主持人总结，向成员提出控制和管理愤怒情绪的意见和建议。

六、注意事项

1. 角色扮演的同学要有真情实感。

2. 主持人对成员的发言做好总结，最后向成员提出控制和管理愤怒情绪的意见和建议。

活动四 我的心情我做主

一、活动目标

1. 掌握调节情绪的方法和技巧，学会管理情绪，构建愉悦心情。

2. 懂得自己才是情绪的主人，转换视角、善于发现，一定会发现生活中的快乐元素。

二、活动时间

大约需要 60 分钟。

三、活动道具

无。

四、活动场地

以室内为宜。

五、活动程序

1. "镜中人"环节。

（1）成员两人一组，一人扮演照镜子的人，要做出各种快乐的表情。一人扮演镜中成像，要模仿对方的样子。一轮表演后，双方互换角色。

（2）分享、讨论：扮演镜中人，模仿别人表情时，是否自己也有情绪变化？通过这个练习，你感悟到了什么？

2. "我有多快乐"环节。

（1）每个成员都要说出几件使自己感觉快乐的事情，越多越好。

（2）成员合作，共同探讨，生活中还有哪些时候或事情可以使我们快乐？

3. "快乐密码"环节。

（1）成员分别向大家介绍自己保持快乐心情的方法。

（2）成员讨论，鉴别各种方法的可行性。

（3）主持人总结成员的讨论结果，向大家推荐保持快乐的策略和技巧。

4. 结束环节。

（1）引导成员分享本次团体活动的收获和体会。

（2）主持人对成员表达祝愿，希望每天都有好心情。

六、注意事项

保持快乐情绪的方法因人而异，在鉴别各种方法的可行性时要注意个体差异性。

第四章

悦纳自我——高职高专学生的
自我意识与性格

学习目标：

1. 了解什么是自我意识；什么是性格。

2. 学会正确地认识和评价自我。

3. 懂得怎样完善自我。

4. 能够积极地看待自己和别人。

案例导入：

某大一新生，来自一个小县城，父母都是普通的工薪阶层。进入大学以后，他看到好多同学都穿的是名牌衣服，用的是名牌手机、笔记本电脑。再看着自己身上穿着的表哥"淘汰"给他的旧衣服和那款父亲用三百块钱买来的手机，他顿时感到了内心的不平衡。同学之间窃窃私语让他觉得非常难受，他想他们一定是在笑话自己。为了给自己挣回面子，他从头到脚重新包装了自己，还经常请宿舍的同学吃饭，鼓吹自己的父母都是当地的领导干部，但父母为人低调，不便表露自己的身份，从小就教育他要艰苦朴素，所以他也不便过于张扬。另一方面他又频繁向父母要钱，一会儿说要交培训费，一会儿说要交考试费。由于索要次数太多，父母觉得不对劲后给辅导员老师打电话询问此事，他的谎言被戳穿。此时的他觉得无地自容，非但没有改过，反而把一腔怨气都发在父母身上，认为是父母让他丢了面子，让他在老师和同学面前抬不起头来。

第一节　高职高专学生自我意识的发展

一、什么是自我意识

自我意识是个体对所有属于自己身心状况以及自己与周围关系的一种认识。美国社会学家乔治·米德把"我"分为主我（I）和客我（me），自我意识也就是主我对客体的意识。"我认为我很能干"，前一个我为主我（I），后一个我为客我（me）。自我意识的内涵极其丰富，表现形式也复杂多样，可以从不同角度加以分析。

从形式上看，自我有意识表现为认知的、情感的和意志的三种形式，分别称为自我认识、自我体验和自我调控。自我认识是主我对客我的认知和评价，它力求解决的主要问题是"我是一个怎样的人"和"我能成为一个怎样的人"。自我体验是自我意识的情感成分，是主我对客我所持的态度，如自尊、自信、自卑、自豪等，它涉及的问题是"是否满意自己""是否接受自己"。自我调控是自我意识的意志成分，是主我对客我的制约作用，如自律、自我监督、自我教育等，它涉及的问题主要是"我应否控制自己"和"我能否控制自己"。从内容上看，自我意识可分为生理自我、社会自我和心理自我。生理自我是指个体对自己的生理属性的认识，如身高、体重、长相；社会自我是指个体对自己社会属性的认识，如自己在各种社会关系中的角色、地位、权利等；心理自我是指个体对自己心理属性的认识，如心理过程、能力、气质、性质等。

表4－1　"自我意识"主要内容列表

	自我认识	自我体验	自我控制
生理自我	对自己身高、体重、容貌、身材、性别等的认识	英俊、漂亮、有吸引力迷人、自我悦纳等	追求物质利益、生存欲望、身体外表改善
心理自我	对自己智力、情绪、性格道德、兴趣等的认识	聪明、有能力、优雅、敏感、迟钝、细腻等	追求信仰、注重规范、要求智慧和能力发展等
社会自我	对自己名望、地位、角色、义务、责任等的认识	自尊、自信、自爱、自强、自豪、自卑、自恋	追求名利、竞争、得到他人认可等

从自我观念上看，自我意识可分为现实自我、投射自我和理想自我。现实自我是对现在的我的认识；投射自我是个体想象他人对自己的看法，以及由此产生的自我感受；理想自我是个体想要达到的自我，它包括自己所希望达到的理想标准，以及希望他人对自己所能产生的看法。

二、高职高专学生自我意识发展的一般特征

个体自我意识从发生、发展到相对稳定和成熟，需要20多年的时间。大学生是个人自我意识发展和确立的关键时期。一般来说，大学生自我意识的发展要经历一个明显的分化、矛盾、统一、转化和稳定的过程。在这个过程中，大学生的自我意识逐渐稳定、全面、深刻和丰富，但也存在着一些矛盾。高职高专学生的自我意识发展呈现出如下特点。

（一）自我认识的主动性、全面性和概括性

高职高专学生以积极主动的态度认识自我，他们经常思考"我是一个怎样的人？""我应该成为怎样的人？"并通过各种方法加以验证。他们经常主动地把自己和周围的人进行比较来认识自己，经常主动询问他人对自己的看法，对能了解自我的一些心理测验很感兴趣。

　　学生的自我认识已经开始摆脱片面性，而日益具有全面的特征，对于生理自我、社会自我和心理自我都有比较深入的认识，因而也就能更辩证地对待自己。他们既能看到自己的长处，也能认识到自己的缺点，获得一次成功不会像小时候那样得意忘形，碰到一次失败也不会像小时候那样全面否定自我。考试的一次胜败，教师同学对自己的一次评价，也已经不像小时候那样看得那么重了。因为自己对自己的优势和弱点心中有数。同时，高职高专学生对自己的认识在内容上更为复杂和丰富，已经具有多层次、多元素的特点。

　　在全面性的基础上，高职高专学生自我认识的概括性也不断发展。他们摆脱了单纯的感性认识的层面，不再就事论事，能够脱离情境从理论上来概括，如"情操高尚，爱憎分明，知识丰富，爱好广泛"。儿童对自我的描述往往是具体的、局部的。如"我喜欢画画""我喜欢唱歌"。而高职高专学生更倾向于做抽象和全面的描述，如"我爱好广泛"。但是，高职高专学生的自我认识仍然具有片面性和不准确性，表现出"高估自己"和"低估自己"的倾向，其自我认识水平尚有待提高。

　　（二）自我体验的敏感性、丰富性和矛盾性

　　高职高专学生的自我体验一般都比较敏感，凡涉及"我"的事物均会引起他们的兴趣，与"我"相关的事物也往往能诱发连锁反应。他们非常关注自己在别人心目中的形象与地位，关心别人对自己的看法和评价，对那些自己认为重要的人物的评价尤为敏感，如自己喜欢的老师、与自己关系密切的同学、自己爱慕的异性等，这些人的点滴评论往往会在他们心头掀起轩然大波。他们对自己的外貌仪表也非常在意，喜欢在镜子前细细端详自己并评价自己，对自己外貌上的缺陷会感到不满或过分担心。

　　高职高专学生的自我体验内容比较丰富，肯定体验和否定体验、积极体验和消极体验都同时存在。总体来说，高职高专学生的自我体验以肯定体验和积极体验为主，如愉快、憧憬、自信、舒畅等，但也容易产生很多消极体验，他们最常见的消极情绪包括易怒、苦闷、压抑、抑郁、消沉、冷漠等。

　　高职高专学生自我体验的矛盾性主要表现为自尊感和自卑感相互交织。自尊感是指个体能愉快地接受自己并尊重自己，对自己持肯定态度的情感体验；自卑感是指个体对自己不满意甚至贬损自己，对自己持否定态度的情感体验。自尊感强的人一般比较独立，积极主动；自卑感强的人则往往回避退缩，行为消极，不能很好地适应环境。自尊和自卑是自我体验中相互对立的两种情感，这种两极的自我体验不仅在不同的高职高专学生中经常出现，而且在同一高职高专学生身上也经常交织出现，使高职高专学生的自我体验表现出矛盾性。自尊感和自卑感相互交织主要与"理想我"与"现实我"的矛盾、"个体我"与"社会我"的矛盾有关。

"理想我"与"现实我"的矛盾。"我应该成为怎样一个人"是高职高专学生经常思考的一个问题。高职高专学生有自己的生活目标、事业理想、个人抱负，这些构成了他们为自己设定的"理想我"。与之相对立的是"现实我"，就是高职高专学生对实际状况的看法。一般而言，"理想我"总要高于"现实我"。当他们发现"现实我"存在许多缺陷与弱点，许多方面不符合"理想我"时，经常会陷入痛苦之中，内心感到不安，一方面感到自尊，另一方面又感到自卑。

"个体我"与"社会我"的矛盾。高职高专学生的社会化程度有了很大提高，但在与别人交往的过程中，他们也时常感到理解与不理解、尊重与不尊重之间的矛盾。比如做了许多好事，却被同学误解；自认为很有能力，却不被老师赏识。而高职高专学生又对他人的看法很敏感，这就导致了他们有时自尊、有时自卑的矛盾心态。

（三） 自我调控的自觉性、独立性和相对薄弱性

高职高专学生有强烈的自我设计和自我完善的愿望，他们经常会思考"我应该成为一个怎样的人""我怎样才能成为一个那样的人"等问题，并且会有意识地为自己的行动制订目标和计划，并能够按照计划有条不紊地付诸实践，不会轻易地受外界因素的干扰。这表明高职高专学生对自我控制已经有了自觉的要求。

高职高专学生因为生理、心理和社会成熟水平的提高，产生了强烈的成人感，有较强的成人意识，因此，他们总是强烈期望摆脱依赖性和幼稚性，充分发展和满足自己的独立性。具体表现为：第一，他们经常向周围的人尤其是年长者表明自己的独立要求，并表现出他们"成熟"的特点，如激烈阐

述自己的观点，讨厌被人看成"孩子"，喜欢和年长者平等对话等；第二，他们喜欢独立地观察和判断事物、思考问题和独立行动，讨厌成人的唠叨、管教和指点；第三，他们希望自立自治，乐于自己组织活动，自己动手解决问题，而不希望别人过多地干预、指责和控制。

高职高专学生那种成人式的自我意识毕竟只是一种幻想，因此，高职高专学生的自我意识也容易走向独立性的极端，即我行我素和反叛。为了表明自己的成熟，他们会有意识地做一些成人或社会所不期望的事情，对成人的意见和教育会产生逆反心理，你要我往东，我偏要往西，从中体验到一种"长大成人"的快感。这种反叛和逆反其实恰恰说明他们的自我意识还具有幼稚的一面，对于高职高专学生的健康成长会产生不利的影响。

自我调控的相对薄弱性，首先是以自我认识和自我体验两者作为参照系而言的。有研究表明，高职高专学生的自我控制虽有所发展，但其发展和程度相对滞后于自我认识和自我体验的发展，使自我意识的发展出现某些不协调之处。自我控制的相对薄弱性，也是以成人作为参照系而言的。当外界出现诱因时高职高专学生抵抗诱惑的能力显然比成人要差，他们会产生强烈的内心冲突，自控力稍差者便会不能自已。因此，高职高专学生应该重视自控能力的培养。

（四）高职高专学生的自我同一性

大学时期是自我意识发展的关键时期，其主要任务是自我同一性的建立。自我同一性是美国心理学家埃里克森提出的重要概念，是指个体尝试把与自己有关的各个方面统合起来，形成一个自己觉得协调一致的自我整体。按照埃里克森的人格发展阶段理论，高职高专学生属于第五阶段，其发展危机就是能否形成自我同一性。如果积极的自我同一性得以形成，个体就有了明确的自我观念和自我追寻的方向；如果不能获得自我同一性，或者形成了消极的自我同一性，生活就会缺乏目标和方向，就会感到彷徨和迷失，容易成为精神空虚或危害社会的人。

高职高专学生对自我高度关注，他们急于弄清楚"我是谁""我是一个怎样的人"等问题。他们会从多方面来自我探寻，例如：第一，自己的身体状况，包括身高、体重、容貌等，高职高专学生往往对自己的身心变化和容貌体态非常敏感，甚至过分关注；第二，自己的社会背景，如家庭经济状况、父母的文化水平与职业、家庭的社会关系等；第三，自己的现状与条件限制，如自己的长处和短处、自己的人际关系、自己的潜能等；第四，父母与教师对自己的期望和建议，自己与这些期望和建议的差距；第五，自己以往的成败经验及其对自己的影响；第六，自己对未来的期望。

三、高职高专学生自我意识的培养

（一）引导学生正确评价并接受自我

"人贵有自知之明"，良好的自我意识首先来自自知。人的自我意识主要通过以下途径形成：第一，通过他人的认识来认识自己；第二，通过别人对自己的态度和评价来了解自己；第三，通过对自己的活动表现及活动成果来认识自己。在正确认识自己的基础上，要学会正确地评价自己，既看到自己的缺点也承认自己的不足，不要盲目和别人比较。有的学生看不到自己的长处，夸大了自己的短处，而且总是拿别人的长处和自己的短处比，越比越没有信心。其实世界上本就没有十全十美的人，每个人都有长处，每个人也都有不足，正所谓"梅须逊雪三分白，雪却输梅一段香"。只要能意识到自己的不足并努力弥补即可，完全没有必要看低自己。

在正确评价的基础上，要引导学生接受自己。有些学生过分地在乎别人的评价和看法，害怕在别人面前暴露自己的弱点，成天战战兢兢，疑神疑鬼，其根源就在于他还不接受自我。自信心首先源于对自我的接受，包括接受自己的缺点，欣赏自己的优点。接受自己并不意味着不去改变，抱着"我就这样了，你能怎么着"的消极态度，而是在接受的基础上积极改变。一个哲人曾经说过这样一段话："希望上帝赐予我平静，让我接受不可改变的事；希望上帝赐予我勇气，让我改变可以改变的事；希望上帝赐予我智慧，让我能够区分这两者。"有的人对于不可改变的缺陷，如身高、长相、家庭出身等，盲目地纠缠，而对于可以改变的事，如知识、能力等，又缺乏勇气去改变，限制了自己的发展。

（二）帮助学生确立恰当的目标

虽说伟大的目标产生伟大的行动，但如果目标太高脱离自己的实际生活的话，目标就总是无法实现，也就会不断影响自己对自己的看法。过多的失败会降低自己的信心。恰当的目标易带来成功，而成功又能激发新的成功。恰当的目标应该定在比自己原有的基础稍高一点的位置上，经过自己的努力可以达到，所谓"跳一跳，摘果子"。例如，一个学习成绩一直不太好的学生，立志下次考试要考全班第一名，这一目标极有可能受挫而导致自卑。

高职高专学生对自己的认识不足，又特别富有激情和想象力，容易为远大的理想和抱负所激励，常常为自己设立不切实际的目标，一旦失败又自我否定。因此，在确立目标的时候，老师要引导学生认真思考："我的这些目标现实吗？符合自己的条件吗？"要学生把握自己的特点，发挥自己的优势和特长，学会选择适合自己的发展目标。

（三）创造机会让学生体验成功

真正的自信来源于成功的体验，成功使人自信，自信激发进一步的成功。因此，教师要创造各种机会让学生体验成功。如果学生基础比较差，可以先让他们做一些小事，做一些起点低、易做好的事——因为自信是可以通过一次微小的成功来增强的。

（四）给予学生积极的暗示、鼓励和期待

高职高专学生的自信来源于成长感、价值感和胜任感。因此，教师要善于发现和欣赏学生的优点，要围绕这几个方面给予暗示和鼓励。如经常向他们传递这样的信息：他们在长大、在进步；他们是有用的、被需要的、被喜爱的；他们是有能力的，会做越来越多的事情……在表扬学生的时候，注意比较他们的过去和现在，让他们看到自己的进步，如"这学期的学习成绩比上个学期进步多了"。教师要把积极的暗示和鼓励变成一种教育习惯，善于发现学生微小的进步。

当然，滥用鼓励和表扬也不行，会使学生感到你不真诚，对他期望过低。给予的表扬要与学生付出的努力相一致。根据学生的具体行为，在表扬的程度上要予以区分，不能任何时候都对学生说："好极了"或"太棒了"。同时，表扬时多用具体、准确的描述，少用笼统含糊的语言，如"我看到你那么关心同学，真不错"，这比笼统地说"真不错"要好。

教师对学生要有积极的期待，著名的罗森塔尔效应证实了教师的期待对学生的发展具有巨大意义。自我实现预言是指人们对某些事物的期待或真实信念，将有可能导致这些期待成为现实。教师如果能充分了解每个学生的心理特点，形成恰当的积极期望，那么学生就有可能产生良好的自我实现预言效应，从而向好的方向发展；如果教师对学生形成低期望，那么，学生在这种低期望的影响下，就可能自暴自弃。

（五）鼓励学生积极参加实践活动

各种形式的社会活动如学习竞赛、兴趣小组、人际交往、体育比赛、文艺会演等，既为个人施展才能提供了广阔天地，又为其检验自我认识的正确与否提供了条件。高职高专学生积极投身于实践活动，至少从三个方面有利于自我意识的培养：第一，实践活动是促进自我认识的最好课堂，高职高专学生根据自己在活动过程中的表现和活动效果来对自己进行分析和总结，可以更准确地了解自己；第二，实践活动是获得成功体验的重要途径，高职高专学生在各种实践活动中若能体验到成功，有利于增强自信和自尊；第三，能力只有在实践活动中才能提高，而能力的发展和提高是获得真正自信的保证。

拓展阅读一

李开复：《做最好的自己》①

李开复在《做最好的自己》自序中说："人人都可以成功；我可以选择我的成功。"唐代大诗人李白曾说过"天生我材必有用"，人生的诀窍就是经营自己的长处，这是因为经营自己的长处能给你的人生增值。正如富兰克林所说："宝贝放错了地方便是废物。"是啊，做最好的自己，在老天赐予我们的这片土地上，总会有适合在这里成长的种子，只要我们抱着认真的态度去耕耘、播种、浇灌，总有一天会找到适合它的那些种子，获得一份满意的收成。其实，健康的心态就是一粒种子。有了这粒种子，我们的心田便会郁郁

---

① 李鹤展，万崇华. 当代大学生心理健康教育［M］. 长春：东北师范大学出版社，2012：19.

葱葱，再也不会荒芜；有了这粒种子，我们就不会辜负上天赐予我们的那片土地，获得成功的人生。

李开复，博士，祖籍四川，1961 年 12 月 3 日生于中国台北，11 岁时游学美国。学生时代的他涉猎极广，在成为计算机专家之前，他已是睥睨北美的桥牌高手。李开复拥有卡内基梅隆大学计算机科学博士学位，曾以最高荣誉毕业于哥伦比亚大学，获计算机学士学位。李开复曾是卡内基梅隆大学的助理教授，开发出了世界上第一个"非特定人连续语音识别"系统。在卡内基梅隆大学学习期间，李开复开发了"奥赛罗"人机对弈系统，并因在 1988 年击败了人类的奥赛罗世界冠军而名噪一时。

李开复博士曾经是苹果电脑公司举足轻重的技术专家，曾任微软公司全球副总裁，是微软亚洲研究院的首任院长。在学术领域，他是攻坚挫锐的科研天才；在管理层面，他又是运筹帷幄的领军人物。作为一位天资卓越的华裔学者，他正在创造一个又一个奇迹。李开复最为中国人熟知的是 1998 年带领一群充满抱负与梦想的年轻人在北京组建了微软亚洲研究院——目前已成为世界上最有影响力的基础科学研究机构。李开复 2005 年 7 月离开微软，闪电加盟"谷歌"（Google）。

李开复极为关注中国的教育，对中国学生的成长极为关注，曾先后给中国学生写了五封饱含关切之情的信件，在国内青年学生中产生了巨大影响。他还为中国学生开通了"开复学生网（www. kaifule. corn）"，曾被拥有广泛影响力的《中国青年报》、《中国青年》杂志、《大学生》杂志、《文汇读书周报》等媒体刊登。

拓展阅读二

生命的价值①

在一次讨论会上，一位著名的演说家开讲前手里高高地举着一张 20 美

---

① 李鹤展，万崇华. 当代大学生心理健康教育［M］. 长春：东北师范大学出版社，2012：91.

元的钞票。他问："有谁想要这20块钱？"哗，大家都把手举了起来。

接着，他又说："我打算把这20块钱送给你们中的一位，但送之前，请容许我这么做。"说着，他将钞票揉成一团，然后问："还有人要吗？"还是有不少人举起手来。

他又说："那么，要是我这样做呢？"他把钞票扔到地上，踏上一只脚，并用脚使劲蹍。此时，钞票又脏又皱。他问道："现在谁还要？"还是有几个人举起手来。

演说家一边把钱弄平，一边说道："朋友们，你们刚刚上了一堂很有意义的课。不管我如何对待那张钞票，你们还是想要它，因为它的价值并没变，依旧是整整20块。人生路上，我们会无数次被自己的决定或是我们碰到的逆境所击倒、欺凌甚至碾至粉身碎骨。我们开始怀疑自己，我们开始觉得自己似乎一文不值。但无论发生什么，或将要发生什么，在上帝的眼里，我们的价值永远不会丧失。因为在他看来，无论你脏也好，干净也罢，成功也好，失败也罢，你们依然是独一无二的无价之宝。生命的价值不在于我们从事什么工作，也不在于我们认识哪些人，而决定于我们自身！请记住：你是独一无二的，没有任何人能够代替你！"

第二节　高职高专学生良好性格的塑造

一、什么是性格

"性格"一词来源于希腊语，原意为雕刻的痕迹，这一概念说明性格是个人的典型行为。随着心理学的发展，性格的内涵日益丰富，现在倾向于指一个人对待现实的态度和行为方式上经常表现出来的比较稳定的心理特征。

二、性格和气质的关系

气质和性格同属于人的心理特征，但是两者各有侧重。

从起源来看，气质是先天的，婴儿诞生的时候就有了。性格是后天环境影响的产物，它是人的实践活动与社会环境相互作用的产物，具有一定的社会性。

从稳定性来看，气质相对稳定，变化较慢，可塑性不大；性格的可塑性较大，环境对性格的影响明显。

气质没有好坏之分，不涉及社会评价；性格有好坏之分，涉及社会评价。

气质是性格形成的基础，气质影响性格的表现方式。性格可掩盖和改造气质。

三、性格对人生的意义

性格反映了人对现实的态度和习惯了的行为方式，人的一生就是性格的一生，性格对人生的意义重大。

（一）良好的性格是身心健康的重要保证

随着社会的发展，生活节奏不断加快，竞争加剧，人们的压力越来越大。如果没有强健的体魄、坚强的意志以及顽强的进取心、乐观向上的心态是很难适应的。乐观的性格是长寿的秘诀，开朗的心理能增强人体的免疫力；良好性格的形成，有助于养成健康的生活方式和良好的生活习惯。保持乐观向上的生活态度，有助于应对环境的变化，是个体身心健康的重要保证。

（二）良好的性格是实现人生目标的重要保证

一个人人格的伟大与否常决定他的成就大小。优秀的性格特征能够保证个体沿着确立的目标前进，不会半途而废。科学研究表明，凡是取得伟大成就的人都具备坚韧、自信、进取、不屈不挠的特征。

（三）良好的性格是影响人际交往的重要因素

一个人在人际交往中是否成功，最终的因素取决于其性格特征。人们喜欢与有着良好性格的人交往，因为这样的人能给人以心理上的安全感，而存在性格缺陷的人往往在人际交往中屡屡失败。

性格是后天形成的，是行为主体与社会环境相互作用的产物。性格的可塑性较大，有好坏善恶之分。因此，大学生应当积极塑造良好性格，以适应社会的需要。当代大学生优化的性格应是：心胸豁达，宽容待人；温和亲切，谦虚热情；耿直正派，坦荡真诚；委婉含蓄，与人为善，等等。

四、高职高专学生良好性格的塑造

教育的实践证明，人的性格是具有很大的可塑性的。具有良好性格特征的重要意义不言自明，无论对于学习还是将来走上社会后的工作与生活中的方方面面都有重要影响。

（一）融入集体

一个好的集体是锤炼并完善一个人的大熔炉，当一个人长时间地参加集体生活的时候，性格才能培养起来，尤其是对于具有孤僻、冷漠性格倾向的孩子来说，集体的作用更为重要。参加集体中各种有益的课外活动，观察并及时发现自己的闪光点，慢慢地就能从中找到荣誉感和成就感。与老师建立良好的师生关系，一个生活在师生关系融洽、同学之间团结互助的良好集体中的学生一定能形成积极乐观、乐于助人、热爱集体的良好性格特征。当自己在班集体里感受到他人的喜爱、信任、关注、赞扬时，就会获得心理上的满足，激发出向上的力量。这种积极的情感体验能使他们形成关心人、照顾人和朝气蓬勃、积极向上的乐观性格。

（二）努力学习科学文化知识

无知使人自卑、粗鲁、偏激和狭隘，丰富的知识使人自信、坚强、宽容和理智。作为新时代的大学生我们应该努力汲取科学文化知识，摆脱"因懒惰而懈怠学习→学习成绩差→学习焦虑和自卑心理→更不愿学习"的恶性循环。多从自身找原因，端正学习态度，努力奋进；同时也应该多发现自己的闪光点，对于自己的点滴进步要及时发现，对自己的学习充满信心和希望，找到自信。

（三）自我教育

人做任何事情想要成功都要有强烈的自觉能动性。一个人如果能主动采取行为和措施来培养自己的品质，那就是一个自我教育的开始。这是进行有效教育的内在因素，外因只是起一个辅助作用，而内在的主观能动性是决定性的因素。如果把以上外化的东西全部转化为学生内心深处的自觉自愿，就是达到了教育的最高境界。这种自我教育在大学生中尤其重要。随着年龄的增长，大学生形成了自己的一套理论和世界观，这就要求自己提高自我认识、自我激励和自我控制的能力，使人格修养变成一种自觉自愿的、持续的、自然而然的行动。

老师们培养学生的自觉自愿时，可采取以下三种方式。

第一，利用身边榜样、名人名言激励他们督促自己，进行对照检查。

第二，提示他们与周围比自己强的同学相比较，找出差距，认识自己的位置，有一个努力的目标。

第三，每周写一篇周记，总结自己各方面情况。制订学习工作计划，进行未来职业规划。三年下来，许多同学对自己有了全新的认识，通过一个又一个小目标的实现，逐步确立了自信，也具有了对自己人生的远景规划目标。有目标的人生是幸福的，有理想的人才会朝气蓬勃，不会因为一些小事就感到垂头丧气，使他们具有了更坚强的意志。

教育的终极目的就是造就人，而人的性格又是人格的重要组成部分，具有了良好的性格特征，也就有了微笑面对生活、成功驾驭生活的能力。愿每个学生都能有这一双翅膀，在生活的天空自由飞翔！

拓展阅读

性格决定命运

有位美国记者采访晚年的投资银行一代宗师摩根，问："决定你成功的条件是什么？"摩根毫不掩饰地说："性格。"记者又问："资本和资金何者更为重要？"摩根一语中的地答道："资本比资金重要，但最重要的还是性格。"

1998年5月，华盛顿大学350名学生有幸请来世界巨富沃伦·巴菲特和比尔·盖茨演讲，当学生们问到"你们怎么变得比上帝还富有？"这一有趣的问题时，巴菲特说："这个问题非常简单，原因不在智商。为什么聪明人会做一些阻碍自己发挥全部功效的事情呢？原因在于习惯、性格和脾气。"

比尔·盖茨表示赞同。无论是在工作中还是在生活中，都是性格决定命运。性格好比水泥柱子中的钢筋铁骨，而知识和学问则是用于浇筑的混凝土。

问题与思考：

1. 什么是自我意识？
2. 培养自我意识的方法有哪些？
3. 如何塑造良好的性格？

团体心理辅导

认识自我，悦纳自我

自我认知是对自己的洞察和理解，包括自我观察和自我评价。自我观察是指对自己的感知、思维和意向等方面的觉察，自我评价是指对自己的想法、期望、行为及人格特征的判断与评估，这是自我调节的重要条件。

如果一个人不能正确地认识自我，看不到自我的不足，觉得处处不如别人，就会产生自卑，丧失信心，做事畏缩不前。相反，如果一个人过高地估计自己，也会骄傲自大、盲目乐观，导致工作的失误。因此，恰当地认识自我，实事求是地评价自己，是自我调节和人格完善的重要前提。

个体对自我的觉察，或者说意识的形成，来源于个体对外界环境刺激经由记忆和思想的反应。因此，在形成记忆之前的个体是不会有自我意识的。记忆是一切思想的基础，自我认识是个人在思想之上对于环境的反应。当一个人的记忆和思想达到一定程度后，比如出现了完全来自大脑的思维和想象力，个体的自我意识会更加强烈。

团体辅导主题名称：认识自我，悦纳自我

团体辅导活动名称	活动目标
画"自画像"	1. 了解自己，促进自己和同学间的互相理解。 2. 明白自己的价值取向，重塑价值观。

续表

团体辅导活动名称	活动目标
价值拍卖	1. 思考自己的价值观念，学会抓住机会，不轻易放弃。 2. 体验和澄清自己的人生态度。
优点轰炸	1. 能够发现他人的优点，并学会赞美他人。 2. 体验被赞美的感觉，领悟赞美的作用。 3. 加强团体的凝聚力。
大声说出我自己	1. 强化自己对自身性格特征的新的认识。 2. 更加接纳自己，增强自信。

活动一　画"自画像"

一、活动目标

1. 了解自己，促进自己和同学间的互相理解。

2. 明白自己的价值取向，重塑价值观。

二、活动时间

大约需要 45 分钟。

三、活动道具

彩色笔和 16 开大小的白纸。

四、活动场地

以室内为宜。

五、活动程序

1. 老师发给每位学生一张 16 开大小的白纸，把彩色笔放于场地中央，供需要者自由取用。

2. 在 8~10 分钟内，每人在白纸上画一幅"自画像"。

3. 小组内交流"自画像"的含义，同组成员可以质疑。

4. 老师发现典型的案例做全班分享。

六、注意事项

1. 老师可以暗示大家，"自画像"可以是形象的肖像画，也可以是抽象的比喻画；可以是一色笔画成，也可以是多色笔画成。

2. 有的学生会因为自己的绘画技能差而感到为难，老师要提醒大家本游戏不是绘画比赛，只要求大家画的内容、形式等能够形象地反映对自我的认识。

3. 老师寻找典型案例时，可以关注"自画像"的大小、位置、色彩、内容等，还可以关注学生在画"自画像"和交流时的神情。

活动二　价值拍卖

一、活动目标

1. 思考自己的价值观念，学会抓住机会，不轻易放弃。

2. 体验和澄清自己的人生态度。

二、活动时间

大约需要 45 分钟。

三、活动道具

足够的道具钱、不同颜色的硬纸板、拍卖槌。

四、活动场地

室内。

五、活动程序

1. 事前准备：将拍卖的东西事先写在硬纸板上（最好是不同的颜色），以增加拍卖的趣味性及方便拍卖进行。

2. 宣布游戏规则：每个学生手中有 5000 元（道具钱），它代表了一个人一生的时间和精力。每个人可以根据自己对人生的理解随意竞买下表中的东西。每样东西都有底价，每次出价都以 500 元为单位，价高者得到东西，有出价 5000 元的，立即成交。

（1）爱情 500　　　　　（12）金钱 1000

（2）友情 500　　　　　（13）欢乐 500

（3）健康 1000　　　　　（14）长命百岁 500

（4）美貌 500　　　　　（15）豪宅名车 500

（5）礼貌 1000　　　　　（16）每天都能吃美食 500

（6）名望 500　　　　　　（17）良心 1000

（7）自由 500　　　　　　（18）孝心 1000

（8）爱心 500　　　　　　（19）诚信 1000

（9）权力 1000　　　　　（20）智慧 1000

（10）拥有自己的图书馆 1000　（21）名牌大学录取通知书 500

（11）聪明 1000　　　　　（22）冒险精神 1000

3. 举行拍卖会。

（1）由老师或学生主持拍卖。

（2）按游戏方式进行，直到所有的东西都拍卖完为止，然后请学生认真考虑买回来的东西。

4. 讨论交流。

（1）你是否后悔你买到的东西？为什么？

（2）在拍卖的过程中，你的心情如何？

（3）有没有同学什么都没有买？为什么不买？

（4）你是否后悔自己刚才争取的东西太少？

（5）争取过来的东西是否是你最想要的？

（6）钱是否一定会带来快乐？

（7）有没有一种东西比金钱更重要，或比金钱带来更大的满足感呢？

（8）你是否甘愿为了金钱、名望而放弃一切呢？有没有除了比上面所说的这些更值得追寻的东西呢？

六、注意事项

1. 拍卖过程中，要注意纪律不能太乱，否则活动就成为乱哄哄的滑稽表演。

2. 有的同学可能会重复使用自己手中的代币券，老师应注意提醒这些学生购买所付出的钱不能超过 5000 元。

活动三　优点轰炸

一、活动目标

1. 能够发现他人的优点，并学会赞美他人。

2. 体验被赞美的感觉，领悟赞美的作用。

3. 加强团体的凝聚力。

二、活动时间

35 分钟。

三、活动道具

无。

四、活动场地

室内。

五、活动程序

1. 全体成员分成两组，每名成员依次接受其他成员的赞美，每位成员必须看着他（她）的眼睛，举出对方至少三个优点……以此类推。

2. 讨论主题：

（1）当你受到别人赞美时有什么感受？

（2）怎样的赞美让你感觉最高兴？

（3）当你去赞美别人时有什么感受？会觉得不自然吗？为什么？

（4）怎样用心去发现别人的长处？怎样做一个乐于欣赏别人的人？

六、注意事项

1. 必须说优点。

2. 夸别人优点时态度要真诚，不能毫无根据地吹捧，这样反而会伤害别人。

活动四　大声说出我自己

一、活动目标

1. 强化自己对自身性格特征的新的认识。

2. 更加接纳自己，增强自信。

二、活动时间

30 分钟左右。

三、活动道具

每人一张纸、一支笔。

四、活动场地

室内。

五、活动程序

1. 所有成员围圈而坐，引导成员重新思考自己的性格特征，把自己的优点写下来。

2. 写完后，向全体成员大声宣读。

3. 讨论：当你大声宣读自己的优点时有什么感受？是不是觉得不自然？

六、注意事项

每个人宣读完自己的优点后，其他成员要鼓掌鼓励。

第五章

和谐为美——高职高专学生的人际交往

学习目标：

1. 了解人际交往的含义、重要性和高等职业学校学生人际交往的特点。

2. 了解高等职业学校学生人际交往中常见的问题和调试的方法。

3. 能够利用所学的交往技巧建立良好的人际关系。

4. 能够用积极的眼光和宽容的心胸去对待身边的人。

案例导入：

美国心理学家沙赫特做过这样的实验：他以每小时15美元的酬金先后聘请了5位志愿者进入一个完全与外界隔离的小屋，屋里除了必要的物质生活条件外，没有任何社会信息进入，以观察人在与世隔绝时的反应。结果，其中1个人在屋里只待了2个小时就出来了，3个人待了2天，最后一个人待了8天。这位待了8天的人出来后说："如果让我再在里面待一分钟，我就要疯了……"

实验证明没有人能够与世隔绝，都要与人交往才能保证身心健康。高职高专学生虽然在心理、生理和社会化方面逐步走向成熟，但又容易产生焦虑、紧张、恐惧等不良情绪，影响自己的学习和生活，所以，迫切需要与他人交往来解决这些问题。实践证明，人际关系紧张的高职高专学生会显示出压抑、敏感、不与人合作的特点，由于难以化解心理矛盾，经常都会心情不好，容易形成精神和心理上的巨大压力，严重影响自己的身心健康。具有良好人际关系的学生，大都能保持乐观开朗的性格，能够正确认识、对待各种现实问题，化解各种矛盾。所以，通过人际交往，可以满足大学生对友谊、安全等各种需要，促进身心健康。

第一节 人际交往概述

与人交往和沟通，建立良好的人际关系，是每个人的基本社会需要，也是一个人健康成长的必备条件。当今社会，是一个合作与竞争的社会，可以说，人际交往能力已成为大学生最重要的基本素质之一。因此，掌握人际交往的基本规律和技巧，提高人际交往能力，建立良好的人际关系，是大学生心理健康教育的重要内容。

一、什么是人际交往

人际交往也称人际沟通。指个体通过一定的语言、文字或肢体动作、表情等表达手段将某种信息传递给其他个体的过程。

通常人际交往有赖于以下条件：

（1）对传送者和接受者双方交往信息的一致理解；

（2）交往过程中有及时的信息反馈；

（3）有适当的传播通道或传播网络；

（4）有一定的交往技能和交往愿望；

（5）对他人时刻保持尊重。

二、人际交往的重要性

动物心理学家曾以恒河猴为研究对象做过一个著名的"社交剥夺"实验。研究者将猴子的喂养工作全部机械化，隔绝猴子之间以及猴子与人类之间的任何交往。研究结果表明，与有正常交往机会的对照组猴子相比，这些猴子受到"社交剥夺"之后，不能与同类进行正常交往，神情呆滞，缺乏安全感，适应性变差，甚至连求偶和养育子女的本能行为都出现了严重的问题。

这个实验和前面的案例都表明了人际交往的重要性。如果长期不能满足个体人际交往的心理需求，不仅影响其社会适应的发展，甚至危害个体的心理健康。

（一）人际交往促进深化自我认识

在我们的交往活动中，有时候两方面的评价会有一定的差距，不少人会因此而产生烦恼。这就要求我们要善于调节两方面的评价，全面提高自己的综合素质。正确的自我认识，有助于我们找到自己的社会位置，扮演好自己的社会角色。

（二）人际交往促进社会化进程

人际交往是社会发展的必然产物，也是社会发展的基本前提。没有人际交往过程中所形成的各种各样的网络关系以及人们所担当的各种各样的社会角色，社会就不成其为社会，发展也无从谈起。

人际交往与我们密不可分，是我们生活的一部分，贯穿生命的始终。良好的人际交往能力是青少年社会化的起点，是将来在社会立足的生存需要，也是为社会做贡献的本领。

（三）人际交往是实现人生价值的桥梁

人生的意义在于奉献，人际交往是我们奉献的桥梁。良好的人际交往，能让我们掌握更多社会的信息，知道人民的生活和需要，保持和人民大众的血肉联系，才能更好地为人民服务。

三、人际交往过程中的心理效应

（一）首因效应

在人际交往活动中，我们会很重视开始接触到的信息（包括容貌、语言、神态等），至于后面的信息就显得不是那么重要了，这种心理称为首因效应。首因效应启迪我们一方面要给他人留下良好的第一印象，另一方面又要在以后的交往中纠正对他人第一印象的不全面的认识。

（二）近因效应

近因效应，是指最近一次交往的印象对我们的认识所产生的影响。最近一次交往留下的印象，往往是最深刻的印象。一般而言，在熟人之间的交往中近因效应会发挥较大的作用，因此我们平时应该注意给人留下良好的最近印象。

（三）光环效应

又称晕轮效应，是指在交往的过程中，我们往往会从对方的某个优点而泛化到其他有关的方面，由不全面的信息而形成完整的印象。光环效应往往对恋爱的双方起更明显的作用，正所谓"情人眼里出西施"。

（四）投射效应

投射效应是指在交往的过程中，我们总是假设他人和自己有相同的倾向，即把自己的特性投射到他人身上，从而形成对他人的印象。有时候，我们对他人的猜测，无形中透露的正是自己。所以，我们不要瞎猜别人的坏处，不要那么小心眼，不要以小人之心度君子之腹。

（五）刻板效应

刻板效应是社会上对于某一类事物或人物的一种比较固定、概括而笼统的看法。在人际交往中，我们有时会把对某一类人物的整体看法强加到该类的每一个个体上，而忽视了个体特征。刻板效应有利于总体评价，但对个体评价会产生偏差。比如，农村来的同学认为城市来的同学见识广，而城市来的同学认为农村来的同学见识狭隘。

拓展阅读

影响人际交往的因素①

一个人如果毫无吸引别人之处，就不能引起别人的注意；如果两人之间不能彼此吸引，也建立不起亲密的人际关系。在大学生中，人与人之间的关系的密切程度是不同的，人际关系的建立受各种人际吸引因素的影响。影响大学生人际关系密切程度的主要有下列因素。

---

① 李鹤展，万崇华. 当代大学生心理健康教育［M］. 长春：东北师范大学出版社，2012：182.

（一）时空接近性

在人际交往过程中，时间和空间的距离是形成密切的人际关系的一个重要条件。所谓"近水楼台先得月""远亲不如近邻"等就是这个道理。例如，同学们由于年级相同，或年龄相当，或住在同一寝室，或经常在一个教室或图书馆一起学习，或是同乡等原因，经常接触，相互交往次数多，容易产生共同的经验，从而也就比较容易建立起比较密切的人际关系。时空之间的接近性仅仅是密切人际关系的一个重要条件。它主要是在大学低年级学生的人际关系中起作用。研究表明：大学生的人际关系相似性吸引占 45.3%，接近性吸引占 35%，补偿性吸引占 19.7%。统计测验表明，这三类人际关系形成原因与年级之间都有一定联系，但相似性吸引和补偿性吸引在年级上没有太大差别，而接近性吸引与年级差别则有很大的关系。低年级的小团体的形成以接近性吸引为主，随着年级的升高，接近性吸引的小团体明显减少。

（二）态度相似性

物以类聚，人以群分。如果大学生之间对某种事物或事件，具有相同或相似的态度，具有共同的理想、信念和价值观，情感上就容易产生共鸣，形成密切的人际关系。纽科姆（Newcomb）曾用实验法研究过这个问题。他向自愿参加实验的大学生提供免费住宿16周，在住进宿舍之前，研究者先给这些互不相识的被试者实施态度、价值观和个性等方面的测验，将态度、价值观和个性相似或不相似的大学新生安排在一间房子里住。然后，定期测验他们对一些事情的态度、看法，以及他们对同室同学的喜欢评定。住宿初期，空间距离是决定彼此交往较多的重要因素；但到了后期，彼此间的态度、价值观和个性特征相似性超过了空间距离的重要性而成为密切人际关系的基础。在研究的最后阶段，让这些大学生自由选择住同一房间时，明显体现出持相同意见和态度者均喜欢选择住同一房间。态度相似性之所以能密切大学生的人际关系，可能是由于彼此观点一致，争辩机会较少，人与人之间相互支持，从而使友谊得到发展。

（三）需求互补性

由于长期地在一起生活、学习、工作，大学生们不可避免地产生这样或那样的矛盾。但是，如果一方所表现出来的行为正好能满足另一方的心理需求，则彼此间将产生强烈的吸引力，从而能密切他们之间的人际关系。相反，如果其中一方对另一方表示出不友好或做出不利于另一方的行为的时候，就会引起另一方的烦躁和不安，双方的人际关系可能恶化或中断，甚至会使矛盾加剧。西保特和凯利（Thibart, J. & Klly, G. H）曾在大学生迎新会上观察男女生如何结交朋友的情形，发现他们的交往过程大致如下：彼此陌生的大学一年级新生初次见面时，先经过一段试探期，男生扫视全体女生，有了这个整体的打量之后，便走近特定的某个女生身边，然后显得毫无组织地随便找些话题与她们进行交谈，交谈中彼此发现对方具有吸引自己的魅力（合乎自己的需求）便继续与她交谈下去；如果一方的行为不能吸引对方或使另一方感到反感（不合乎自己的需求），谈话就会中断，而再转向别的对象。西保特和凯利认为，某一行为对双方都有益，或者彼此双方有友好的愿望，或者彼此发现相互有相似的态度时，两人的友好关系便可以继续下去；相反，如果双方发现损失超过补偿时，密切的人际关系就难以维持下去，有时甚至会导致对立。

（四）智慧品质

个体在能力与特长方面如果比较突出，与众不同，其本身就有一种吸引力，使他人对其产生钦佩感并欣赏其才能，愿意与之接近。阿朗逊（Aronson, E.）等人的研究表明，一个看起来很有才华的人，如果表现出一点小小的过错，或暴露出一些个人的弱点，反而会更使人们喜欢接近他。而一个表现得完美无缺、十全十美的人，倒会使人感到高不可攀，望而却步，认为自身太差而不敢与他交往。

研究还表明，有些小缺点而才能卓越的人对两种人缺乏吸引力：一种是能力差而自尊心弱的人，他们对能力高者有崇拜心理，并可能产生光环效应，即认为理想人物总是十全十美、白玉无瑕的，不应该有缺点；另一种是能力强而自尊心也强的人，他们对于才能出众而连一点小缺点也不能克服的人感到失望，认为这种人不值得自己喜欢。

（五）个性特征

开朗的性格也是人际吸引的一个重要因素，一个待人热情大方的人比待人冷淡无情的人更具有吸引力。一般情况下，男性所喜欢的女性的性格特征是温柔、心地善良、热爱生活、爱学习、热情、娴静、活泼而不轻浮、富有青春活力等。女性所喜欢的男性的性格特征是开拓进取、热爱劳动、热爱生活、待人诚恳、有牺牲精神、风趣幽默、开朗乐观、深沉、稳重、干练、得体等。显然，性格特征也是男女大学生之间建立良好人际关系的重要心理条件。

奥尔波特（Allport, G. W.）研究了一群陌生人首次集会时的人际吸引力，发现个人的内在属性如幽默、涵养、礼貌等因素，是主要的吸引力因素；其次是外表的特色，如体型、服装等，也是吸引力的依据；再次是个人所表现的特殊行为，如新奇的令人喜爱的动作等也能增加吸引力；最后是地位和角度也能受到他人的爱慕和尊敬，从而产生吸引力。

第二节　高职高专学生人际交往的特点

大学生离开了父母和家庭，开始了独自面对人生的生活。他们在学习、工作和生活中，经常要面对和处理多种多样的人际关系。人类心理的适应最主要的就是对人际关系的适应，人们的心理健康水平有赖于正常的人际交往和社会生活的和谐，人生的发展也与人际关系有着密切的关系。友爱、和谐的人际关系可以使人感到温暖、安全、愉快，从而激发人的积极性和创造性；相反，冷漠、排斥、充满敌意的人际关系则会使人时时不快，事事不乐，甚至产生焦虑、强迫等神经症状，极大地限制人的发展。相关调查显示，目前大学生人际关系的状况并不理想，这不仅直接影响到大学生们的心理健康，还会广泛地影响到他们在校期间及将来走上社会后很长一段时间的生活。

一、人际关系的种类

对于大学生而言，校园生活是大学生活的中心和重心，在同学关系、师生关系和父母关系等方面都呈现出某些特点。

（一）同学关系

同学是大学生人际交往的主要对象。同学关系是大学生人际关系的主要内容。大学校园里的同学关系总的来说是和谐、友好的，同学之间的关系有亲情化、家庭化的趋势，即在日常生活、学习中创造一种如亲属一般和谐稳固的同学关系。

（二）师生关系

教师与学生，是大学校园里的两大基本群体。教师是学生人际关系的重要对象，师生关系是学生人际关系的重要内容。师生关系如何，直接影响到学生能不能很好地学习、成长，并在很大程度上决定了学校能不能对学生的身心施加符合社会要求的影响。

和谐的师生关系在教育中十分重要。学识渊博、多才多艺、工作能力强的教师易使学生接受他的观点。工作认真负责、关心并尊重学生、性格开朗、果断的教师往往能赢得学生的喜爱。对学生而言，则应正确对待教师教育过程中的缺点和不足，谦虚诚实。这样，师生之间互相尊重、互相理解，就能建立良好的师生关系。

随着社会的发展，人们的很多观念都发生了变化，但学生中"尊师"的主流一直没有变。教师在建立新型师生关系中处于主动地位，他们对待学生的态度直接影响着师生关系发展的方向与速度。为师者也逐渐破除"师道尊严"的旧观念，尊重学生，理解学生，将学生视为独立人格主体，这样就能缩短师生之间的心理距离。

当代的大学生开始敢于向教师的权威挑战。师生关系是因为教学过程而发生的，师生间的主要人际交往集中在"教"和"学"这两个相互渗透又相对独立的过程中。在教学中，教师的基础知识及对相关问题的研究处于优势地位，因此他们拥有学术权威；而学生则可能在新思维、新知识领域中更胜一筹，如互联网技术方面。今天的大学生，真正做到了"不唯上不唯书"，已经敢于向教师的权威挑战。从这个意义上说，学生敢于向教师的权威挑战，应算是一件好事。

当代大学生对教师的依赖逐渐减少。据调查，只有遇到与学习有关的

"功课问题""学业问题",才有较多的学生去寻求教师的帮助。至于个人的心理问题、情绪问题、家庭问题、交友问题以及恋爱问题等,则很少有人会去找教师帮助。这反映出学生对教师的依赖逐渐减少。

(三)大学校园里的学生交际圈

在今天的大学校园里,大学生根据各自兴趣、爱好、性格等的不同,结成一个个或松散或紧密的交际圈。在一个个或明或暗的交际圈中,同学之间有"亲疏"之分,有好朋友与一般朋友之分。大学生的交际圈子大概可以分为学习型、娱乐型以及社团型等几种类型。

1. 学习圈

在这个圈子里的同学,有一个共同的理想,就是学习好。但真正为了学习学校开设的课程而形成学习圈的并不多,大多是为了考取某种证书、资格认证或参加某种公共考试而形成的一个个学习圈。

2. 娱乐圈

大学生幽默地给这个圈子里的同学起了"拖拉机手"(经常打牌)、"旋派"(经常跳舞)之类的外号。在这个圈子里的学生,都爱好某种娱乐活动,如体育运动、文艺活动、休闲娱乐等。喜欢体育运动的学生,课余时间经常在一起活动。他们不仅内部"操练",还经常主动"出击",找别人打对抗赛,力求把圈子的活动举办得丰富多彩。

3. 社团圈

学生社团是大学校园里一道亮丽的风景,是校园文化的重要组成部分。社团有理论类、实践类、文艺类、体育类,涉及文、史、哲、音、体、美等各个方面。许多大学生通过社团走出校园,将自己和社会、自然融为一体,培养能力,增长才干。

(四)大学校园里的网络人际关系

网络人际交往是人们在网络空间里进行的一种新型人际互动方式。大学生作为"易感人群",网络人际交往给他们的生活方式、价值观念带来的挑战和改变是前所未有的。据中国互联网络信息中心发布的统计报告,截至2018年6月,学生在中国的网络用户中占24.8%,是上网用户比例最大的一个群体。网际空间好比一个巨大的城市，有图书馆、大学、博物馆、娱乐场所，里面有各种各样的人。无论什么人，都可以到这个"城市"去逛逛。在这个空间里不仅可以获取和发布信息，还可以通过 E – mail、QQ、BBS、微信和网络虚拟社区等方式进行聊天、交友、游戏、娱乐等网络人际交往。网络是一把"双刃剑"，网络人际交往对大学生的健康成长既有正面效应，也有负面效应。

二、人际交往的特点

大学生的人际交往活动有其自身的特点，主要表现在以下几个方面。

（一）主动追求开放式交往

在中学阶段，学生的注意力主要都集中在学习上，没有时间和精力进行很多的人际交往。进入大学后，由于学习模式转换，他们迫切需要走出家门，走进公共场合，结交更多的朋友，交流更多的信息，接受更多的新思想。在这种心理的作用下，大学生的人际交往呈现出前所未有的开放式趋势，表现在以下几个方面。

1. 交往的范围扩大

过去的交往对象多限于亲戚、邻居、成长伙伴、同宿舍或同班同学。现在的交往对象早已超越了家庭、宿舍、班级、学校，不再受地域的限制，范围不断扩展。

例如，大学生交往的对象不仅包括大学同学，也包括在社交场合认识的其他人。同学之间的交往也不只局限于同班同学，已发展到同级、同系甚至是同校可接触的所有同学。不仅是同性之间的交往，异性交往也很平常。

2. 交往的频率提高

过去的交往通常是偶尔的相聚、互访。现在的交往，已发展为经常性的聊天、社团活动、举行聚会、体育活动、娱乐、结伴出游，以及其他一些集体活动。

3. 交往的方式多样

过去的交往通常是同学之间的互访、通信。现在大学生的交往已普遍使用一切现代化的通信设备、交往工具、交往场所等，交往手段有了很大的发展。这也使得大学生的人际交往变得更方便、更快捷，交往距离更远，交往范围甚至可以扩展到世界范围。

大学生的人际交往虽然比较广泛，但由于现在大学生多是独生子女，自我保护意识比较强，在人际交往中通常小心翼翼，多是"广泛交友，谨慎交心"。这种交往只有广度而没有深度，多是些"点头之交"。

（二）追求人际交往的独立性和选择性

从交往的特征看，过去的人际交往主要是在师长的指导下、在高年级同学的协助下进行的。随着独立意识的增强，大学生交往的对象、范围都有了更多选择，交往的自由度加大。此外，大学生交往心理由情绪型向理智型转化，过去的人际交往主要是受情绪不稳定的影响，表现为情绪型的特征。随着社会经验的丰富以及心智的成熟，大学生不但学会了调节情绪，而且交往活动不再被情绪左右，在交往中能理智地择友。

从交往对象看，通常以寝室同学的人际交往为中心，社会工作和网络社交的人际交往占主导。大学生虽然主动追求开放式的人际交往，但由于时间、精力、生活环境、经济条件等方面的限制，交往的主要场所仍然在校园内，中心仍是学生的寝室、教室。这是因为大学生过着朝夕相处的集体生活，摆脱了对父母、教师的依赖，众多的交往机会、相似的人生经历、共同的学习任务，使得大学生的交往对象更多地选择同寝室、同班、同乡等有相似背景的同学。

交往的内容基本上围绕共同的话题，如学习、考试、娱乐、思想交流、情感沟通而展开。此外，大学生对异性之间的交往愿望强烈。由于处在青年中期，性生理的成熟，使不少大学生对异性产生了兴趣，大学生活又提供了异性同学交往的许多机会，因此，异性交往的愿望常常会成为交往的具体行动。

尽管 BBS、QQ 和微信等新兴社交方式正逐渐被大学生接受并渗入他们的生活中，但新兴社交方式所发挥的作用并不被学生们看好。不少学生表示："网上交流再怎么也没有面对面交流那样让人感觉亲切和真实。"

（三）情感型交往与功利型交往并重

随着社会的发展变化，大学生在社交目的上也趋于"理性化"。选择什么样的人交朋友，并不纯粹是出于交流情感和志同道合，交往的动机已变得很复杂。过去交往多是为了交流情感、寻找友谊、寻觅爱情，交往的目的相对单一，而现在随着社会的多样化，大学生人际交往的目的和内容也更加丰富多彩，交往涉及衣、食、住、行、学习、工作、娱乐等方面。可以说，大学生的人际交往在注重情感交流的同时，越来越注重与自身社会利益相关的务实性，呈现出情感型交往与功利型交往并重的趋势。如有的学生在社交中结交一些"大款"，以自己能把朋友的车开到校园里来或经常被请出去消费为荣，还拿自己"有身份"的朋友在同学面前炫耀。

（四）从注重纵向交往转向扩大横向交往

进入大学后，大学生的生活空间大大扩展，与家长、教师的联系减少，交往的重点从交往的方向看，从注重纵向交往转向扩大横向交往，即转向同龄人；从以往同班同学之间的交往扩大到同本系、外系、外校的同学以及社会上的人交往。

另外，从交往效果看，大学生对自己的社交能力和人际关系环境评价不高，他们虽然从心理上积极主动地去与他人交往，并且很注意学习社交知识，但实际效果并不理想，与自己的预期还有较大差距。

拓展阅读

人际关系综合诊断量表

这是一份人际关系行为困扰的诊断表，共28个问题，在每个问题上，选"是"的打"√"，计1分；选"非"的打"×"，计0分。请你认真完成，然后对照后面对测验结果做出的解释，检查自己的人际关系是否和谐。

一、测验题目

1. 对于自己的烦恼有口难言。（　　）

2. 和陌生人见面时感觉不自然。（　　）

3. 过分羡慕和忌妒别人。（　　）

4. 与异性交往太少。（　　）

5. 对连续不断的会谈感到困难。（　　）

6. 在社交场合感到紧张。（　）

7. 时常伤害别人。（　）

8. 与异性来往感觉不自然。（　）

9. 与一大群朋友在一起，常感到孤寂或失落。（　）

10. 极易受窘。（　）

11. 与别人不能和睦相处。（　）

12. 不知道与异性相处如何适可而止。（　）

13. 当不熟悉的人对自己倾诉他的生平遭遇以求同情时，自己常感到不自在。（　）

14. 担心别人对自己有什么坏印象。（　）

15. 总是尽力使别人欣赏自己。（　）

16. 暗自思慕异性。（　）

17. 时常避免表达自己的感受。（　）

18. 对自己的仪表（容貌）缺乏信心。（　）

19. 讨厌某人或被某人所讨厌。（　）

20. 瞧不起异性。（　）

21. 不能专注地倾听。（　）

22. 自己的烦恼无人可倾诉。（　）

23. 受别人排斥与冷漠。（　）

24. 被异性瞧不起。（　）

25. 不能广泛地听取各种意见、看法。（　）

26. 自己常因受伤害而暗自伤心。（　）

27. 常被别人谈论、愚弄。（　）

28. 与异性交往不知如何更好地相处。（　）

二、测量结果的解释与辅导

如果你得到的总分是 0～8 分之间，那么说明你在与朋友相处上的困扰较少。你善于交谈，性格比较开朗，主动关心别人，对你周围的朋友都比较好，愿意和他们在一起，他们也都喜欢你，你们相处得不错。而且，你能够从与朋友相处中得到许多乐趣。你的生活是比较充实而且丰富多彩的，你与异性朋友也相处得很好。一句话，你不存在或较少存在交友方面的困扰，你善于与朋友相处，人缘很好，获得许多人的好感与赞同。

如果你得到的总分是在9～14分之间，那么，你与朋友相处存在一定程度的困扰。你的人缘很一般，换句话说，你和朋友的关系并不牢固，时好时坏，经常处在一种起伏波动的状态之中。

如果你得到的总分是在15～20分之间，那就表明你在同朋友相处上的行为困扰较严重；分数超过20分，则表明你的人际关系的行为困扰程度很严重，而且在心理上出现较为明显的障碍。你可能不善于交谈，也可能是一个性格孤僻的人，不开朗，或者有明显的自高自大、讨人嫌的行为。

第三节　高职高专学生人际交往的策略

人际交往是一种能力，一种智慧，一种艺术。人际交往需要一定的技巧，讲究一定的方法。人是需要交往的，21世纪教育提出四点要求：学会求知、学会做事、学会共处、学会做人，这四个要求无论从哪一点上说，都离不开人际交往。在求知的过程中与老师、同学交往，在做事的时候，与相关人员交往。学会共处与学会做人则更加直接地说明了交往在人一生中的重要性。一个不会交往的人，可以说没达成人的社会化，很难说是一个成功的人。

一、人际交往的一般原则

（一）平等的原则

平等，主要指交往双方态度上的平等。我们每个人都有自己独立的人格、做人的尊严和法律上的权利与义务，人与人之间的关系是平等的关系。在交往过程中，如果一方居高临下，盛气凌人，发号施令，颐指气使，那么他很快便会遭到孤立。平等是建立良好人际关系的前提。在和别人交往的时候，既要认同别人的优势，又不鄙视对方的弱势，既不居高临下又不唯命是从，做到既保持自己的自尊又尊重别人，这是一种良好的交往状态。

大学生来自四面八方，年龄、经历、知识结构、家庭出身、经济状况、个人能力都有所不同，但并无贵贱之分。无论年级高低、学习成绩好坏、工作能力强弱、家庭条件好坏，大学生之间的人际交往都应做到平等待人，以诚相见，任何一方都不能把自己的意志强加给另一方。

（二）相容的原则

在人际交往中，心理相容是值得交往双方注意并需要交往双方共同建构的。相容是指彼此在认知上的肯定和认同、在情绪上的满足和悦纳，在行为上的应答和协调的状态。这种状态的强弱就是心理相容性的高低。建立友谊的良方就是大家既要有相同又要有相异之处，大致上气味相投才能彼此了解，适量的志趣相异，才可互通有无。所以，主动与人交往，广交朋友，交好朋友，不但交与自己相似的人，还要交与自己性格相反的人，求同存异，互学互补，处理好竞争与相容的关系，更好地完善自己。

我们的社会是一个多元化的社会，人与人之间的关系越来越复杂，社会复杂性导致个性的丰富性。在大学校园里，每个大学生都是独特的个体，都有自己的优缺点。我们要看到人与人之间是有差异的，每个人的兴趣、爱好、能力、个性都有不同，所以在人际交往过程中难免会有些小摩擦。我们不能因为一点小事就翻脸或大动干戈，要学会求同存异，学会忍耐和克制，多进行换位思考，多体察别人的心境。如果能做到这些，相互间产生的误会、委屈就会少些。

（三）真诚的原则

真诚包括真心、正直、坦率、诚实、诚恳、诚意等，它是人际交往中人们相互依赖的坚实基础，是我们大学生在人际交往中最有价值、最重要的一种特征，也是大学生成功交往的基础。只有真诚，才能使对方放心，使交往双方相互信任，彼此肝胆相照，建立深厚的感情。真诚交往是人际交往得以延续和深化的保证。备受人们推崇的有益于人际交往的品质有真诚、诚实、忠诚、真实、信赖和可靠。真诚交往是人际关系得以巩固和发展的前提。古人云："以诚感人者，人亦诚而应。"在交往中，只有彼此抱着心诚意善的动机和态度才能相互理解、接纳、信任，感情上产生共鸣，使交往关系巩固和发展。

美国心理学家安德森（Anderson，N. H.）1968 年曾经进行了一项研究：将 555 个描绘个性品质的形容词列成表格，让大学生按照喜欢程度由高到低顺序排列，结果，真诚排在第一位，是最令人喜欢的品质。

一个人的思想、观点、愿望和要求能否为别人所接受，往往也与他对对方的真诚程度成正比。越真诚，对方接受的可能性就越大，就越容易建立良好的人际关系。但是在表达真诚的时候也要注意表述策略。有句话是这样说的："诚实并非永远都是最好的策略。"许多人误解了这句话的意思，认为在交往过程中，尤其是在商业活动中，就是要耍手腕。实际上，这句话更确切的说法应该是："表现诚实的方法可以灵活婉转一些。"如果你用委婉的方式来表达诚实，那么既不伤人，也不会伤害到自己。

（四）谦虚守信原则

谦恭礼让、言而有信是人们崇尚的一种美德。谦恭礼让是一座能缩短心理距离的桥梁；守信是人际交往中的一个基本原则，交往离不开信用。信用有两层含义：一是言必信，即说真话，不说假话。如果一个人满嘴胡言，尽说假话骗人，到头来连真话都不能使人相信了；二是行必果，即说到做到，遵守诺言，实践诺言。古人有"一言既出，驷马难追"的格言，现在有以诚实为本的原则，不要轻易许诺，一旦许诺，就要设法实现，以免失信于人。朋友之间，言必信，行必果，不卑不亢，端庄而不过于矜持，谦虚而不矫饰诈伪，不俯仰讨好位尊者，不藐视位卑者显示自己的自信心，取得别人的信赖。

对于我们大学生而言，信用是我们立足校园和社会的第二张"身份证"。在大学期间，凭借信用，我们可以申请助学贷款，解决学费和生活费所带来的经济困扰。在与同学们的交往中，凭借信用，可以取得他人的充分信任和认可，可以交到可靠的朋友，因为每个人都有一种寻求安全的需要，担心上当受骗，与讲信用的人交往，内心不会充满怀疑、焦虑，有一种安全感和信赖感。所以，一个讲信用的人可以赢得别人的信任，可以和他人建立良好的人际关系。

（五）彼此尊重的原则

尊重是由"人人平等"的社会伦理规范所规定的人际交往原则。它包括自尊和尊重他人两个方面。自尊就是在各种场合自重自爱，维护自己的人格尊严不受到他人的侵犯；尊重他人就是重视他人在人格、行为习惯与价值观等方面与自己的差异，不以自己的标准来要求别人。只有自尊，才能得到他人的尊重；也只有尊重他人，才能得到他人真诚的对待。一个不尊重他人，经常损害别人的人，人们是不愿意与之交往的。人都有友爱和受人尊重的需要，大学生的自尊心都比较强，他们希望在社会中有一定的地位，受到人们的信赖与尊重。

二、高职高专学生人际交往策略

（一）同学间的交往策略

1. 展示人际吸引

要想在人际交往中给人留下深刻的印象，建立良好的人际关系，人际吸引是第一步。人际吸引关键是要给人以良好的"第一印象"。这种"第一印象"不是故意装出来的，在别人面前的最初几分钟，应是人的品德、修养、才学等诸种素质的亮相，这全在于平日的积累。这就要求我们学生在平日里要注意提高自身的修养和人格魅力。同时，要多读书，提高自己的学识水平，凭借丰富的知识提高自己的人际交往能力。因为没有什么比智慧和渊博更能体现一个人的人格魅力。这里提一个问题，如果给你一个机会，你能讲一个让人开心、感到幽默的笑话吗？在公共场所、私人场所等不同的场合，你能让与你在一起的人开心一笑吗？即使在看电视时，你多少了解一些地理、历史知识，会思考，那么你身边的朋友与你一起看电视都会有意思得多。希望我们的同学到图书馆去看书吧！

2. 真诚待人，学会宽容和信任

真诚是良好人际关系的开端，在真诚的基础上才会有合作。在学校，同学之间的交往应该是在平等互助基础上的学习、生活过程。在这个过程中，同学之间最能彼此知道对方的长处与不足。为了目标的接近，大家要学会商量、等待和忍耐，学会忠诚与守信，学会宽容和信任，学会说明和劝告，学会倾听和接纳，学会坚持和拒绝。这些都是提高人际交往能力的技能和态度。

3. 欣赏对方，适时赞扬

歌德说过"最真诚的慷慨就是赞赏"，每个人都有获得他人尊重和肯定的需要，喜欢被人赏识和赞美，赏识本身也表明了你们某些方面的一致，这种一致性会让朋友间的感情更为默契。另一方面，选择恰当的时机和适当的方式表达对对方的赞许，不但让人感到欣喜和感动，还会让他不自觉地巩固你所欣赏的优点。

4. 恰当地处理矛盾，化解冲突

朋友在朝夕相处之间，难免有磕磕碰碰的情况，留心我们周围，朋友、同学之间的矛盾、冲突，几乎无处不在。有的人因为芝麻绿豆大的矛盾，搞得不愉快，剑拔弩张，甚至大打出手，最终导致好朋友分道扬镳，形同陌路。而有的同学却能历经风雨，拨云见日，最终冰消雪融，谱写一段友谊的乐章。如何处理同学和朋友之间的矛盾和冲突，对我们的生活实在是太重要了。所以当同学之间有摩擦或冲突时，我们可以试着用下面的几种方法来处理。

第一，控制情绪。

朋友之间常常因为一些情绪化的言行，造成对彼此的伤害。在冲突和矛盾不可避免时，更需要注意自己的表达方式。就算是朋友不对，乱发脾气也只是用别人的过错来惩罚自己的愚蠢行为。在矛盾冲突发生时，双方都处于一种亢奋状态，如果不克制自己的情绪，难免会做出过激的举动进一步伤害对方。

第二，陈述感受，不做指责。

在摩擦升级的过程中，表达自己的愤怒和不满是合理的，但是对他人的攻击则是没有好处的。陈述愤怒的方式是在表达自己的感受，说明原因，并非攻击他人，同时也给对方回馈和表达的机会，同意让双方的冲突发生转机。

第三，学会妥协，平息冲突。

朋友和同学之间常常有不一致的地方，你跟他可能在个性、思想、观念上有所差异，这些差异可能导致朋友间的争执。往往有的同学上纲上线，不针对当前的问题加以解决，却翻出陈年旧事，上升到个人品质就实在没有必要了。这样把矛盾扩大化、冤冤相报的做法，不仅于事无补，还会使矛盾越来越深，对朋友之间感情的伤害是很难弥补的。有时候，你需要的只是忍耐些许，学会妥协。

第四，承认错误。

当与同学、朋友之间的矛盾和冲突的确是因为你的过失所导致时，及时道歉、承认错误能把矛盾和冲突消灭在萌芽状态。道歉和承认错误最重要的是态度真诚，具体来说还有一些诀窍：

不要心存侥幸，与其等同学指责，不如主动认错和道歉；即使是无意的过失，也应当对后果表示歉意，不要强调客观原因。

其实，如果处理得当，朋友间的矛盾和冲突也不是那么可怕的，它有机会让朋友间在思想和人格上有更深层次的接触，了解对方更真实的想法和感受，加深了解和认识，促进双方的信赖和友谊。冲突和矛盾也会给我们以教育和启迪，让我们学会站在他人的立场看待事物，让我们看问题的角度更加开阔。可见在不伤害感情的前提下，同学和朋友间的冲突也是有积极作用的。

另外，你还要将同学、朋友间的一般矛盾冲突和校园暴力区分开。校园暴力是施暴者利用了人的懦弱心理，肆意实施的攻击、虐待行为，和同学之间偶尔的冲突是不一样的。校园暴力很多时候表现为欺侮、殴打等肢体暴力，但有时还包括反复辱骂、讽刺挖苦、孤立、排斥等"冷"暴力。当遭遇校园暴力时，你一定要沉着冷静，减少损失，尽可能不发生肢体冲突，避免肉体伤害。自己身单力薄时要适当"屈服"或回避，但事后一定要报告家长和老师，情节严重时还应该报警，以维护自己的正当权益。就算遭受到"冷"暴力，你也要及时向老师、家长反映，向心理咨询老师寻求帮助，消除心理阴影。

（二）师生间的交往策略

1. 尊重

尊重师长是中华民族的传统美德，也是每个学生应有的基本道德品质。道理不用多说，但是如何才能表现出对老师的尊敬呢？或许在这方面你并不是很清楚。

其实，尊敬老师，首先应表现在日常生活中。见到老师要主动问好，与老师说话要有礼貌。这些并不是一种表面功夫，而是心中对老师敬意的外在表现。你想，要是别人对你爱搭不理的，你会喜欢这个人吗？老师同样如此，有的同学经常躲着老师走，甚至迎面见了还扭头装作没看见。不要以为老师不在意这些，久而久之，换来的可能就是老师的漠视。

尊重老师，更重要的是上课认真听讲、遵守纪律、对学习任务不敷衍。可能你意识不到，老师的精力花费在控制课堂纪律、处理日常事件的比例，远超过给同学们传道、解惑的份额，你有心或无意的"小动作"、课堂上故意接下茬、出风头，会给老师额外增添许多困扰。

有时候，诚恳、谦虚地对待批评也是尊重老师的表现。明明自己错了，却固执己见，或者文过饰非，说谎逃避，都是对老师的不尊重。老师错了，你当然有权利提出自己的意见，不过他们毕竟是长辈，要注意场合和方式，粗鲁无礼地当众顶撞，用过激的言行让老师下不了台其实并不是明智和成熟的选择。

总之，尊敬老师应该成为我们的基本习惯。孔子说："敬人者，人恒敬之。"尊敬老师，最终也会让你自己获得别人的尊重。

2. 理解

教师是很辛苦的职业，社会舆论要求他们"学为人师，行为世范"，家长把子女的前途托付给他们，他们同时还要面对教育改革、职称评定、竞争发展甚至养家糊口等各种压力，肩上的负担沉重。据调查，我国中小学教师人均日劳动时间为9.67个小时，比其他岗位的一般职工日平均劳动时间高出1.67个小时；还有研究表明教师是产生职业枯竭的高危人群……老师也需要学生的理解。

"长大后我就成了你，才知道那个讲台，举起的是别人，奉献的是自

117

己……"学生对老师的深刻理解的确需要时间和精力。不过，通过一些小方法、小活动，相信你能够逐渐对老师面对同学时的各种心态有所了解。

3. 交流

还记得你小时候吗，当年那个小学生，最常挂在嘴边的话就是"老师说……"。那时的你对老师的服膺几乎超过了父母，心扉也是向老师敞开的，他们的话让你深信不疑。现在你长大了，有了自己的主见，却将自己的心扉紧闭，不愿意接受老师的想法，也不愿意把自己的观点告诉老师。

有时候，你也真心希望与老师交流，却觉得他们高高在上，不可触及。的确，跟老师的沟通和与同学、父母的交流有很大的差别。毕竟老师面对着许多学生，某些任课老师三年下来可能连你的姓名都叫不上来，难免老师对你照顾不周，或体察不到你想与他沟通的需要。与其等老师找上门来，不如主动向老师"进攻"，引起他们的关注。

想要引起老师的关注，并不一定只有通过标新立异、哗众取宠、破坏纪律这样的方式。最好的方法，其实是在老师面前显示出你的"勤学好问"，经常提一些有水平的问题，老师自然会留心、注意到你。另外，就是主动增加和老师接触的机会。你已经长大了，可以主动承担一些教辅任务，协助老师做些杂事，如帮老师送作业、搬运一些教学仪器等，这些不是班干部的专利，其实谁都可以做。这些点滴小事，增加了师生接触的机会，可以改变老师对你的认识，加深了解。

慢慢地，当你把老师当成自己的好朋友，主动与他探讨生活和学习的时候，相信老师可以为你提供许多帮助和建议，即使有一些问题不能解决。如果有时间，不妨也可以和老师随性地闲聊几句，交流的过程本身就是心灵贴近的过程。

同样，很多老师也希望融入你们的生活中去，你们可以主动邀请老师参加你们的活动。适当时候也应该关心老师，他也会有烦恼，一张贺卡、一杯茶水、一片润喉药，都会让老师倍感温暖。

与老师的交流，不必害怕同学的议论，应该明白：与老师接触交往，就像与父母、同学或其他人交往一样，是正常的人际交往，没有什么不对。在与老师的沟通方式上，可以采取的形式有很多种，可以采取与老师书面沟通的方式，特别是现在网络的普及，你不妨试试网上交流的形式。

（三）亲子间的交往策略

1. 浓浓亲情，相伴一生

从一个只会哭泣的婴儿，到今天成为意气风发的青少年，你成长的每一步都有父母的支持和陪伴。从你出生的那一刻起，他们就努力想把最好的一切给予你。父母无条件奉献着自己的时间、经历和浓浓的爱，关注着你的喜怒哀乐，并常常因为你忘了自己。

随着你的成长，更多的人进入了你的世界，你不再依靠和眷恋父母的怀抱，而对于你的父母来说，你却是永恒的依恋，他们需要你的照顾和陪伴。如果你能像儿时他们爱你那样爱他们，你会觉得这份责任并不是一个沉甸甸的负担，你从回报中感受到长大成人的力量和被亲情呵护的幸福温暖。

让父母对你的爱与责任，在你的身上延续下去，做一个懂得爱的人，一个有能力爱人的人，一个知道感恩的人。

2. 正视矛盾，敞开心扉

父母是我们的生命之源，安全港湾，我们和父母之间存在着绵延一生的爱和责任。你可能觉得父母太理想化，尽管你成人，父母爱你，你也爱他们，但有时他们好像并没有那么称职，你觉得他们不理解你，总是在找你的麻烦，或者他们并不是真的关心你，没有给你温暖的家。真是这样吗？父母和我们之间到底存在怎样的矛盾？

学前教育专业的小王，最近一直闷闷不乐，上课也不注意听讲，总说想退学。她说："每次回去都要和父母吵一架，不是说钱花得多，就是骂她不好好学习。上次因为和同学玩，晚回去一会儿又跟她大吵了一顿。既然他们嫌我钱花得多，我就不念书了，出去打工也总比被她们骂强。"

你一定也遇到过这样的事或这样的感受。你和你父母之间的确有很大的差异，这些差异很大程度上是因为你们有着不同的成长背景。你伴着电脑长大，而在你父母小的时候连电视都很难看到；对你来说吃喝玩乐是很平常的事，而父母的童年，物质生活匮乏得多；你觉得学习不是唯一的出路，没有文凭照样开创事业，比尔·盖茨就没读完大学，而对父母来说读书是件幸运的事情，高学历才能得到尊重，有好的生活。

其实，导致你和父母之间代沟日益加深的不只是差异，你和父母所处的年龄阶段也是导致差异的重要因素。青春期的你，敏感、易怒、任性、容易偏激，而你的父母，此时也正面临着或将要面临更年期的生理难关，情绪不稳、容易冲动、爱唠叨，这些使得你们很难沟通。此外还有你们对自己立场和态度的坚守。想想"我"这个字的构造，是"手"和"戈"的组合，也就是说"我"就是"每个人手中都拿着刀剑"，这就是我们在生活中常常表现出的姿态——自我防御。如果你希望能和父母像朋友一样友好相处，就请你尝试放下手中的"刀剑"，敞开心扉，和父母耐心地沟通，一定能够获得父母的理解和支持。

3. 接纳你的父母，就像他们接纳你一样

当青春期来临时，你开始重新审视这个世界，重新认识你的父母。你可能会觉得，父母并没有你儿时认为的那么棒，他们可能学历不高，在做平凡的工作，挣微薄的工资，没有能力满足你的某些需求；也可能脾气不好、鲁莽冲动；或是看起来有点懦弱；甚至会有更糟糕的情况，让你觉得难堪或受伤。这种不满和怨恨，不仅伤害父母，也会伤害你自己。因为父母给了你生命，无条件地接受和关爱不完美的你，而你却对父母排斥、贬低，不让你觉得羞愧不安吗？所以，即使父母的一些行为让你感到受伤害，也请试着接纳他们。

拉着父母的手，向同学介绍你的父母。你会发现，即使父母没有光彩的职业或着装，别人也不会瞧不起你，而那些不尊重父母，甚至以父母为耻的言行，才真正让人瞧不起。

和朋友谈谈关于父母的事情。也许你心里的不满和怨恨会让你无法客观地看待问题，不妨借助别人的眼睛，了解事情的面貌。

寻找父母的优点。世上没有十全十美的人，同样也没有一无是处的人。经常去发现和肯定父母的长处，有一天你会发现，他们是值得你骄傲的那个人。

回忆父母怎样接纳你的不足。你也有缺点，比如任性、虚荣，或者个子不高、皮肤不够白，想想父母是怎样对待这一切的，怎样包容你的不完美。

4. 求同存异，就像对待朋友那样

即使是好朋友也不一定会肯定你的所有爱好，赞成你的一切观点，但是你们一样互相喜欢，友好相处，因为你们具有共同点，能够"求同存异"。和父母求同存异，可以从以下方面着手。

花点儿时间，仔细想想你和父母的共同点，把这些都列出来，作为今天晚饭时的话题。邀请父母一起去做你们都喜欢的事，比如打球、登山等。再列举一下你和父母之间的不同之处，想想是什么导致了这些差异，差异是否导致了你们的矛盾，这矛盾是否可以调和。

一些对你来说不是很重要的小事，不妨采纳父母的意见，例如，和妈妈一起逛街的时候，接受她为你选的一件衣服或饰品。这些举动很可能消除你们之间的防卫，启动相互理解接纳的良性循环。

5. 放下"偏见"，重新给父母贴个标签

如果要你用几个形容词描述你的父母，你会给出哪些词？专制、暴躁、固执还是温柔、亲切、善解人意？如果对你说，这样的父母在很大程度上是由你自己塑造出来的，你是否能够接受这种说法？

心理学家做过这样的一个实验，让老师对学生反复强调教室应该保持干净整洁。当学生将垃圾扔到垃圾桶里后，老师对这样一行为给予加大赞扬。像这样强调了若干天后，学生们把大多数垃圾都扔到了垃圾桶里，教室真的开始变得整洁干净了。

这一变化过程在生活中常常出现，当你认为应该具有勤奋刻苦或是善良无私，或是具有其他某种品质时，你会通过言语或者非言语的信息把这一想法传达给这个人，这一想法会影响到他的态度或行为，一段时间之后，他就会变成你期待的那种人。心理学家把这一现象称为"自我实现的预言"。

所以，如果你想得到怎样的父母，不妨就在心理坚持那样的期待，丝毫不要怀疑愿望成真的可能性。就从现在开始，放弃你一直坚持的消极父母形象，重新给他们贴个标签，你会发现，生活会从你真诚的祈祷开始，悄然发生变化。

拓展阅读

如何建立和谐的人际关系①

一种和谐轻松的人际关系，能让我们保持一份愉悦的心情，每天不必为关系而烦恼，全身心地投入学习与工作中去。那么，如何获得和谐友好的人际关系呢？我认为关键是要做到悦纳他人。不仅要容人之长，而且要容人之短；不仅要容人之功，而且要容人之过，还要容人之个性。悦纳他人具体应做到如下几点。

（一）放弃期待

人际矛盾就是在彼此期待和失望的冲突中交织而成。当你学会了接受而不期待，失望就会少得多。做好事总惦记着回报，那么负债的就是你自己。既不要轻易对人家许诺，也不要轻易相信人家的许诺。

（二）换位思考

站在对方的立场上考虑问题，就能消除一切不必要的误会，就能体会到对方的难处、苦处，从而理解对方，原谅对方。换位思考要学会理解，理解每个人都有缺点和弱点，理解每个人都有烦恼与不快，理解人家此时此处的心情，理解人家彼时彼处的苦衷，理解人人都有一本难念的经。

（三）戒除忌妒

忌妒是用别人的优越和成功来煎熬自己、折磨自己。忌妒是将心脏变成一颗子弹那么小，然后扣响扳机，射穿自己再射伤别人。我们要知道，人家的进步不会因为你的忌妒而停止，人家的辉煌不会因为你的忌妒而暗淡。

你被别人忌妒，说明你卓越；你忌妒别人，说明你无能。当别人前进时，你不能忌妒；当别人忌妒时，你必须前进。

（四）抛弃怨恨

怨恨是自饮毒酒，却希望别人死去。抱怨是"给自己的鞋里倒水"。爱默生说："痛恨别人就像把自己的房子烧掉来赶走一只老鼠。"

---

① 张劲东，俞旭红. 大学生心理健康实用教程［M］. 北京：中国出版集团现代教育出版社，2015：75.

宽恕别人就是解放自己。如果永远记着别人对你的伤害，你的伤疤就永远不会愈合。用宽容来安慰别人因失误而惭愧的心，让别人心存感激，往往能赢得别人发自内心的信任和尊重。你对别人和颜，别人才会对你悦色。如果你不能包容对方，你就没有对方高大。这就像容器一样高大的容纳矮小的。

（五）懂得感恩

感恩是人生哲学，也是生活智慧。一个有智慧的人，不会一味索取而不给予回报。感恩是在回报他人的时候完善自己。感恩回报是基本的人格准则，感恩就是尊重他人的关怀和帮助。感恩创造和谐的人际关系，同时给人带来快乐和幸福。

（六）学会欣赏

不要吝啬自己的赞美之词，常常赞美别人的人，也会受到别人的赞美和喜爱。

如果把目光锁定在别人的优点和长处上，并给予积极的评价，就会使双方都感到轻松快乐，也就是说，欣赏即快乐：快乐了自己，也愉悦了他人。

（七）切忌猜疑

猜疑心重的人神经过敏，疑神疑鬼，捕风捉影。他们总是从某一假定情形出发进行思维定式，对事情的因果联系做主观的推论，从而陷入猜疑的迷宫走不出来，自寻烦恼，并且使人际关系搞得很紧张。

因而对人要多一份信任，少一些猜疑；多一份钝感，少一些敏感；多一份沟通，少一些误会。

（八）与人为善

盲人打着灯笼走夜路，就是方便了他人，同时也照顾了自己。与人方便，自己获益。双赢！有一句格言："你把别人渡过了河，你自己也到了彼岸。"常言道："赠人玫瑰，手留余香。"

与人为善，也要与人保持一定距离，做到亲密有间。每个人都有个性和自我，求同存异是主流，保持适当距离是尊重个体独立性的要求。

（九）给人面子

在2009年乒乓球世锦赛中，张怡宁对阵匈牙利选手。比赛打到9：0时，张怡宁发球故意送给对方一分。赛后张怡宁接受记者采访时说："赢了比赛就行，没有必要让对方这么难堪。"

不管是竞技赛场，还是为人处世，得饶人处且饶人。这不仅是一种风度和修养，更是一种境界和智慧。

（十）有自知之明

没有自知之明，只怪别人"掩鼻"，却不医自己的口臭，结果只会更增加别人对你的厌恶。一直以来我们找不到对的人，是因为我们不能改变错误的自己。

悦纳他人的最高境界是：原谅别人的不原谅，理解别人的不理解，接受别人的不接受。

问题与思考

1. 怎样才能较好地处理人际关系？

2. 你本人在现实生活中遇到过人际交往方面的问题吗？你是怎样处理的？

团体心理辅导

良好的人际关系

作为一个社会的人，人际关系在生活中占有非常重要的位置。根据马斯洛的需要层次理论，人具有爱和归属的需要，在人际交往中体验到归属感、亲密感是每个人的基本需求。尤其是对于成年初期的人，最主要的任务是获得亲密感，避免孤独感。如果一个人不能与他人分享快乐与痛苦，不能相互关心与帮助，就会陷入孤独寂寞的苦恼情景之中。另外，一个人要想在社会中获得成功，拥有广泛的、优质的人际关系是必不可少的。引起个体人际适应不良的因素包括：错误的人际交往观念、不良的人格特质和缺乏人际交往技能等。本方案主要是围绕四个方面展开——帮助成员树立良好的人际交往观念，帮助成员熟练掌握几种重要的人际交往技巧，促进其人格发展。

团体辅导主题名称：良好的人际关系

团体辅导活动名称	活动目标
有"缘"相识	1. 通过游戏体验主动交往的乐趣。 2. 在交流中发现共同爱好，寻找志同道合的朋友。
寻人行动	1. 通过"寻人游戏"，学习主动交流。 2. 在交往中介绍自己、了解他人，发现共同的兴趣爱好。
信任之旅	1. 成员之间能够相互接纳和信任。 2. 体验信任别人和被别人信任的感受。
过把"演员瘾"	1. 体验换位思考与没有换位思考的不同效果。 2. 体验自己替别人着想是什么感受，别人替自己着想时又是什么感受。

活动一　有"缘"相识

一、活动目标

1. 通过游戏体验主动交往的乐趣。

2. 在交流中发现共同爱好，寻找志同道合的朋友。

二、活动时间

大约需要 45 分钟。

三、活动道具

多种颜色的小方形纸若干，每张纸分别剪成四块彼此能相互契合的形状。选择欢乐的乐曲做背景音乐。

四、活动场地

室内为宜。

五、活动程序

1. 在背景音乐的欢快气氛下，主持人要求每个参与者到场地中央的盘子里选取一张自己喜欢的纸片。

2. 根据自己所选纸片的颜色与形状，到群体中寻找能与自己图形契合的"有缘人"。

3. 找到"有缘人"后，两个人坐在一起，相互介绍自己，通过交谈找出彼此间三个以上的共同点。

4: 全班交流分享。

六、注意事项

1. 此游戏比较适合于一个相互陌生的群体。

2. 纸片设计时可以用4张相互契合的纸拼成一个正方形，就会出现一人同时可以与两个人相契合的情况。主持人可以要求第一个图形契合的人为"有缘人"，也可以要求只要是图形能契合的人都为"有缘人"。

3. 有缘人可以是颜色相同、形状契合，也可以是颜色不同但形状契合的人，由学生自己理解决定。

4. 游戏还可以继续深入，在两个"有缘人"的基础上接着做"成双成对"，继续寻找图形契合的另两个"有缘人"。找到后，四个"有缘人"通过交谈，寻找彼此间存在的三个共同点。

活动二　寻人行动

一、活动目标

1. 通过"寻人游戏"，学习主动交流。

2. 在交往中介绍自己、了解他人，发现共同的兴趣爱好。

二、活动时间

大约需要45分钟。

三、活动道具

"寻人信息卡"、笔。

四、活动场地

室内、室外均可。

五、活动程序

1. "寻人行动"要求学生根据"寻人信息卡"上的信息，在10分钟内找到具有该特征的人简单交流后签名。

2. 大家交流"寻人信息卡",看看谁的签名最多。主持人邀请有代表性的学生进行全班交流,如签名最多的和某一特征签名最明显的。

3. 交流完毕后,主持人在全班梳理信息,请具有同一特征的人站立一排相互介绍与交流。

六、注意事项

1. 本游戏可以在陌生群体中进行,通过游戏学会主动交往与沟通。也可以在同班学生中进行,通过"寻人"活动,增强同学之间的进一步了解。

2. 在一个栏目中可以不止一个人的名字,看看都有谁的签名。

寻人信息卡

序号	特征	签名	序号	特征	签名
1	穿39码的鞋		17	戴眼镜	
2	会打乒乓球的		18	补过牙	
3	有白发的人		19	穿黑色袜子	
4	喜欢听古典音乐		20	喜欢唱周杰伦的歌	
5	去过北京		21	喜欢上网聊天	
6	骑自行车上学		22	当过志愿者	
7	身高165厘米		23	网络游戏高手	
8	妈妈是教师		24	有住院开刀的经历	
9	校运动会获过奖		25	体重54公斤	
10	读过韩寒的书		26	喜欢红色	
11	参加过爱心捐款		27	喜欢爬山	
12	未来理想是当医生		28	不是本地人	
13	4月出生		29	爱养小动物	
14	色盲、色弱者		30	想专升本	
15	某学科的课代表		31	艺体课为强项	
16	擅长游泳		32	崇拜姚明	

活动三　信任之旅

一、活动目标

1. 成员之间能够相互接纳和信任。

2. 体验信任别人和被别人信任的感受。

二、活动时间

45 分钟左右。

三、活动道具

眼罩 15 个、绑腿 15 个、秒表两个、活动桌椅。

四、活动场地

室内。

五、活动程序

1. 团体成员两人一组，一位做盲人，一位做帮助盲人的人，盲人蒙上眼睛，原地转三圈，暂时失去方向感。

2. 在帮助人的搀扶下，沿着主持人选定的路线，带领"盲人"顺利通过路障。这期间不能讲话，只能用动作帮助"盲人"通过路障到达目的地。

3. 互换角色，再来一遍。

六、注意事项

结束之后回答以下几个问题。

作为"盲人"：

1. 你看不见后有什么感觉？使你想起什么？

2. 你对你的伙伴是否满意？为什么？

3. 当同伴带着你走时你的感觉发生了什么变化？在这个过程中你是怎么理解"信任"和"责任"的？

作为"助人者"：

1. 你是怎样理解你的伙伴的？

2. 你是怎样设法帮助他的？

3. 这个游戏使你想到了什么？

活动四 过把"演员瘾"

一、活动目标

1. 体验换位思考与没有换位思考的不同效果。

2. 体验自己替别人着想是什么感受，别人替自己着想时又是什么感受。

二、活动时间

角色扮演 15 分钟左右，讨论 30 分钟左右，共 45 分钟。

三、活动准备

角色扮演需要的情境。

1. 宿舍熄灯后，A 成员因为有重要事情仍然大声打电话，B 成员指责他（她）影响到其休息，要求 A 立刻挂断电话，两人因此发生争吵。

2. A 成员帮班里打扫卫生时不小心把 B 成员心爱的衣服弄脏了，两人发生冲突。

四、活动场地

室内为宜。

五、活动程序

1. 团体成员自愿组合，两两为一组。

2. 分好组后，挑选上面提供的一个生活情境进行扮演。要求，第一次演完后，小组的两名成员互换角色，对相同情境进行第二次扮演。

3. 两次角色扮演之后再进行讨论。讨论结束后，进行第三次角色扮演。第三次角色扮演要求成员尽量做到换位思考，避免冲突发生。

六、注意事项

前两次角色扮演后的讨论：

1. 当你们发生冲突后心情如何？

2. 当你分别扮演了一个情境中的两个角色后，你有怎样的体会？

3. 情境中的冲突有没有可能避免？

4. 如果再对之前选择的情境进行一次角色扮演，为了避免冲突，你会怎么做？

第三次角色扮演后的讨论：

1. 现在你的心情如何？

2. 有何体会？

第六章

学海起航——高职高专学生学习心理调适

学习目标：

1. 理解学习的含义；知道高职高专学生的学习特点及常见问题。

2. 学习有针对性地调节学习心理问题。

3. 意识到培养学习能力的重要性并愿意付诸行动。

4. 懂得只有终身学习，才能持续发展，从而促进个人成长和专业发展。

案例导入：

高婷是某高专院校的大一新生，刚入学时，她下定决心要好好学习，利用好三年的大学时光。她定下目标：拿奖学金，考技能证书，英语过三级，专升本等等。她先给自己制订了一年的学习计划，而且具体到每月、每周。但是不久她发现，她并不能按照原先定好的学习计划来执行。

她发现每天都受到各种事情的干扰，如学校组织的大型活动、班级活动、同学的邀请……如此一来她的学习计划根本实现不了。高婷很矛盾，内心也充满焦虑和挫败感，她不知道该怎么办。

第一节　认识学习

一、什么是学习

在日常生活中，"学习"这个词使用频率很高，如我们常说："好好学习，天天向上""学习知识和技能""向英雄模范学习"等。目前心理学界对学习的解释众说纷纭，每个学习理论家都基于自身的理论给出了学习的定义。行为主义认为，学习是指刺激—反应之间的联结加强；认知学派认为，学习是指认知结构的改变；人本主义认为，学习是指自我概念的变化。

学习是指学习者因经验而引起的行为、能力和心理倾向比较持久的变化。这些变化不是因成熟、疾病或药物引起的，而且也不一定表现出外显的行为。①

二、学习的内容和途径

学习不仅包括知识的学习，还包括技能的学习和行为规范的学习。以学前教育专业为例，知识的学习包括对学前心理学、学前卫生学等的学习；技能的学习包括钢琴、舞蹈和绘画以及电脑操作、打篮球等的学习；行为规范的学习包括待人接物的礼仪、公民道德、法律法规、校规校纪等的学习。通过学习，我们的经验会越来越丰富，我们的技术会越来越熟练，我们的行为会越来越符合社会的要求，我们也就能更好地适应社会。

学习的途径有很多。请你想一想，学校课堂是学习知识技能和行为规范的唯一途径吗？答案是否定的。古人云："处处留心皆学问"，学校课堂只是我们学习途径之一。社会活动是我们学习的另一个重要途径。社会课堂中的学习是对学校课堂学习的一个重要补充，可以激发灵感，拓宽视野。因此，你一定要把握好现在的学校学习，在此基础上利用好社会课堂学习。

三、影响学习的主要因素

（一）智力

智力是由观察能力、记忆能力、思维能力和想象能力等成分组成的，这几种能力在学习中的作用是什么？观察是学习的第一步；记忆是要把观察的内容保持在大脑中，积累经验；思维和想象力需要借助经验才能解决遇到的问题。由此看来智力直接影响着学习的速度、深度和灵活性。一般情况下，智商90分以上的人可以进行正常的学习，而智商在70分以下的人智力落后，

---

① 施良方. 学习论［M］. 第二版. 北京：人民教育出版社，2001：5.

这些人在学习上存在较大的困难。

（二）非智力因素

智商高的人就一定学习好吗？不一定，也就是说学习好坏不仅与智力有关，而且还和其他因素有关，如学习动机的强弱、学习兴趣的高低、是否有恒心、是否勤奋以及是否具有良好的学习习惯等等，这些因素被称为"非智力因素"。

拓展阅读

耶克斯－道德森定律①

心理学家耶克斯和道德森（Yerkes & Dodson, 1908）的研究表明，各种活动都存在一个最佳的动机水平。动机不足或过分强烈，都会使工作效率下降。研究还发现，动机的最佳水平随任务性质的不同而不同。在比较容易的任务中，工作效率随动机的提高而上升；随着任务难度的增加，动机的最佳水平有逐渐下降的趋势，也就是说，在难度较大的任务中，较低的动机水平有利于任务的完成。

第二节 常见的学习心理问题及调节

一、常见的学习心理问题

学习是我们成长成熟的重要内容，但是，我们在学习的过程中，却会遇到这样或那样的问题。接下来，我们一起来看一下，在学习过程中，我们可能会遇到的一些学习心理问题。

（一）学习动机不足

学习动机不足就是不想学习，觉得学习没意思、没用、没自信心等，主

---

① 彭聃龄. 普通心理学［M］. 北京：北京师范大学出版社，2004：383.

要表现为以下几种情况。

1. 没有明确的学习目标和学习计划

学习动机不足的学生没有明确的学习目标，不知道为什么要学习。在学习上既不做长远规划，也不做近期安排，学习生活充满了盲目性。

2. 缺乏自尊心、自信心

不愿学习的学生经常用"我天生不是学习的料""我不适合学习"来安慰自己，学习成绩差也不觉得不好意思，成绩不及格也不在乎。由于这些学生缺乏必要的压力，因而懒于学习，经常旷课和睡懒觉。

3. 学习兴趣缺乏

学习兴趣缺乏主要表现在对学习冷漠、畏缩、常感厌倦，对学习生活感到无聊，学习时无精打采，很少享受到学习成功带来的快乐。

如有些同学对学习没有兴趣，课堂上不认真听讲，老师教的学不会，越学不会就越不想学，对学习就越没兴趣，形成了恶性循环。

（二）学习动机过强

学习动机并不是越强越好，凡事都有个度，学习动机过强也会造成学习心理问题，主要表现如下。

1. 劳逸无度，打疲劳战

认为只要自己勤奋学习，就会有好的学习效果。因此一味地勤奋，恨不得将所有的时间都用在学习上，稍有放松就会很自责，而不注意休息和科学的学习方法。结果往往适得其反，学习效果并不理想。

2. 学习中过于追求完美

在学习中不允许自己有一点儿失误，更不允许失败，如果某次考试略有闪失或成绩不理想就会完全否定自我，责备自己，产生巨大的心理压力。

（三）注意力不集中

注意力不集中，表现为不能把注意力长时间地集中于学习的内容，心猿意马，眼睛看着书，心里却想着其他事情；或者注意力很容易分散，被其他人或事吸引。

（四）学习方法不科学

常常听到一些学生说："我的记忆力很差，怎么都记不住所学的知识。"

按照人生发展的规律来说，大学时期正是记忆力、思维能力、想象力等发展的高峰期，怎么会记忆力差呢？原来很多学生不懂得学习的规律，在学习的过程中要么不重视各种学习方法，如记忆方法在学习过程中的作用；要么没有掌握科学的学习策略、技巧或思路。

（五）意志力不坚强

学习的意志力不坚强是普遍存在的学习心理问题。主要表现在学习过程中，缺乏恒心——"三天打鱼，两天晒网"。没有顽强拼搏的精神，遇到困难就退缩，就想放弃，造成学习不能达到良好的效果。

二、克服学习中的心理问题

我们在学习的过程中会遇到这样或那样的问题困难，但是，只要我们有信心，并寻找到一些方法，我们就肯定能够找到通向我们理想彼岸的路。下面我们来学习掌握克服学习心理问题的方法。

（一）保持中等强度的动机水平

1. 正确认识学习动机与学习效率的关系

学习动机和学习效率的关系并不像我们想的那样简单：学习动机越强学习效率越高。恰当的学习动机能使学习效率达到最高水平，学习动机不足或者学习动机过强都会导致学习效率降低。心理学的进一步研究表明，学习任务比较简单时，学习动机要在中等偏上的水平，学习效率最高；当学习任务的难度较大时，学习动机在中等偏下的水平，学习效率最高。只有恰当的、合理的学习动机才能促进更有效的学习。

2. 应对学习动机不足

正确认识自我，形成恰当的学习自我效能感。学习自我效能感是指学习者对自己是否有能力完成某一学习任务的认识。学习自我效能感高的人，对自己的学习能力坚信不疑，因此在学习中会坚持不懈地努力，学习动力也会越来越强。相反，许多学业成绩不良的学生，由于对自己的学习能力持怀疑态度，认为"自己不是学习的料"，表现出很低的学习自我效能感，在学习中很容易放弃，学习的动力就会越来越小。

（1）学会对学习结果做积极的归因。

美国心理学家维纳认为学生常常把自己成败的原因归为：能力、努力、任务难度、机遇、他人帮助、情绪等，其中，努力和能力是两个最重要的因素。

不同的归因对人有着不同的影响，因此我们应该学会正确的归因。让我们一起通过"积极归因训练"来学会正确归因。

积极归因训练包括两个方面的训练，一是"努力归因训练"，即将成败都归因为是否努力；二是"现实归因训练"，即针对一些具体学习问题进行现实归因。

如果将失败归因于能力，容易使学生放弃努力，久而久之，就会变得无助，听之任之，破罐子破摔；如果将成功归因于努力，有助于增强个体学习的信心，增强学习的动力。

（2）明确自己的学习目标。

明确的学习目标有助于集中注意力，有利于调动各种资源，能够使我们坚持不懈，从而增强学习动机。通过填写下面的表格进一步明确你的学习目标。要注意确立学习目标的原则：具体、可行，自己"蹦一蹦，跳一跳"能够得着。

表6-1　"学习目标"计划表

	学习目标
未来两年	
未来一年	
这个学期	
近一个月	
近一星期	
今天	

3. 应对学习动机过强

适当调整自己的学习目标。制定学习目标要符合自己的实际情况，不要盲目将学习目标定得太高，这样会给自己带来非常大的心理压力，当目标不能实现时又会给自己带来很大的挫折感。

不要过分追求完美。每个人都有自己的优势和劣势，在发挥自身优势的同时，要允许自己犯错误。"人非圣贤，孰能无过？"

（二）培养学习兴趣

要有积极的心理暗示。不要总对自己说我对学习没兴趣，爱因斯坦有句名言："兴趣是最好的老师。"浓厚的兴趣可以使我们在学习的过程中乐此不疲，而且还会体验到学习带来的快乐。因此不妨试着每天早晨起床的时候告诉自己：我爱学习。

要认真尝试各种学科，发现自己的兴趣所在。人的潜能是巨大的，发现自己的潜能就是要做各种尝试，而且必须认真，如果只是浅尝辄止，不但不会增加兴趣，反而会降低兴趣。先从一门自己认为可能会感兴趣的课程尝试一下吧。

（三）适时调节注意

1. 正确认识注意

注意可分为有意注意和无意注意。有意注意，需要付出一定的努力。无意注意没有明确目标，也不需要努力维持；但是有意注意不仅有一定的目的，而且需要努力维持。学习时的注意多是有意注意，需要有意识地调节和维持，才能使之集中在学习活动中。

如果不能排除干扰刺激，就要对其保持平静的态度。也许有时干扰刺激不能排除，那么如果这时你的心情烦躁不安，注意力就更难集中了。如果你能稳定自己的情绪，也许就会神奇地发现你的注意力还是可以集中在学习活动中的。

2. 调节注意的小技巧

下面介绍几个调节注意的小技巧：

（1）学习的时候做深呼吸，放松身心，使自己处于较为平静和清醒的状态；

（2）学习时要关闭电视机、收音机或者手机等；

（3）注意听别人说话，学会用一句话概括别人所说的核心内容；

（4）把要注意的问题写在一张纸上，凝视几秒，撕掉它，回忆其内容。

（四）掌握科学的学习方法

1. 增强记忆力

（1）及时复习。

动员多种感官参与学习。动员多种感官参与学习过程中，如充分利用眼看、耳听、口念、身动等多种器官全方位刺激人的大脑，以增进记忆效果。这种学习方法，也被称为全脑风暴的记忆法。

一项神经生理学研究证明，多种感觉器官共同参与学习过程中，比一种感觉器官单独记忆的效果要好。一般来说，人通过视觉获得的知识能够记住25%，通过听觉获得的只能够记住15%。

（2）过度学习。

在学习过程中，当学习的内容达到刚能成诵的程度之后，不要立即停止学习，应该再继续学习，以便达到熟记不忘的程度。一般情况下，学习程度在150%～200%时效果最佳。

（3）善于利用联想。

在学习过程中，要善于通过联想建立起知识与知识之间、技能与技能之间，以及技能与知识之间的联系，这样才有利于改善学习的效果。

总之，掌握了科学的方法可以提高记忆效果。另外，在学习的过程中，当遗忘发生的时候不要总是说自己笨；当自己背诵了很长时间都没有记住的时候，不要怀疑自己的识记能力。遗忘是一种正常现象，每个人都会遗忘；不断的重复是克服遗忘的最有效手段。

2. 学会记笔记

常言道："眼过千遍，不如手过一遍"，"好记性不如烂笔头"，在阅读和听讲的过程中千万不要忽视记笔记。有的同学会说："我也记笔记，可是我的笔记总是很乱，而且老师讲得比较快，我根本跟不上……"怎样做好课堂笔记呢？你试一试下面的方法。

（1）课前预习。

课前预习可以有效地掌握课堂学习的重点、难点和疑点，使听课变得更有目的性，减少了盲目性。书上有的、简单容易理解的、非重点的内容就不需要记录了，这样就能有效地解决"听"与"记"的矛盾了。

（2）课上多听少记，课下及时补记。

课堂听老师讲解很重要，不要为了做笔记而做笔记，更不要为了做笔记而影响听课，结果导致自己笔记没记好，也没有听懂老师讲解的重点和难点。因此，课堂上要多听少记，记关键处，记核心词，但不是不记。对于在课堂上没有记下来的内容，课下要及时补记。

（3）在书上的空白处简明扼要地标注重要的内容。

最高效、实用的笔记是在书上的空白处简明扼要地标注和记录。但是由于课本上的空间有限，很多课堂内容记不下，这时就需要准备一个笔记本。在笔记本上记笔记要讲究格式。一种常用的格式是：把笔记本的一页用竖线分成两部分，其中左边占三分之二，右边占三分之一。左边部分主要记录老师在课堂上讲解的内容，右边主要记录自己的想法、疑问和自己查找的相关资料等。

（五）其他建议

1. 保证大脑的休息时间

每天要保证大约 7 小时的睡眠时间，这样才能使大脑得到充分的休息。另外，学习一段时间要让大脑休息一下，例如，课间十分钟一定要走出教室，活动一下。教室里人多，氧气不够充足，走出教室可以吸进足够多的新鲜空气，有利于提高大脑的工作效率。

2. 不要在饭后马上学习

进食后，消化系统活动量加大，人体对大脑的供血量相对减少，这时大脑活动受到抑制而使人感到困倦，另一方面，饭后马上看书也会影响消化系统的工作，时间长了容易造成胃病等身体病患。

3. 不要在剧烈运动后立即学习

剧烈运动后，大脑皮层的运动中枢过度兴奋，而记忆、思维和想象等中枢处于抑制状态，这时注意力难以集中，学习效率比较低。我们应该运动后平静一下，再开始学习活动。

关于学习的方法有很多种，还可以通过网络、书刊以及与同学交流来了解更多。

拓展阅读一

学习焦虑

学习压力非常大会对我们有一定的影响。长期处于较大的学习压力之下就会产生学习焦虑，主要表现为注意力不集中、记忆力减退、思维迟钝、学习效率下降，有时还会伴随许多躯体症状如头痛、失眠、烦躁、心悸、胃肠功能失调等。

拓展阅读二

PQ4R 学习方法

PQ4R 方法是托马斯和罗宾逊提出来的一种学习方法。PQ4R 分别代表预览（Preview）、设问（Question）、阅读（Read）、反思（Reflect）、复述（Recite）和复习（Review）。也就是说我们在学习的时候，首先要将学习的内容浏览一下，也就是预习，在预习的基础上提出问题，接着再仔细阅读所学习的内容并试图回答自己提出的问题。在阅读的时候要对学习内容进行反思，反思的内容包括：第一，与已有的知识经验相联系；第二，找出知识点与知识点之间的内在联系；第三，处理无关内容；第四，学以致用，试着通过联想将知识运用到类似问题情境中。反思过后要复述，要注意用自己的语言来表达学习的核心内容。最后是复习，可以帮助记忆减少遗忘。

拓展阅读三

终身学习 持续发展

你一定听过"活到老，学到老"这句话，它包含的就是终身学习的思想。如果要给终身学习下一个定义，那它指的是"一个人从摇篮到坟墓终身不断地学习"，简单来说，终身学习就是人的一生都要不断地、持续地学习。学习并不仅仅发生在人一生中的特定阶段，而是成为一种持续一生的活动。不仅在学校里要学习，将来工作了也要学习；不仅要从书本中学习，还要从实践中学习；年轻时要学习，年纪大了也要学习。看到这些，或许你觉得要做到终身学习很难吧。事实上，在我们的身边有许多终身学习的例子。

在离德国科隆不远的西比西城，约翰娜·玛克斯夫人可是个响当当的人物。早在1994年，当时70高龄的她，经过长达6年的刻苦攻读完成了学业，以优异的成绩获得了科隆大学的教育学硕士文凭。2003年，玛克斯夫人又在79岁时，完成了长达200页的博士论文，论文的题目是《如何度过晚年——学习使老人永远充满活力》，最后被科隆大学授予教育学博士学位。

玛克斯夫人的经历生动地诠释了"活到老，学到老"，堪称终身学习的典范。学海无涯，只要你用心，想学，你也可以创造自己的辉煌。

李公麟是北宋画马名家，他在我国绘画史上独创了白描技法，并使这种技法成为我国绘画的一种重要表现手法。他在绘画史上享有很高声誉。他非常勤奋，为了画好马，经常跑到皇帝养马的"骐骥院"去仔细观察马的形态，常常由于看得太入神，连别人和他说话，都没有听到。他每天都要画画，甚至生病也不肯停下。晚年时，他的右手患了风湿病，他还是继续画画，常常是一边呻吟一边画。他的家人劝他休息，他却回答说："我每天画画的习惯已经改不掉，不自觉地非画不可。"

问题与思考：

1. 学习是什么？

2. 当你出现学习心理问题，你是如何调节的？

3. 你怎么理解终身学习？

团体心理辅导

学习管理

学习是一项复杂的脑力劳动，学习的效果要受到多种因素的制约。如何提高学习效率和学习效果是每个学生都关心的话题。

时间管理是影响学习的一个重要因素，许多学生往往不能科学有效地利用自己的时间而浪费了许多精力。实际上，只要加以训练，有效地利用时间是一种人人都可以掌握的技巧。

学习中不仅要吸收前人的知识，也要敢于怀疑，敢于创新，敢于打破思维定式，而不是墨守成规。不仅如此，学习还要讲究学习策略，学习过程中还要学会与人分享、交流，善于吸收他人的智慧，这样不仅有助于自己的人际关系和谐，还让人的视野更开阔，学习的效果更持久深刻。

本主题的游戏"时间分割"和"'一分钟'的价值"旨在让学生意识到时间的珍贵，要懂得充分利用时间、节约时间；"于无声处"让学生体验到心静的感觉，学会集中注意力，懂得聆听；"资源共享"要学生学会与人分享自己的资源，最大限度提高资源利用率。设计这些游戏的目的，是让学生对自己的学习加强管理，从而提高时间利用率和学习效果。当然，仅仅靠几个游戏活动是不能囊括学习的方方面面的，只是希望学生能从这几个游戏活动中受到启发，感悟其中的道理并加以实践，促进自身学习进步。

团体辅导主题名称：学习管理

团体辅导活动名称	活动目标
时间分割	1. 扮演时钟，训练反应能力和协调性。 2. 懂得珍惜时间，学会合理安排时间。
"一分钟"的价值	1. 意识到生命是由每分每秒组成的，热爱生命就要从珍惜每一秒钟开始。 2. 利用好每一分钟，在有限的时间里创造出其应有的价值。
于无声处	1. 体验心静的感觉，学会集中注意力，懂得聆听。 2. 用心感受通过眼神和身体接触（如手、背）彼此间传递及交流信息。
资源共享	1. 认识彼此交换信息、共享资源的重要性。 2. 在共享资源的过程中体会助人与被助的快乐。

活动一   时间分割

一、活动目标

1. 扮演时钟，训练反应能力和协调性。

2. 懂得珍惜时间，学会合理安排时间。

二、活动时间

大约需要 25 分钟。

三、活动道具

事先准备好 1 厘米宽、100 厘米长的纸条每人一条，印有圆形图案的白纸每人一张，笔每人一支，长短不一的小棍子 3 根为一套，需若干套。

四、活动场地

以室内为宜。

五、活动程序

1. 个人扮时钟：请若干位同学自愿上台，发给每人长、短小棍一副，长棍代表分针，短棍代表时针。听主持人的口令扮演出时钟上时针与分针的关系，如 6 点、8 点、3 点 20 分，11 点 05 分等。

2. 小组扮时钟：请同学自愿组成三人组，主持人分别发给每人一根小棍子，最长的代表秒针，次长的代表分针，最短的代表时针。听主持人的口令，三人一起组合表示一个时间。

3. 撕纸条：主持人把准备好的 1 厘米宽、100 厘米长的纸条发给每位同学。告诉大家，每个人手中的纸条代表时间，假如这个时间是一天，那就是 24 小时。每个人想一想：自己的一天是怎样度过的，睡觉用了多少时间，把它撕去；吃饭、看电视、玩游戏、踢足球、聊天发呆等分别用了多少时间，把它们一一撕去，看看还剩多少时间是用来学习的？大家比一比谁留给学习的时间最多。

4. 时间管理饼图：发给每个人一张印有圆形图案的白纸，请大家想一想，假如这个圆表示一周的时间，你怎样进行管理？如何合理分配？请各位画出"时间管理饼图"，画完后进行交流。

六、注意事项

1. 棍子的长短要注意秒、分、时针的比例。

2. 画"时间饼图"时，一个圆可以代表一天，也可以是一周、10 天等。圆形分割可以用线条，也可以用彩色笔涂出色块。

3. 画"时间饼图"的目的是启发学生思考如何合理安排自己的时间，所以画完后的交流很重要，主持人根据学生的时间管理计划做出恰当的点评。

活动二 "一分钟"的价值

一、活动目标

1. 意识到生命是由每分每秒组成的，热爱生命就要从珍惜每一秒钟开始。

2. 利用好每一分钟，在有限的时间里创造出其应有的价值。

二、活动时间

需要 20 ~ 30 分钟。

三、活动道具

秒表、白纸、笔。

四、活动场地

以室内为宜。

五、活动程序

1. 分组，每小组 5 ~ 6 人，选出小组长、记录员。

2. 主持人提出讨论的问题：一分钟能做多少事？

3. 小组讨论。

4. 全班交流。

六、注意事项

1. 主持人应尽可能激发学生对"一分钟"价值的挖掘，让他们重新认识日常生活学习中的每一分钟。

2. 主持人应强调活动的目的和意图。有的同学可能觉得这个话题没有什么意思，在讨论的时候不认真；也有的同学在心底里很不屑地嘀咕："不就是告诫我们要珍惜时间吗，这个道理人人都懂，没有什么好说的。"此时主持人要注意及时引导，把本次活动的目的和意图告诉学生，让他们从这次活动中去反省自己在日常生活中对待每一分钟的态度。懂得道理仅仅是第一步，把道理落实到自己的行动中，这才是真正懂得道理，也才有可能取得成功。

活动三　于无声处

一、活动目标

1. 体验心静的感觉，学会集中注意力，懂得聆听。

2. 用心感受通过眼神和身体接触（如手、背）彼此间传递及交流信息。

二、活动时间

大约需要 20 分钟。

三、活动道具

《天籁之声》的音乐。

四、活动场地

以室内为宜。

五、活动程序

1. 将全班学生分成两组，围成两个同心圆，里圈和外圈的人面对面坐好。轻轻地闭上眼睛，做五个深呼吸，慢慢地放松，静静地感受来自周围的声音……两分钟后睁开眼睛，交流听到的声音。

2. 让所有的学生里圈和外圈的人面对面坐好，轻轻地闭上眼睛，做三个深呼吸，聆听《天籁之声》，慢慢地睁开眼睛注视对方，默默地去体会对方此时此刻的心情和想要表达的心境……

3. 让里圈和外圈所有的学生面对面坐好，轻轻地闭上眼睛，做三个深呼吸，聆听《天籁之声》，慢慢地伸出双手与对方的手轻轻地贴在一起，去感受对方要传达的信息……

4. 让所有的学生——里圈和外圈的人背对背坐好，轻轻地闭上眼睛，做三个深呼吸，聆听《天籁之声》，慢慢地背靠背，去体会对方通过背脊要传达的信息……

5. 全班交流，分享感受。

六、注意事项

1. 本游戏需要有非常安静、没有干扰的环境，在温度、湿度十分舒适的情况下，才能让人进入用心聆听、用心说话、用心体验的境界。

2. 本活动的感觉是细微和敏感的，以同性学生一组为宜。

3. 音乐的选择非常关键，以聆听大自然的声音为宜，如流水声、雨声、涛声、虫鸟鸣叫声。

活动四　资源共享

一、活动目标

1. 认识彼此交换信息、共享资源的重要性。

2. 在共享资源的过程中体会助人与被助的快乐。

二、活动时间

大约30分钟。

三、活动场地

室内。

四、活动道具

展示板1个、16开白纸8张、剪刀8把、固体胶8个、直尺8把、铅笔8支、半圆8个、大信封每人1个。

五、活动程序

1. 把学生分成8人小组。根据设计，给学生每人分发一个装有物品的信封，每个信封里头装着一模一样的任务说明，但物品各不相同（见《任务说明书》）。

任务说明书

剪一个8.2×14.3厘米的长方形纸片，上面粘上一个圆形纸片，并用铅笔在圆纸片上写上你的姓名与小组名称，然后将它粘到展示板上。现在，每个人的信封里都有一些东西，如固体胶、铅笔、尺子、剪刀或半圆。为了完成这个任务，你需要与他人分享彼此的材料，因为你的信封里没有装着足够你完成任务的材料。你可以与其他成员协商，但只能以非语言的方式去做，也就是说，不可以说话。最后看看谁最先完成任务。

2. 学生打开信封，按照《任务说明书》的要求完成任务，然后，把空信封交到主持人的手中。

3. 讨论：大家在活动过程中有什么感受？这个游戏中你体会到了什么？

六、注意事项

1. 在完成任务的过程中，主持人要学生注意保持安静，一切沟通交流活动都不能使用语言，这实际上也是增加沟通难度的一个策略。

2. 主持人在各个小组间巡视，监督学生的活动过程，仔细观察学生在活动过程中的各种表现，如有没有违反规则、学生在活动过程中会出现哪些具体的反应等等。这些都可以作为讨论素材，在讨论过程中加以引导启发。

3. 对于手中多余的资源，有的同学不给其他小组用，目的是打压别人，为自己争得机会；有的同学则主动分给其他人用，他们觉得竞争不必打压对手，可以做到"双赢"。这一点，在活动分享的时候，主持人可以着重强调说明"双赢"的重要性。

第七章

花开真爱——高职高专学生的恋爱心理及调适

学习目标:

1. 理解爱情理论,指导日常恋爱生活。

2. 了解大学生恋爱中的常见困扰。

3. 培养健康恋爱心理,促进健康人格的形成。

4. 树立正确的爱情观,理性恋爱。

案例导入:

某女生,22岁,为某校2018级某专业学生。入学时学习成绩一般,性格比较内向,较少与他人交流,平时遇到不开心的事情均是用哭来发泄。大二时,她结交了一个男友,她对他男朋友用情专一且付出很多,后因男友用情不专而烦躁、争吵,最终分手。失恋给她带来极大的伤害,她经常哭泣。同班的同学感觉到了她的变化,几位关系较好的同学经常开导她,但见效不大;她不稳定的情绪给宿舍的同学带来了困扰,舍友表示每次的愉快情绪经常因她的哭泣而被破坏,进而她与舍友间的关系也相对紧张,成绩也出现滑坡。该女生爱情上虽失意,却不由自主地常沉浸在过去的恋爱时光,心里极度矛盾与痛苦,不知如何从失恋中走出来;烦躁、失落的心情导致了学业上的荒废,不知如何进入学习状态,心里非常着急;同时,她自己也认识到自身心理承受能力较差的性格导致与班上同学,甚至是舍友的关系越来越差。

第一节　爱情理论

爱情是人际吸引的强烈形式和最高的形式。狭义的爱情是指心理成熟到一定程度的异性个体之间的强烈的人际吸引。爱情有三个特征：（1）亲近和依赖的需求；（2）有帮助对方的倾向；（3）独占性和排他性。恋爱行为受到家庭、社会、道德以及个体自身因素的制约。国内外对爱情的研究很多，这里主要介绍两个爱情理论。

一、爱情三元论

1988 年美国心理学家斯腾伯格提出的"爱情三元论"中提道：爱情由三种成分组成：

（1）动机成分。爱情行为背后的动机，对人类而言，极其复杂，其中，性动机或性驱力，以及相应的诱因，如异性之间身体、容貌等是重要原因之一。

（2）情绪成分。属于爱情的情绪，除了爱与欲之外，肯定夹杂着其他的成分，所谓酸甜苦辣的爱情滋味。

（3）认知成分。爱情的认知作用，对情绪与动机两种成分而言，是一种控制因素。

斯腾伯格进一步将动机、情绪、认知三者各自单独在两性间发生的爱情关系，分别称为亲密、激情与承诺，组成爱情三角形，如图 7 - 1 所示。

亲密是指与伴侣心灵相近、互相契合，有互相归属的感觉，属于爱情的情感部分；激情是指强烈地渴望与伴侣结合，促使关系产生浪漫和外在吸引力的动机，是爱情的动机成分。而承诺包括短期和长期的两个部分，短期的部分是个体决定去爱一个人，长期的部分是指对两个人之间亲密关系所做的持久性承诺，属于爱情的认知成分。随着认识的时间增加及相处方式的改变，上述的三种成分将有所改变，爱情的三角形也会因其中所组成元素的增减，其形状与大小跟着改变。三角形的面积代表爱情的质与量，面积愈大，爱情越丰富。

单纯亲密=喜欢

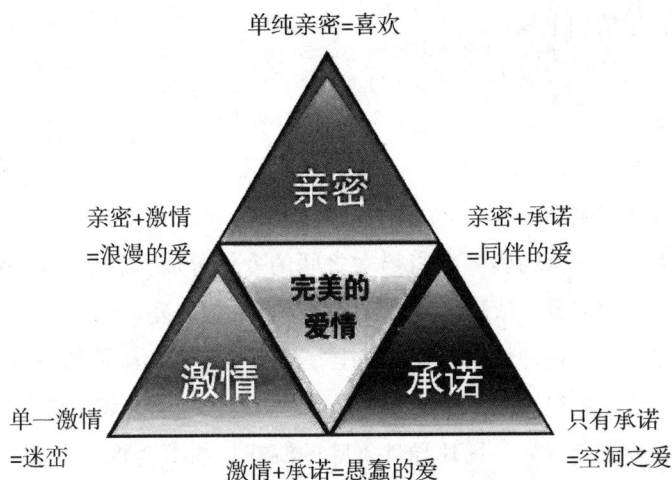

亲密+激情
=浪漫的爱

亲密+承诺
=同伴的爱

完美的
爱情

亲密

激情

承诺

单一激情
=迷恋

只有承诺
=空洞之爱

激情+承诺=愚蠢的爱

图 7 - 1 爱情三角形

表 7 - 1 斯腾伯格爱情三角形理论：爱的组合

爱的种类	亲密	激情	承诺
喜欢	+	-	-
迷恋	-	+	-
空爱	-	-	+
浪漫之爱	+	+	-
友谊之爱	+	-	+
愚爱	-	+	+
无爱	-	-	-
完整的爱	+	+	+

注："+"表示存在，"-"表示不存在。

喜欢：只包括亲密部分。

迷恋：只存在激情成分。

空爱：只有承诺的成分。

浪漫之爱：结合了亲密与激情。

友谊之爱：包括亲密和承诺。

愚爱：激情加上承诺。

无爱：三种成分俱无。

完整的爱：三种成分同时包含于一个关系当中。

二、爱情彩虹图

加拿大社会学家约翰·李将男女之间的爱情分成六种形态：情欲之爱、游戏之爱、友谊之爱、依附之爱、现实之爱、利他之爱。

情欲之爱建立在理想化的外在美上，是罗曼蒂克、激情的爱情。其特点是一见钟情式，以貌取人，缺乏心灵沟通，热烈而专一，靠激情维持。

游戏之爱视爱情为一场让异性青睐的游戏，并不会将真实的情感投入，常更换对象，且重视的是过程而非结果，不承担爱的责任，寻求刺激与新鲜感。

友谊之爱指如青梅竹马般的感情，是一种细水长流型、稳定的爱。这种爱情以友谊为基础，在长久了解的基础上滋长着，能够协调一致解决分歧，是宁静、融洽、温馨和共同成长的爱情。

依附之爱者对于情感的需求非常大：依附、占有、忌妒、猜疑、狂热，在恋爱中他们的情绪不稳定。他们这种爱控制对方情感的欲望强烈，将两人牢牢地捆在爱情这条绳索上。

现实之爱者则会考虑对方的现实条件，以期让自己的酬赏增加且减少付出的成本。这类爱情理性高于情感，受市场调节的现实主义态度明显。

利他之爱带有一种牺牲、奉献的态度，追求爱情且不求对方回报。自我牺牲型爱情是无怨无悔的，是纯洁高尚的。

第二节　高职高专学生恋爱中的常见困扰

爱情的萌芽与确立是从一开始的彼此吸引、互相倾慕走向爱情关系最终确立。高职高专学生常见的恋爱困扰包括：因羞怯和自卑的心理无法向心仪的对象表达爱意，甚至认为自己无法找到生命中的另一半；因为从众心理和攀比心理而盲目或轻率地建立亲密关系；由暗恋和单恋带来的焦虑、迷惘甚至自我怀疑；因为爱情对象的特定身份而带来的困扰；失恋后的心理失衡。

一、羞怯与自卑

在心理学中，羞怯是指羞涩胆怯的意思，主要表现为紧张、难为情、脸红和退缩；在社交环境中保持沉默、感到紧张，并且表现出行为上的局促和拘束。高职高专学生在面对自己心仪的对象时，感到有些紧张和不好意思也是正常的。但如果总是习惯性地体验到羞怯情绪的话，则会影响到正常的人际交往，反而让自己输在爱情开始的时候。经常有羞怯心理的人对他人的一言一行尤其敏感，经常有"他/她一定不喜欢我"的想法，并且在脑中挥之不去，导致他们采取一种回避或退缩的方式处理人际关系，与对方交往的时候，也是被动、退缩。结果是虽然希望自己给对方留下美好的印象，想让对方了解到自己是很重视他/她的，但这种回避和退缩的表现则会让对方误认为你对他/她并没有什么兴趣，或者你压根就是一个无趣的人。相比羞怯的感觉，自卑的体验在程度上更为严重，也更为泛化。因为自卑心理作祟，经常觉得自己没有优点，比不上别人，恋爱方面的自卑主要是感觉自己对异性没有吸引力，不敢坦然与异性交往，用被动、回避与异性接触的方式，保护自己的虚荣心。

在羞怯和自卑背后，经常有对自己不恰当、不客观的评价和不合理的信念，比如认为由于某些客观条件的影响，如不够苗条、不够高大、不能口若悬河、没有什么艺术特长、出身贫寒等，自己不会得到别人的青睐；或者认为只有十全十美的人才能得到真爱。要解决恋爱的自卑问题，必须对恋爱吸引力有恰当的认识。外表魅力，如容貌、身材、身高等确实会对恋爱有一定的影响，尤其是建立关系之初，但其实人品、真诚等内在品质对恋爱吸引力的影响更为突出；社会经济条件也会影响恋爱，但在高职高专阶段，那通常是在恋爱后期考虑的问题。高职高专学生的恋爱很多时候是一种体验，是一种对爱情的探索过程。在现实中高职高专男女学生在选择异性对象时更为注重性格、才能、人品和兴趣爱好等方面的吸引力，更关注双方的心理相容和志趣相投。每个人都有吸引人的方面，每个人在择偶方面也有很高的特异性，只有在交往的过程中你才有可能遇到你钟情的对象和钟情于你的对象。

二、从众与攀比

从众心理是指个人受到外界人群行为的影响，而在自己的知觉、判断、认识上表现出符合于公众舆论或多数人的行为方式。

从众心理的影响因素有以下三种。

（一）群体因素

一般说群体规模大、凝聚力强、群体意见的一致性等，都易于使个人产生从众行为。

（二）情境因素

主要有信息的模糊性与权威人士的影响力两个方面。如果信息模糊，难以判断的时候，易产生从众心理；如果发布信息的人是权威人士的话，也会出现从众心理。

（三）个人因素

在团体的压力下，一个人的行为会发生改变。从众心理的影响因素有人格特征、性别差异与文化差异等三个方面。一般智力不高、自信心不足、性格软弱的人，容易出现从众心理。当我们处在一个模糊或者不确定的情境中，或者我们很重视那个团体，或者很习惯通过别人对自己的评价来确定自己价值的时候就会出现从众行为。在高职高专学生中，很容易出现这样的从众心理——"跟风式的谈恋爱"，原因之一：怕自己跟别人不同，被孤立和排斥；原因之二：怕被周围人看轻，或想被周围人羡慕等。

要学会克服攀比从众的恋爱心理，学会选择适合自己的对象，并学会端正恋爱动机，理性恋爱。

三、失恋

失恋，是指一个痴情人被其恋爱的对象抛弃。失恋引起的主要情绪反应是痛苦和烦恼。

（一）面对失恋的消极心态

大多数失恋者能正确对待和处理好这种恋爱受挫的打击，愉快地走向新的生活。然而，也有一些失恋者不能及时排解这种强烈的情绪，导致心理失衡，性格异常。具体到不同的个体，常常出现以下几种消极心态。

1. 心灰意冷

失恋者由于羞愧、难过，开始对自己不信任，不相信自己的能力，把自己想得一无是处，陷入自卑和迷惘，心灰意冷，走向怯懦封闭，甚至绝望、轻生，成为爱情的殉葬品。

2. 无法自拔

失恋者对抛弃自己的人放不下，一往情深，经常回忆与他（她）在一起的美好时光，对爱情生活充满了美好的回忆和幻想，自欺欺人，否认失恋的现实，不顾及自己的学业从而陷入单相思的泥沼。也会有人出现一个特殊的感情矛盾——既爱又恨，不能自拔。

3. 自暴自弃

因失恋变得绝望、易激惹，失去理智，产生报复心理，有的会采取极端行动，造成不良后果，甚至无法挽回。或从此玩世不恭，得过且过，寻求刺激，发泄心中的不满。

（二）失恋自我调节的方法

失恋导致的不良心态会严重影响青少年的心理健康，甚至会导致一系列社会问题。所以，因为失恋而痛苦缠身的人，必须学会自我调整、自我救赎。

1. 一吐为快

失恋者精神遭受打击，被一些不良情绪如悔恨、遗憾、激怒、惆怅、失望、孤独等困扰，应该找一个可以倾诉的对象，可以是恩师，也可以是好朋友，也可以是心理咨询师，一吐为快，以释放心理的负荷，并听听他们的劝慰和分析，这样心情会平静一些，走出迷惘和孤独；也可以用书面文字，如写日记或书信、微博等方式把自己的苦恼释放出来，并寻得心理安慰和寄托。

2. 情感转移

及时适当地把感情转移到失恋对象以外的他人、事或物上。如失恋后，与同性朋友发展更密切的关系，交流思想，倾诉苦闷，共同探究爱情的真谛或学业提升的策略；积极参加各种娱乐活动，释解苦闷，陶冶情操；投身到大自然中去，把自己融入大自然的博大胸怀中，从而得到抚慰。当然密切自己与其他异性的交往关系，发展与异性朋友真挚、纯洁的友谊，也不失为一个合适的途径，但不宜很快开始另一段恋爱感情，以免对恋爱对象判断不准，带来另一次的痛苦。

3. 理性解脱

借助理智来获得解脱，用理智的"我"来提醒、暗示和战胜感情的"我"。爱情是以互爱为前提的，不可因一厢情愿而强求，应该尊重对方选择的权利。也可以进行反向思维，多想对方的不足点，多想在这一段恋爱中，自己所获得的知识、能力，反思自己一些需要努力的部分，分析自己的优势，鼓足勇气，迎接新的生活。任何事情都有双面性，还可以这样设想，失恋固然是失去了一次机会，然而却让你进入了另一个充满机会的世界。

4. 振作进取

失恋中，如果看到了自己的不足和劣势的地方，可以把这个反思和觉察变成进取努力的动力，全身心地投入工作、学习中去，会使自我得到更新和升华，许多失恋者因此而创造出了辉煌的成就。像歌德、贝多芬、罗曼·罗兰、居里夫人、牛顿等历史名人，都曾饱受过失恋的痛苦，但他们没有因为失恋而沮丧、消沉，反而，他们把失恋的觉察当成了前进的动力，并获得了辉煌的成就，可谓积极转移失恋痛苦的楷模。

四、单恋和暗恋

"我爱的人却不爱我"，这可以说是对单恋和暗恋最直接的一种描述。根据心理学家的调查，单恋和暗恋的现象非常普遍，但严格来讲，单恋和暗恋并非真正的爱情，因为单恋和暗恋无法得到对方爱的回应，所以在很多时候都会让当事人感到焦虑。

单恋，是指一方对另一方的一厢情愿的倾慕与爱，是一种畸形的爱情。

单恋多是一场情感误会，是青少年"爱情错觉"的产物，俗称单相思。单相思有两种：一种是毫无理由的"单相思"，对方毫无表示，甚至对方还不认识自己，而自己执着地爱对方，追求对方，这种恋爱，是纯粹的"单向"；另一种是常常认为有"理由"的单相思，错认为对方对自己有情，于是"落花无意"变成"落花有意"，这是假"双向"，真"单向"。

高职高专学生心理尚未完全成熟，单恋现象比较常见，且较多地出现在性格内向、敏感、富于幻想、自卑感比较强的人身上。首先是自己爱上了对方，于是也希望得到对方的爱，在这种弥散作用的心理支配下，就会把对方的亲切和蔼、热情大方当作爱的表示，并坚信不疑，从而陷入单恋的深渊而无法自拔。

单恋者固然会体验到一种深刻的快乐，但更多会体验到情感的痛苦，因为他们无法正常地向自己所钟爱的异性倾诉柔情，更不能感受到对方爱意的温馨。克服单恋的痛苦重在防患于未然。

1. 避免"爱情错觉"

"爱情错觉"是指因对方言谈举止的迷惑，或自身的各种体验的影响而错误地主动涉入爱河，或因自以为某个异性对自己有意而产生的爱意绵绵的主观感受。避免"爱情错觉"导致一厢情愿的单恋，就要学会准确地观察和分析对方的表情、行为，用心明辨，是不是对你有倾慕，关注对方行为的反复性，某种信息的经常出现可能意义很深，而单单一两次就不足为凭了；万事万物都有关联，要学会用联系的观点去分析问题，把某种信息和其他因素结合起来考虑。如，有些高职高专的男生受社会责任感驱使，对大多女生都表示关心、照顾；有些高职高专的女生，也很喜欢照顾班里的大多数男生。在考虑异性是否对自己有倾慕之情的时候，这些都应该考虑。

2. 勇敢地前进一步

一旦单恋已然发生在你身上，需要拿出十足的勇气，克服羞怯的心理和"自尊"，如果对方有意，心灵撞击出爱的火花，单恋则转化为"双恋"，爱的快乐取代了爱的痛苦。如果只是单恋，"落花有意，流水无情"，则应该面对现实，勇敢地抛弃幻想，用理智主宰感情，进行情感转移，通过思想感情的转换和升华来获取心理平衡。

拓展阅读

居里夫人初恋痛苦后的奋斗史

初恋

在玛丽的离愁别绪里，恐怕也带着初恋的隐痛。她曾经与她家教家庭里的少爷佐洛斯基（Kazimier Zorawski）相恋。这位英俊聪明，日后也成为著名数学家的小开，与玛丽家庭有亲缘关系。但佐洛斯基的家庭瞧不上玛丽这家穷亲戚，对这段恋情强烈反对。玛丽因此失去了许多。直到最后收到佐拉斯基的分手信，玛丽才收拾着破碎的心离开了祖国。"那段日子非常难挨，是我一生中最难过的时刻。唯一能让我回忆起来还堪告慰的，是我依然高抬着头，光荣退出。"如今我们应该感谢这段不成功的恋情吗？如果玛丽不曾离开波兰，不曾见到她后来的灵魂伴侣——皮埃尔·居里（Pierre Curie），我们对科学的认识也许不会是现在的模样。

老师兼爱人

玛丽在索邦大学结识了另一名讲师——皮埃尔·居里，就是她后来的丈夫。1895 年，她与任教于巴黎市工业物理和化学学院的皮埃尔·居里结婚，1897 年秋长女伊伦（Irène）出生。他们两个经常在一起进行放射性物质的研究，1898 年 7 月发现了新元钋。他们以沥青铀矿石为主，发现这种矿石的总放射性比其所含有的铀的放射性还要强。1898 年，居里夫妇对这种现象提出了一个推断：沥青铀矿石中必定含有某种未知的放射成分，其放射性远远大于铀的放射性。

1898 年 12 月 26 日，居里夫人公布了这种新物质存在的设想即"镭"元素的存在。1898 年法国物理学家贝可勒尔（Antoine Henri Becquerel）发现含铀矿物能放射出一种神秘射线，但未能揭示出这种射线的奥秘。玛丽和她的丈夫皮埃尔·居里共同承担了研究这种射线的工作。他们在极其困难的条件下，对沥青铀矿进行分离和分析，终于在 1898 年 7 月和 12 月先后发现两种新元素。为了纪念她的祖国波兰，她将一种元素命名为钋（POLONIUM），另一种元素命名为镭（RADIUM），意思是"赋予放射性的物质"。为了制得纯净的镭化合物，居里夫人又历时四载，从数以吨计的沥青铀矿的矿渣中提炼出 100 毫克氯化镭，并初步测量出镭的相对原子质量是 225。这个简单的数字中凝聚着居里夫妇的心血和汗水。

第三节　健康恋爱心理的培养

自古以来，爱情是永恒的话题，真正的爱情是催人上进的，是心有灵犀。真爱懂得珍惜，彼此懂得付出。双方在爱情中获得成长，自我完善，形成健康的恋爱观和价值观，促进学生形成健康的人格。

一、了解自我、完善自我

爱情的痛苦多是对自己和对爱情的不了解造成的。了解自我，完善自我是高职高专学生健康爱情观的第一步，是首要前提。一方面引导学生通过观察和了解自己的心理特征，通过观察别人的态度获得比较客观的自我评价，学会自我接纳、自我激励，从而获得自信，克服患得患失的心理。另一方面了解爱情是双方最强烈的情感共鸣，是崇高的情感，有激情，也有责任。爱情是给予，而不是索取。完善自己的爱情观，在恋爱中，懂得付出，懂得责任，学会理性恋爱，以恋爱滋养自己，提高自己。

二、尊重他人，拥有他信

（一）善待他人、对他人负责任

负责任即高职高专学生学会承担爱情责任，爱情中有激情，更有承诺和责任。要有开放心理，理解恋爱双方都是独立的个体，尊重恋爱对象，尊重对象的人际交往的习惯、私人空间的不同选择。如有的高职高专学生在恋爱中，缠住对方，不允许对方跟其他任何异性有正常的交流，翻看对方的手机等，这就违背了恋爱中的尊重原则。

（二）相互欣赏、相互激励

爱是积极向上的情感，它对个体发展有激励作用。恋爱双方在恋爱中，鼓励对方自我成长、自我完善。共同努力，为对方的发展付出，成为发展道路上共同奔跑的人，相互提出改进的方向，双方在学业上相互激励，共同探索，双双收获最大限度的发展和提高。在生活上相互照顾，鼓励对方学会自主管理自己的生活。

三、树立正确的爱情观

（一）爱情不是人生的全部

爱情是美好的，是崇高的情感，也是一个人成家立业的前奏，是人生的重要组成部分。但，人生中不只有爱情，还有学业、事业，还有亲情、友情。有父母的陪伴和支持中的感动，有同学朋友的帮助和支持，有社会中很多人的关心和照顾，等等。但有些高职高专的学生，往往在失恋的时候，错把爱情当作人生的全部，情绪低落，轻视学业，忽略友谊等各个方面，一蹶不振等现象常常出现，这就需要我们正面教育，合理引导。

（二）主动给予，理性接受

爱的真谛在于奉献和给予，在一个人的成长中，有爱与被爱的需要，爱的需要的满足是在主动、理性地给予中，在给予的过程中，获得对爱的价值的认可。在主动给予中，更加彰显了爱的魅力，彰显了爱的能力。在给予爱中，感受到爱情的甜蜜，相信他人给予自己的爱的真诚，不会怀疑他人的爱，勇敢地接受爱，获得真正的爱情。

（三）敢于拒绝，自尊自信

高职高专学生中，也有一些学生被不喜欢的人穷追不舍的现象，在不希望得到的爱情来临时，在保护对方的自尊的同时，勇敢果断地说"不"，爱情不能勉强和将就。但拒绝需要技能与技巧，不能在大庭广众之下拒绝，态度虽柔和，但要坚定果断地拒绝。

（四）理性恋爱，提升爱的能力

发展爱的能力就是体会到他人的爱，提高感受的能力，学会爱别人，能够了解到对方的需要和期待，投其所好，给予对方喜欢的爱的方式。如有些高职高专的学生希望从对方那里得到尊重，有的希望对方给予学业的帮助，有的希望对方像镜子一样，照见自己的优点和缺点，发扬自己的优点，改掉自己的缺点。有的希望对方在生活上给予更多的照顾，等等。所以，恋爱双方都应该在尊重对方的选择、生活的习惯的基础上给予爱，使双方获得被爱的幸福感。

第四节　高职高专学生的性心理

谈到爱情，不得不谈到性。高职高专学生对性有很多的神秘感。有时不会理性地理解性和性冲动、性行为。"性"这个词是从拉丁语演变而来的。无论在中国还是在西方，已经存在几千年。"性"的科学含义可以概括为人类的性是以生物繁衍的机能为基础，受特定的社会关系影响和人的心理因素支配的性行为。人类的性行为受社会发展的影响、制约，人类的性行为具有自然属性和社会属性。我们不能离开人的社会性去单纯地理解人类性活动的自然属性。归根结底，性受制于一定的社会条件，性的社会属性才是人类的本质属性。

一、高职高专学生性心理特征

随着性心理的发展，高职高专学生多会出现一系列的性心理行为，如对性知识的兴趣和追求，对异性的爱慕、性欲望、性幻想、性冲动以及自慰行为等，具体地说高职高专学生性心理特征主要表现在以下几个方面。

（一）本能性与朦胧性

高职高专学生性心理尤其是低年级学生的性心理，通常缺乏深刻的社会内容，基本上还是一种由生理上的急剧变化带来的本能作用。他们往往怀着好奇心，甚至罪恶心理，秘密探究性知识。他们常常在心中汇集自己童年或少年时期所经历、所见过的与性有关的现象来解释性秘密。他们对异性产生了浓厚的兴趣、好感和爱慕。当心理要求得不到满足时，便借助影视、图书、网络等渠道力图对性知识有一个明确、系统的了解。然而，这种心理变化带来的性意识的觉醒和萌动，还披着一层朦胧、神秘的轻纱，正是在此基础上，在朦胧纷乱的心理变化中，性意识逐渐强烈和成熟起来。

（二）强烈性与文饰性

青年期心理发展的一个显著特点是闭锁性与求理解性，这就导致了其心理外显方式的文饰性。他们十分重视自己在异性心目中的印象、评价，但表面上却表现得无动于衷，不屑一顾，或者做出故意回避的样子。表面上，他们好像很讨厌那种亲昵的动作，但实际上却十分希望甚至渴望体验。像这样心理上的需要与行为上的矛盾表现，使他们产生了种种的冲突和苦恼。

（三）动荡性和压抑性

青年期是人一生中性能量旺盛的时期，但由于很多高职高专学生性心理还不成熟，尚未形成稳定的、正确的性道德观和恋爱观，自控能力较弱，因此，他们的性心理发展极易受外界的不良影响而动荡不安。现实生活中五花八门的性心理传播，尤其是"黄色文化"的冲击，易使高职高专学生的性意识受到错误强化，以致精神空虚，情趣低下，或沉湎于谈情说爱之中，甚至发生性过失、性犯罪。与此相反，另一些人，由于性能量得不到合理疏导和升华，从而导致过分性压抑。少数人以扭曲的方式、不良的甚至是变态的行为表现出来，如"厕所文学""课桌文学"、窥视癖、恋物癖等。

（四）男女性心理的差异性

高职高专学生的性心理因性别的不同有所差异。在对异性感情的流露上，男性表现得更为外显和热烈，女性往往表现得含蓄和深沉；在内心体验上，男性更多是新奇、喜悦和神秘，而女性则常常是心慌、羞涩和不知所措；在表达方式上，一般是男性较为主动，女性往往采取暗示的方式。不过，这种差异近年来有缩小的趋势。此外，男性的性冲动易被性视觉刺激唤起，而女性则在听觉、触觉刺激下引起性兴奋。

二、影响高职高专学生性心理的因素

高职高专学生性观念的影响因素，大致分为主体与环境两大部分。主体影响因素主要是大学生自身的性别、成长经历、个性心理，其中成长经历影响尤为突出；环境因素包括家庭、学校、社会文化等。

（一）主体影响因素

1. 性心理的性别差异

男女生理上的诸多差异，如性驱力的大小不一、生理结构的不同均会影响高职高专学生的性观念。一般来说，表现在高职高专男生与女生持有的性观念存有差别，也表现在面对一些性现象时男生、女生主体持有不一样的双重评价标准。是否能理解性别角色的形成过程，能否形成比较符合社会规范的性别角色，决定了高职高专学生的性取向。由于文化的差异和社会历史的变迁，每个社会的性别角色标准都不是一成不变的，有时还会发生很大的变化，如当代有一些高职高专学生有异性化的倾向。然而，高职高专学生大都还是遵从较传统的性别角色标准，对于性别异性化的倾向持否定态度。高职高专学生性取向不同，则性观念存在一些明显的区别。

2. 成长经历与个性心理对性心理的影响

高职高专学生的成长经历对其性观念具有广泛的影响作用。儿时与性有关的经历，常常潜在地对性观念起影响作用。儿童时期的口欲期是否得到很好的满足或过渡满足，都会影响着成年后的心理状态，尤其是性心理，进而影响性观念。较早经历与性有关的事件常常会有比同龄人更早地出现性唤起，性意识会更加早熟，更易发生性行为，性观念更开放。

不同个性心理的人在性心理和性行为上，也会有很多差异：

（1）外向稳定型。

气质偏于多血质、性格外向稳定型者，在选择恋爱对象时易受直观印象的影响。美丽的外表或开朗的性格等，都很吸引他（她），当发现理想的异性时，反应迅速而强烈，大多数人属于"一见钟情"型。

在恋爱过程中，他们热情奔放，妙语连珠，容易获得异性的欢心，但恋爱对象较易转移，可能会同时取悦于几个人。性行为比较感性。

（2）内向稳定型。

气质倾向于黏液质、性格内向稳定型者，择偶过程多从友谊发展到恋爱，发展速度慢，恋爱对象一旦明确，往往不易转移，大多数人属于"共同语言"型。

在恋爱过程中，他们善于等待和包容，使异性感到稳重，但因有时反应迟缓，对方会感到不快。性行为偏重于理智。

（3）外向不稳定型。

气质偏于胆汁质、性格外向不稳定型者，择偶非常冲动，一旦认准目标后便发起迅猛的进攻，大多数人属于"感官满足型"。

在恋爱过程中，他们粗犷而性急，情感易爆发，甚至可以为爱侣做出无谓的牺牲。但如果感到失望，也会产生过激的行为。性行为常以自己为中心，缺乏克制能力。

（4）内向不稳定型。

气质偏于抑郁质、性格内向不稳定型者，对异性敏感而胆怯，不善交友，常在一些外部因素的作用下促成择偶，大多数人属于"委曲求全"型。

在恋爱过程中，他们常表现出被动而缓慢。尽管内心的情感体验很深，但不易外露，易使对方认为冷冰冰的。性行为非常缓慢、理性，而常为微小干扰而伤感、受影响。

（二）环境影响因素

1. 家庭

家庭是孩子的第一所学校，是孩子身心成长及观念形成的启蒙环境。家庭环境对一个人身心发展的影响广泛，是多方面的，归纳起来，主要体现在两个方面：一是个性的形成，二是心理发展的方向和水平。高职高专学生正值青年早期，父母的性教育态度与方法影响着高职高专学生的性观念。如果父母认为性是禁忌的，对性的提及敏感而小心，则易让孩子认为性是羞耻的、不可提的、应该压抑的；如果父母过于开放地谈及，不考虑是否与孩子的性心理成长特点相匹配，则易让他们性早熟，性行为不羁。除此之外，部分高职高专学生会潜移默化地习得父母的性观念。

2. 学校

目前学校性教育对高职高专学生性观念的影响更多是一种缺失，性教育的欠缺和无效，使学生的性观念的形成出现偏颇。各级学校确实进行了程度不同的性教育，但对高职高专的学生影响却比较微小。大部分高职高专学生来源于学校的性知识与性观念比较少。很多性知识来源不正统，有很多是来自网络，良莠不齐，很多时候被误导。

此外校园亚文化以及高职高专学生同伴交往，对高职高专学生性观念有明显的影响。获得同伴的认同是高职高专学生自少年期便会存在的交往动机与适应方式。他们从同伴群体中获得对自己的性观念的认同与肯定，从而满足其成长的价值感。当然，其中也有从众的心理机制起作用。

3. 社会文化

高职高专学生与性有关的信息大都通过书籍、网络、电影等渠道获取，这些都是社会文化的产物，属于补偿性的文化，其中包括内容与性爱密切相关的艺术作品，如爱情歌曲、言情小说及爱情影片、视频等。有时，高职高专学生无意中也会摄取一些色情文化，或接触到一些电影、视频、小说的色情文化，色情文化的渗透常会促使高职高专学生形成较开放的性观念，尤其是开放的性行为观。它们对高职高专学生性观念的形成，产生多方面且较大的影响，甚至会使高职高专学生产生"晕轮效应"，不由自主地认同其性观念并模仿之，从而便内化为自我的性观念。

另外，宗教信仰对高职高专学生性观念的影响也是巨大的，很多源自其带给高职高专学生的崇高感。他们在性观念形成的关键时期，通过"同化"的方式习得所信仰宗教的性观念。

三、维护高职高专学生性心理健康的途径

在我们国家，谈"性"特别隐晦，在学校也没有比较系统的性教育，"性"成了高职高专学生心底最深的秘密。有的学生性心理困扰无从排解，有了不解的知识，也不好意思问老师、同学，性困扰不知如何解决，影响到了高职高专学生的心理健康。因此，高职高专学生需要通过多种途径来维护自己的性心理健康。

（一）丰富科学的性知识，提高性调控能力

性科学是个综合性学科，它包含着性生理学、性心理学、性社会学、性伦理学、性美学等。从性生理学中，了解两性的生理构造、性器官的功能及性的产生、发展和成熟的规律。从性心理学中，了解掌握性爱心理、恋爱心

理、变态心理，等等。了解这些知识，丰富自己的性方面的知识，形成正确的性别角色知识，调控自己的性冲动，使自己的性行为符合社会规范。所以，需要学习丰富科学的性知识，促进自己的身心健康，提高自我鉴别能力，自觉抵制不良性文化的影响。

（二）认同自己的性别角色，胜任自己的性别角色

性别角色的发展，包括性别认同、性别稳定性、性别恒常性。性别角色的认知中有刻板的性别角色认知。性别角色认同主要指的是对社会性别角色的认同，即根据社会文化对男性、女性的期望而形成相应的动机、态度、价值观和行为并发展为性格方面的男女特征，就是所谓的男子气和女子气。教师在儿童性别角色形成的过程中也起着重要的作用。一些研究表明，教师的性别观念决定其对学生的性别期待，自然也决定其对学生性别差异方面的指导。男孩子的跨性别行为会受到教师的批评，而女孩子则较少受到批评。高职高专学生刚刚从高中毕业，在学业压力下，性心理和恋爱心理都有些被压抑。对社会刻板的性别认同的内容也不够了解，影响到高职高专学生的性别稳定性和性别的恒常性。所以，在高职高专阶段，利用学校的正规途径进行性教育，让学生理解社会对男生和女生的刻板要求，帮助学生形成符合社会道德、合乎时代要求的角色认知。

（三）理性规范自己的行为，为自己和他人负责任

高职高专学生的"性"具有冲动性和强烈性，应该了解过早性行为对双方身心健康的危害，应该学会规范自己的性行为，学会调控自己的性行为。在高职高专校园中，恋爱双方调控性行为不当，为了满足一时兴奋和欲望，过早地发生性行为，有时不懂得避孕知识和性卫生，有可能造成沉重的代价和后果，对双方造成很严重的心理压力。有的高职高专学生用性谋财或跟不同的异性产生性行为，对自己造成不可挽回的伤害，如患病、怀孕，有的甚至生孩子等。所以，高职高专学生应该掌握有关性方面的知识，尊重自我，尊重他人，增强法律意识，尊崇性道德，规范自己的性行为。

（四）理性调控性欲，学会自我调节

性欲是正常的，性爱也是合理的。但对于高职高专的学生来说，没有条

件正常满足性欲，需要适当地调控自己的性欲和性冲动。可以采取一些积极的、建设性的、符合道德规范和社会要求的方法取代或升华。如丰富自己的业余生活，发展自己的各方面爱好，参加校内外各种活动。可以发展自己的核心竞争力，为此付出艰辛的努力，获得成就的同时，还可以调控自己的性冲动。

（五）适度地异性交往，学会保护自己

高职高专学生处于青年早期阶段，有很强地与异性交往的愿望和需要，适度地与异性交往，促进其身心健康成长，促进健康人格的形成，对以后的恋爱、婚姻都有着至关重要的作用。高职高专学生在与异性交往的过程中，要注意把握分寸，规范行为，让自己的行为符合道德标准和社会规范。高职高专学生要有忧患意识，学会保护自己，在不喜欢的异性表达爱意的时候，勇敢地说"不"；在恋爱中，学会保护自己的贞操，如果遇到性骚扰，要勇敢地、艺术性地反抗和坚决地制止。女生晚上尽量不要单独外出，不要轻信网络恋爱，也不要单独赴网友之约。对于受到性骚扰的经历，不要有太大的心理负担，不要过分恐惧和自责，因为你是无辜的。在恋爱中，也要保护自己，以免给自己带来伤害和麻烦。如果遇到困扰，可以通过一些有效的方法排解，如倾诉、散步、参加娱乐活动、适度地游戏等，也可以寻求心理咨询的帮助。

拓展阅读

晕轮效应

晕轮效应又称成见效应、光圈效应等，指人们在交往认知中，对方的某个特别突出的特点、品质就会掩盖人们对对方的其他品质和特点的正确了解。这种错觉现象，心理学中称之为"晕轮效应"。美国心理学家 H. 凯利、S. E. 阿希等人在印象形成实验中证实了这一效应的存在。晕轮效应除了与人们掌握对方的信息太少有关外，主要还是个人主观推断的泛化、扩张和定式的结果。它往往容易形成人的成见或偏见，产生不良的后果。故在人才选拔、任用和考评过程中应谨防这种倾向发生。

相关实验研究：

美国心理学家凯利对麻省理工学院的两个班级的学生分别做了一个实验。上课之前，实验者向学生宣布，临时请一位研究生来代课。接着告知学生有关这位研究生的一些情况。其中，向一个班学生介绍这位研究生具有热情、勤奋、务实、果断等几项品质。向另一班学生介绍的信息除了将"热情"换成了"冷漠"之外，其余各项都相同。而学生们并不知道，两种介绍间的差别是：下课之后，前一班的学生与研究生一见如故，亲密攀谈；另一个班的学生对他却敬而远之，冷淡回避。可见，仅介绍中的一词之别，竟会影响到整体的印象。学生们戴着这种有色镜去观察代课者，而这位研究生就被罩上了不同色彩的晕轮。

在 20 世纪 70 年代，著名社会心理学家 Richard Nisbett 也论证了"光环效应"这个案例。Nisbett 和 Wilson 希望调查听课的学生是如何评判讲师的。学生们被告知这是一项对于评价老师的研究。他们还特别被告知，实验对于不同的评价是否依赖于学生和某一讲师接触的多少感兴趣。这纯粹是一个谎言。实际上学生们被分为两组，他们会分别看两段关于同一位讲师的不同视频。而这位讲师正好有很重的比利时口音（这和实验是很有关的）。其中一组学生看了这位讲师和蔼而友好地回答了一系列的问题。第二组学生看了同一位讲师用冷酷而疏远的语气回答了同样的问题。实验让我们明确，到底哪一种人格更讨人喜欢是十分明显的。在其中一种人格中讲师显得热爱教学和学生，而在另一种人格中他看上去更像是一个完全不喜爱教学的权威人物。

在每组学生看完视频之后，他们被要求给这位教师的外表、特殊语言习惯，甚至还有他的口音（特殊语言习惯在两段视频中是一样的）打分。与光环效应相一致，看到讲师"和蔼"形象的学生认为他更有吸引力，他的语言习惯更令人喜爱，甚至他的口音也更加有魅力。这并不奇怪，因为它支持了之前关于光环效应的研究。

问题与思考

1. 简述爱情三元论和加拿大社会学家约翰·李的彩虹图。
2. 高职高专学生的恋爱困扰有哪些？如何调适？

3. 你的爱情观是什么样的？如何培养高职高专学生的健康的恋爱心理？

4. 高职高专学生的性心理健康的维护策略有哪些？

团体心理辅导

爱情是什么

爱是包容而不是放纵；爱是关怀而不是宠爱；爱是相互交融而不是单相思，爱是百味而不全是甜蜜……

真正的爱情并不一定是他人眼中的完美匹配，而是相爱的人彼此心灵的相互契合，是为了让对方生活得更好而默默奉献。这份爱不仅温润着他们自己，也同样温润着那些世俗的心。

真正的爱情，是在能爱的时候，懂得珍惜。

真正的爱情，是在无法爱的时候，懂得放手。

因为，放手才是拥有了一切……

请在珍惜的时候，好好去爱；在放手的时候，好好祝福……

真爱是一种从内心发出的关心和照顾，没有华丽的言语，没有哗众取宠的行动，只有在点点滴滴一言一行中你才能感受得到。那样平实，那样坚定。反之，发誓、许诺说明了它的不确定，永远不要相信甜蜜的话语。用心去感受吧！

团体辅导主题名称：爱情是什么

团体辅导活动名称	活动目标
知己知彼	1. 了解异性交友观念。 2. 学会与异性理性交往。
在失恋中成长	1. 理性地看待失恋，学习正确对待失恋的策略。 2. 学会在失恋的痛苦中获得心智的成长。

活动一　知己知彼

一、活动目标

1. 了解异性交友观念。

2. 学会与异性理性交往。

二、活动时间

30 分钟。

三、活动道具

大小 4 开的海报纸 10 张，彩色笔 2 盒，语句完成表 10 张。

四、活动场地

室内。

五、活动程序

1. 请男生一组，女生一组（先两人一组，再合成两大组）。

2. 完成下列主题写于海报上。

（1）我眼中的男生……

（2）我眼中的女生……

（3）我觉得男女生最大的差别是……

（4）我觉得男女交往会失败是因为……

（5）我觉得男女交往会成功是因为……

3. 六六讨论法：就（1）～（5）题目，逐一讨论，每题均依下列方式：

2 人一组协议出共同答案——4 人一组协议出答案——8 人一组协议出答案（大团体一起讨论）——→结论：异同点，总结。

4. 整理出本组的男女差异。

具体操作：

（1）我在女生眼中，是一个_____

（2）我在男生眼中，是一个_____

（3）我对待男女生最大的差别是_____

（4）若我和异性交往，会成功是因为我_____

（5）若我和异性交往，会失败是因为我_____

六、注意事项

无。

活动二　在失恋中成长

一、活动目标

1. 理性地看待失恋，学习正确对待失恋的策略。

2. 学会在失恋的痛苦中获得心智的成长。

二、活动时间

30 分钟。

三、活动道具

A4 纸、记号笔若干。

四、活动场地

室内。

五、活动程序

1. 两名同学进行角色扮演：表演一名同学劝慰一名失恋同学的经过。

2. 每 4~6 人一组，以各小组为单位，分别讨论以下问题：

（1）失恋之后到底失去的是什么？失恋之后没有失去的是什么？

（2）在失恋中获得了什么？

每个小组最多可以列出 10 条，然后就这个问题由全体同学共同评比出最合理的答案。

3. 以小组为单位，讨论走出失恋的心理困境的途径。

六、注意事项

无。

第八章

风雨彩虹——高职高专学生几种
特殊心理的表现和调适

学习目标：

1. 了解逆反心理的成因，学会逆反心理的调治方法。
2. 了解青春期焦虑症的表现，掌握青春期焦虑症的治疗方法。
3. 了解高职高专学生挫折心理的表现，掌握调治策略。
4. 了解心理压抑的表现，掌握调治策略。

案例导入：

大二的女生张某平时对人热情，性格开朗、外向。但是，今年暑假，有一次她骑自行车带母亲有事外出，发生了车祸，母亲不幸死亡。这使她精神上受到严重打击，变得和以前判若两人。事情虽已过去了几个月，但她的情绪总是很低落，学习上提不起精神，成绩下滑。每天生活在自责和思念母亲的情绪中，再加上她家住农村，奶奶和邻居都很迷信，说她是"丧门星"。

高职高专的学生处在心理学意义上的"断乳期"，在高中或初中阶段有很多的挫折或被冷落的经历，在高职高专学校学习中，因为没有及时调整人生目标、成长过程中存在迷惘、恋爱及人际关系中存在挫折等，都会出现很多心理不健康的现象，需要我们关注，并指导他们的心理调适。

第一节　逆反心理

逆反心理，是指人们彼此之间为了维护自尊，而对对方的要求采取相反的态度和言行的一种心理状态。高职高专学生入学时年龄多处于 17~18 岁，处在逆反心理阶段。其独立意识和自我意识日益增强，迫切希望摆脱成人的监护。他们反对成人把自己当"小孩"，而以成人自居。为了表现自己的"非凡"，对任何事物都倾向于批判的态度，以上位者自居的方式抵消长辈对他们的威压感。正是由于他们感到或担心外界忽视了自己的独立存在，才产生了叛逆心理，从而用各种手段、方法来确立"自我"与外界的平等地位。叛逆心理虽然说不上是一种非健康的心理，但是当它反应强烈时却是一种反常的心理。它虽然不同于变态心理，但已带有变态心理的某些特征。如果不及时加以疏解，发展下去对青少年的成长非常不利。

逆反心理在高职高专学生的成长过程的不同阶段都可能产生，而且有多种表现。如对正面宣传不认同、不信任的反向思考；对先进榜样人物无端怀疑，甚至根本否定；对不良倾向持认同情感，大喝其彩；对思想教育及遵纪守法则消极抵制、蔑视对抗等。这种与常理背道而驰，以反常的心理状态来显示自己的"高明""非凡"的行为，往往来自"逆反心理"。

一、逆反心理的成因

逆反心理普遍存在于青少年之中，这并没有什么不可思议的。容易诱发逆反心理的因素一般有如下几种。

（一）自我意识增强

高职高专学生正处于"过渡期"，其自我意识和独立意识日益增强，迫切希望摆脱成人的管束。他们反感成人把自己当成"小孩"，以成人自居，为了表现自己的"非凡"，就对任何事物倾向于持批判的态度。正是由于他们感到或担心外界无视自己的独立存在，才产生了用各种手段、方法来确立"自我"而与外界对立的情感。

（二）强烈的好奇心

当某种事物被禁止时，最容易引起高职高专学生的好奇心和求知欲。尤其是在只做出禁止而又不加以解释的情况下，浓厚的神秘色彩极易引起人们的猜想、推测，以致不顾禁令地寻根究底或小做尝试。

（三）企图标新立异

青年早期阶段的高职高专学生处于性格形成和寻找自我的时期，他们常常通过否定权威和标新立异在心理上求得自我肯定的满足感。他们对社会的认同不仅是简单地采取适应社会规范的行为，而且还特别希望社会承认他的价值和地位，从而获得社会的认同。因此他们往往表现得偏执，好表现自己，有意采取与其他人不同的态度和行为，以引起别人的注意。

（四）特殊的生活经历

特殊的生活经历也会增长学生的逆反心理。比如，有的人多次失恋，便认为人世间没有真正的爱情，开始游戏爱情；有的人一向循规蹈矩、与世无争，而偶然有一次受到了莫名其妙的冤枉，以致性情大变，变得粗暴、多疑。家庭突然的变故，也会出现自暴自弃，不求进取，不听规劝，出现很多的逆反心理。

（五）教育不当

教育者的可信任度低，教育手段、方法、地点的不适当，往往也会导致逆反心理。如教育者在管理教育的过程中，不尊重高职高专学生的意见和想法，把自己的想法强加在他们身上的时候，会出现逆反心理；有的时候，教育者在大庭广众之下，批评高职高专学生的时候，也会出现"逆反心理"。

二、逆反心理的调治

逆反心理作为一种异常心理，虽然不同于变态心理，但已带有变态心理的某些特征。其后果是严重的，会导致青少年出现对人对事多疑、偏执、冷漠、不合群的病态性格，使之信念动摇、理想泯灭、意志衰退、学习被动、生活萎靡等。逆反心理的进一步发展还可能向犯罪心理或病态心理转化。所以必须采取有效的对策来克服并加以防治。

（一）高职高专学生的做法

提高文化素质。这是克服逆反心理的根本。一个对生活有着广博知识的人，凭直觉就能认识到逆反心理的荒谬之处，从而采用一种更科学、更宽容的思维方式。广闻博见能使我们避免固执和偏激，避免逆反心理。

培养想象力。逆反心理之所以大行其道，往往是利用了人们缺乏多渠道解决问题的想象力。解决一个实际问题用一个办法就已足够，但在问题未解决之前却存在着几乎是无限的可能性。如果我们的思想一旦被逆反心理所控制，那么我们的视野就会变得狭隘、短视和不理性。它使人无法进行正确的思维和判断，让思想仅仅驶在"对着干"的轨道上盲目前行。当人们冷静地进行分析的时候，就会发现，自己所强烈反对的意见不一定就是真理，但是"对着干"起码也使我们的思维同对方同样狭隘。因此，对总是怀着逆反心理的人来说，努力培养自己的想象力非常必要。

（二）家庭、学校的做法

重视社会因素的影响。青少年的心理活动，会受到社会经济制度的变革，文化、道德、法律等意识形态发展，善恶、美丑、是非、荣辱等观念更新等方面的影响。所以，要克服逆反心理，不能把青少年局限在学校这个小天地里，而要让他们置身于社会，把对他们的思想情操等各方面的培养同社会政治生活、经济文化活动以及社会道德风尚联系起来，以提高他们心理上的适应能力，使他们更好地适应社会，不致迷失方向。

改善教育机制。教育工作者要懂得心理学和教育学，要掌握好青少年心理发展不平衡性这个规律，不失时机地帮助青少年克服消极心理，使其心理得到健康发展。教育工作者要努力与青少年建立充分信任的关系，要与他们交朋友，以诚相待，以身作则，杜绝出现"台上他讲，台下讲他"的情况发生。教育者要爱护和尊重高职高专学生的自尊心，选择合适的教育方式和场合，注意正面教育和引导，坚决反对以简单、压制和粗暴的形式对待高职高专学生的逆反心理。

拓展阅读

靠读书改变悲惨的命运，凭口才当上亿万富姐的
黑人女主播——奥普拉·温弗瑞

温弗瑞和母亲的关系紧张，常常吵架，也许是从小没有得到母亲的爱，她行为出格、脾气古怪，有一回，她弄翻家具，把眼镜砸得稀巴烂，家里一

片被劫匪洗掠的狼藉，在这次自导自演的"事故"中她偷走了母亲的钱包，可怜的劫匪却替她背上黑锅。如此煞费苦心的行动只不过想要一个更时髦好看的眼镜。

母亲受不了温弗瑞的疯野行为，打算把她送入青少年管教所，碰巧管教所的床位已满，她被拒之门外。温弗瑞继续和伙伴们鬼混，抽烟、吸毒、喝酒，越陷越深，她的生命在肮脏的大染缸里浸泡，几乎看不到任何重生的机会。如果人们在患难中祈祷企盼奇迹发生，那请求施怜悯的对象绝不应该是黑人女孩温弗瑞。

如果说温弗瑞的人生要寻找护佑人的话，父亲无疑就是这个角色的最佳候选人，是他拯救了温弗瑞，温弗瑞的母亲把女儿径直推到父亲纳什维尔的家里。"父亲救了我的命，如果不是他当年对我的严格要求，我现在恐怕就是一个身后拖拉一群孩子的家庭主妇了。"温弗瑞说。14岁之前，温弗瑞不知道父亲长什么样子，14岁时住进父亲家后，继母首先向温弗瑞"开刀"，命令她每周背诵20个单词，否则别想吃饭；父亲与继母一唱一和，不知是否受了电影《窈窕淑女》希金斯教授改造之风的熏陶，二人的执着让人敬畏，尤其是父亲，他制定了教育大纲，在大纲的基础上来统领、构建和引导温弗瑞的成长，读书、读书、再读书，温弗瑞完成了继母布置的任务后，还要继续满足父亲的要求——每周写读书报告。有道是天道酬勤，果然，温弗瑞改头换面，她参加了学校的戏剧俱乐部并常常在朗诵比赛中获奖。在费城举行的有1万名会员参加的校园俱乐部演讲比赛中，温弗瑞凭借一篇短小震撼的演讲《黑人·宪法·美国》拔得头筹，赢得1000美元的奖学金。原来光靠嘴巴也可以赚钱，温弗瑞的脱口秀在这一刻显出原始积累的本能。她真的变了，告别少年的放荡不羁，洋溢着激情，张大嘴巴为自己打拼天下，1971年，她摇身一变成为"那斯威尔防火小姐"，同年她又戴上了田纳西州黑人小姐的桂冠，1972年，她进入田纳西州州立大学主修演讲和戏剧。从此，她的成就显著。

第二节 青春期焦虑症

焦虑症，即焦虑性神经症，是一种常见的神经症，患者以焦虑情绪反应为主要症状，同时伴有明显的植物性神经系统功能的紊乱。

一、青春期焦虑症的表现

高职高专刚入学的学生，处在青春期末期，这一时期是焦虑症的易发期。因为这个时期里，个体的发育加快，身心变化也处于一个转折点。随着第二性征的出现，个体对自己在体态、生理和心理等方面的变化，会产生一种神秘感，甚至不知所措。诸如，女孩由于乳房发育而不敢挺胸，紧张不安；男孩出现性冲动、遗精、手淫后的追悔自责等，这些都对青春期中常常出现的心理、情绪及行为带来很大的影响。

青春期还会因为个体的好奇和不理解出现恐惧、紧张、羞涩、孤独、自卑和烦恼，还可能伴有头痛头晕、失眠多梦、眩晕乏力、口干烦躁、心慌气短、神经过敏、情绪不稳、体重下降和焦虑不安等症状。患者常因此而长期辗转于内科、神经科求诊，而经反复检查并没有发现任何器质性病变，这类病症在精神科常被诊断为青春期焦虑症。

二、青春期焦虑症的治疗

青春期焦虑症会严重危害高职高专学生的身心健康，长期处于焦虑状态，还会诱发神经衰弱症。因此必须及时给予合理调整治疗。治疗方法一般是以心理治疗为主，配合药物治疗。

（一）增强自信心

树立自信是治疗青春期焦虑症的必要前提。焦虑症患者应正确认识自己，罗列自己的优点，相信自己，树立自信，相信自己有处理突发事件和完成各种工作的能力，坚信通过咨询、治疗能完全消除焦虑症状。患者每多一分自信，焦虑程度就会降低一些，同时又反过来使自己变得更加自信，这个良性循环能帮助患者摆脱焦虑症的纠缠。

（二）自我深度松弛

自我深度松弛对焦虑症有显著的疗效，如患者在深度松弛的情况下去想象紧张情境。首先出现最弱的情境，重复进行，不断增加情境的强度，患者慢慢便会在想象出来的各种紧张情境或整个事件过程中都不再感到焦虑。

（三）释放情绪和欲望

有些焦虑是患者将经历过的情绪体验和欲望压抑到潜意识中的结果。因为这些被压抑的情绪体验并未在头脑中消失，仍潜伏在无意识中，所以会导致病症。患者成天忧心忡忡，痛苦焦虑，不知所措。此时，患者应分析产生焦虑的原因，或通过心理医生的协助，把深藏于潜意识中的"病根"挖掘出来，必要时可以进行发泄，这样，症状一般可以消失。

（四）转移注意力

焦虑症患者发病时脑中总是胡思乱想，坐立不安，痛苦不堪，此时患者可采用自我刺激、转移注意力的方法。如在胡思乱想时，找一本能吸引自己的书读，或从事一项自己喜爱的娱乐活动，或进行紧张的体力劳动和体育运动，以忘却焦虑。

（五）自我催眠

大多数患者有睡眠障碍、难以入睡或早醒或梦中惊醒的症状，此时病人可进行自我催眠，如闭上双眼，自我催眠，心中默念："我现在躺在床上，非常舒服……我似乎很难入睡……不过没有问题……我现在开始做腹式呼吸……呼吸很轻松……我的杂念开始消失了……我的心情平静了……眼皮已不能睁开了……手臂也很重，不想抬了，也抬不起来了……我的心情十分平静……我困了……我该睡了，我能愉快地睡着……明早醒来，我心中非常舒畅……"

拓展阅读

想象放松——《海滩》①

放松训练包括：呼吸放松法、肌肉放松法、想象放松法。

这里，重点介绍想象放松法：

请求助者找出一个曾经经历过的、给自己带来最愉悦的感觉，有着美好回忆的场景，可以是海边、草原、高山等，用自己多个感觉通道（视觉、听觉、触觉、嗅觉、运动觉）去感觉、回忆。

我静静地躺在海滩上，周围没有其他的人，蓝天白云，湛蓝大海，岸边是高大的椰树，身下是绵绵的细沙，阳光温柔地照在身上，我感到无比舒畅。微风带着一丝海腥味轻轻地拂过我的脸颊，我静静地聆听着海浪悦耳的歌唱，阳光照得我全身暖洋洋的，我感到一股暖流顺着我的头部，流进我的右肩，让我感到温暖、沉重；我的呼吸越来越慢，越来越深，这股暖流又流进我的右臂，再流进我的右手，整个右手也感到温暖、沉重；这股暖流又经过我的右臂，从后面流进脖子，脖子也感到温暖、沉重；我感到越来越轻松，这股暖流又流进我的左臂，再流进我的左手，左手也感到温暖、沉重。这股暖流又回到我的左臂，左臂感到温暖、沉重；我变得越来越轻松，心跳变慢了，心跳更有力了，这股暖流又流进我的右腿，右腿也感到温暖、沉重；我的呼吸缓慢而又深深。这股暖流流进我的右脚，整个右脚也感到温暖、沉重；这股暖流流进我的腹部，腹部感到温暖、沉重；这股暖流流进我的胃部，胃部感到温暖、轻松；这股暖流最后流进我的心脏，心脏也感到温暖、轻松；心脏又把暖流送到了全身，我的全身都感到了温暖而沉重，舒服极了。我的整个身体都十分平静，也十分安静，我已经感觉不到周围的一切了，周围好像没有任何东西，我安然地躺在海边，非常轻松，十分自在……

---

① 中国心理卫生协会．心理咨询师［M］．北京：民族出版社，2012：124.

第三节 挫折心理

所谓挫折，是指个体在从事有目的活动过程中遇到障碍或干扰，致使个人动机不能实现，需要不能满足的情绪状态。挫折感在个体的青少年发展时期表现较为明显。这个时期的青少年常常会因为对人生的思索、对学业的担忧、爱情的烦恼、社会的障碍而体验到令人失意的挫折心理。

一、高职高专学生挫折心理的表现

挫折是客观存在的，也是普遍存在的。在现实生活中，人们随处都可能遇到挫折。高职高专学生所遇到的挫折，较典型的有以下几类：

（一）学习中的挫折

在高考之前，学习目标完全确定，但一旦进入高职高专之后，他们的学习目标一度缺失、迷惘，从而出现学习时注意力不集中、学习成绩不好等现象；也有一些高职高专学生学习不得法，也会造成学习成绩不好。学习成绩不好是学生产生挫折的最主要原因。毋庸置疑，学生的主要任务是学习。学习成绩的优劣是衡量一个学生在班集体中的地位与是不是"好学生"的重要标码与尺度之一。每一位学生都希望自己能考出好的成绩，在班集体中出类拔萃，脱颖而出，博得同学羡慕的眼光和教师的赞扬与奖励。假使没能考取理想的成绩，如考试科目不及格，自己的付出没有得到回报，没有获得奖学金，或者学业成绩大起大落，特别是考试分数的下降，很容易使学生产生苦恼与懊悔心理。

（二）面子上的挫折

现在的学生群体中，独生子女所占比重较大。父母对他们疼爱有加，把他们当作"小皇帝""小公主"来关怀和呵护。在家里有"唯我独尊"的优越感，过分强调自我，表现出强烈的独立意识；在家里过着"衣来伸手、饭来张口"的生活。长期的养尊处优生活使他们养成了自信、爱面子和任性的性格特征。在学校也希望获得别人的认同，有强烈的自尊感。但由于对父母的依赖性过强，生活上缺乏实践经验，挫折体验少，抗挫折能力弱，因而一旦遇到不如意的事，且不能顺利解决的时候，就觉得自己在同学面前抬不起头，丢人现眼，显示出自卑感。

（三）交往中的挫折

随着高职高专学生自我意识的增强，他们强烈渴求"有个家"，用以表达自己的愿望，以获得别人认同与重视的内在需求，因而表现出强烈的交往倾向。他们希望自己在集体中能够找到志同道合的朋友，把自己心里的秘密告诉别人，同时也渴求了解别人的内心世界。但许多高职高专学生在交往中缺乏必要的技能技巧，不能很好地处理同学之间的关系。当交往出现僵局时，则表现出挫折心理。如被人误解而感到气愤；感到自己被人利用或者欺骗而恼羞成怒；对别人的自我中心的行为感到愤慨；没有融入集体，没有获得知心同学、朋友的帮助，没有获得别人的信任而灰心丧气、情绪低落。

（四）情感中的挫折

高职高专学生心理发展处于情感丰富、情绪大起大落的时期。表现为高职高专学生容易狂喜、暴怒，也容易极度悲伤和恐惧。情绪来得骤然，去得迅速。顺利时得意忘形，受挫时垂头丧气。由于许多高职高专学生理智和意志薄弱，可是欲望较多，面对升学与就业、交友与择偶、确立人生目标等选择上理想与现实的差距，如果家庭、社会、学校不能完全满足他们的需要，就会不由自主地产生一些不良情绪。他们抑制不住这些激情的爆发，也驾驭不住激情的强度，经常处于情绪困惑之中，因情绪波动大而感到烦恼、不安与情绪低落。

二、高职高专学生挫折心理的成因

高职高专学生所遇到的挫折是各种各样的，造成挫折的原因也是复杂的。

（一）身心发展失调

青少年在17～18岁期间，没有像青春期一样，身心变化迅速，但在17

~18 岁的时候，从中学阶段进入大学阶段，无论是身心的变化，还是环境的变化，都有了很多的变化。许多高职高专学生处于 17～18 岁的断乳期阶段，在心理断乳期间，独立倾向与依赖相矛盾（他们还没有真正长大为成人），理想与现实相冲突（他们此时对未来的憧憬过于美妙）。断乳期的动荡性，又使得青少年勇敢与蛮干同在，热情与冲动相随，自信与自负为伴，再加上初涉人世，对挫折没有足够的精神准备，常使头脑简单的他们带着高昂的热情走向复杂的生活，而在现实中碰到不顺心时又手足无措，容易出现挫折心理。

（二）学习负担加重

青少年时期是人的一生中学习时间最集中、学习压力最大的时期。高职高专的学生，有很多知识属于新接触的，学起来遇到很多问题，如幼师专业的学生高中毕业后，第一次接受比较系统的舞蹈、声乐、美术等技能类的学习，会遇到很多前所未有的问题。这一时期，学习上的很多新问题、新情况需要学生去面对、去适应，这就要求学生要不断地调整自己的学习方法，提高自己的学习能力，以适应新的学习要求。但受其心理调适能力的制约，当学习上遇到困难或考试失败时，就会产生强烈的挫折感。

（三）家庭期望值提高

随着社会竞争的日趋激烈，家长对高职高专学生的期望值也层层加码，有的甚至不切实际，高职高专学生很努力，但依然达不到家长的要求，一旦未能达到家长所期望的理想状态，就会招致家长的不满和责难，这必然造成青少年的挫折感。笔者在任教的学校里，让学生们说出自己的优点，想不到谁也说不出来，最多说出 2～3 个。但让同学们互相说他人的优点，结果说出了不少，这些优点也大体上得到对方的认同。为什么出现这种情况？主要是由于成人对自己的孩子的期望过高，平时对他们肯定得少，指责得多，从而导致孩子心理的挫折感。

（四）人际交往失意

一方面，随着"独立感"和"成人感"的加强，青少年渴望与同龄人交往，认为友谊高于一切，希望理想中的朋友坦诚、真挚、患难与共。但由于受到社会上各种不良风气的影响，他们常常发现现实生活中的朋友与理想中的朋友相去甚远。另一方面，由于家庭中父母过分包办与溺爱，一部分高职高专学生在人际交往中不能正确处理与老师、与同学的关系，不会关心他人内心感受，缺乏融洽的情感交流能力，缺少与人沟通的技能技巧，导致人际交流出现障碍。这两方面都容易导致挫折心理的产生。

（五）缺少必要的挫折教育

缺少必要的磨炼是高职高专学生容易产生挫折心理及抗挫折能力低下的一个重要因素。西方教育和心理卫生专家几乎公认，对挫折的良好心态是在童年和青少年时不断受挫和解决困难中学会的。而家庭过分骄纵，百般呵护，使得孩子缺乏必要的生活磨炼，甚至没有面对挫折的机会，因而，孩子缺乏勇敢面对挫折的能力和战胜挫折的机会。在学校，由于应试教育，学校片面追求升学率，升学率的高低成为衡量一所学校好坏的标准，用分数来衡量一切，忽视了对学生进行必要的挫折教育。所有这些教育上的失误，都使得青少年一旦遇到困难和挫折，就会感到无所适从，甚至一蹶不振。

（六）天灾人祸

各种天灾人祸和意外事故也可能成为导致挫折感的重要外因。如地震、洪涝、飓风、海啸等自然灾害，失火、失盗、被抢劫等人为事变，疾病、车祸、触电、误伤等偶然事故，都会给人带来精神上的重大打击，引起强烈的挫折感。此外，还有由于体力、智力、外貌以及某些生理缺陷带来的限制，如个子比较矮小、肌体残疾等，也都可能使人的生活信心受到打击，甚至丧失生活的勇气，学生面临的家庭变故，尤其是父母不和甚至离婚，也是导致高职高专学生受挫的因素。

三、挫折心理的调适

（一）积极地分析原因

美国心理学家伯纳德·韦纳认为，人们对行为成败原因的分析可归纳为以下六个原因：能力，根据自己评估个人对该项工作是否胜任；努力，个人反省检讨在工作过程中曾否尽力而为；任务难度，凭个人经验判定该项任务的困难程度；运气，个人自认为此次各种成败是否与运气有关；身心状态，工作过程中个人当时身体及心情状况是否影响工作成效；其他因素，个人自觉此次成败因素中，除上述五项外，尚有和其他事关人与事的影响因素（如别人帮助或评分不公等）。作为一般人对成败归因的解释或类别，韦纳按各因素的性质，将以上六项因素分别纳入以下三个维度之内：

（1）控制点（因素源）：指当事人自认影响其成败因素的来源，是以个人条件（内控），抑或来自外在环境（外控）。在此一向度上，能力、努力及身心状况三项属于内控，其他各项则属于外控。

（2）稳定性：指当事人自认影响其成败的因素，在性质上是否稳定，是否在类似情境下具有一致性。在此一向度上，六项因素中能力与工作难度两项是不随情境改变的，是比较稳定的。其他各项则均为不稳定者。

（3）可控性：指当事人自认影响其成败的因素，在性质上能否由个人意愿所决定。在此一向度上，六项因素中只有努力一项是可以凭个人意愿控制的，其他各项均非个人所能控制。

韦纳等人认为，我们对成功和失败的解释会对以后的行为产生重大的影响。如果把考试失败归因为缺乏能力，那么以后的考试还会期望失败；如果把考试失败归因为运气不佳，那么以后的考试就不大可能期望失败。这两种不同的归因会对生活产生重大的影响。把成功或失败归因于努力有助于激发人的积极性，这是积极的。如果归因于能力、任务难度、运气，那么就会在一定程度上降低行为的积极性。因此，要高职高专学生遇到挫折时，在分析客观困难条件的同时，更要分析自己的主观努力是否足够，做出更为积极的回应，以激发自己的主观能动性。

（二）科学地认识挫折

挫折在人生的道路上不可避免，也是宝贵的财富，因为"没有危机就没有成长"，一个人在生活和成长过程中，必然会遇到各种危机和挫折；同时，要看到挫折是一把双刃剑，既可以刺伤自己，也可以成就自己，即挫折具有两面性，它可以给人带来痛苦和不幸，也可以使人在与困难斗争中获得经验，增强自信心。此外，要明白"梅花香自苦寒来，宝剑锋从磨砺出"的道理，确立正确的人生态度，豁达面对挫折。一个人如果没有经历生活的磨炼，便很难对生命的顽强与伟大有真正的认识。如果学生能在挫折中奋进的话，那将是人生的一笔财富。

（三）合理地确定目标

制定人生目标的时候，要客观地分析自己的优势和劣势，分析自己的专业特点，分析自己的实际情况，分析自己专业的就业形势等，合理科学地确定目标。目标太高，不停地追求自己能力不及的目标，结果只能是挫折及悲观失望，并随着自己的这种追求而步步加重；目标太低，自身的能力则难以得到合理的利用和充分发挥与发展，同样会产生能力上受挫之苦。

（四）主动地参与实践

既然挫折在人生道路上是不可避免的，那么就鼓励高职高专学生大胆地去面对。在学习和生活中有意识地为自己制定富有挑战性的目标，在实现目标的过程中，学会吸取他人的经验、教训，不断地分析和总结。这样就能逐渐提高青少年承受挫折、战胜困难的能力。

（五）适时地宣泄情绪

学习本身是一项异常艰苦的脑力劳动，高职高专学生难免产生孤独、失意、沮丧等消极情绪，因此有必要学会在适当的时机，采取适当的方法来宣泄一下自己的消极情绪，这样有利于恢复心理平衡，消除心中的痛苦。一种方法是找一个僻静的地方，梳理自己的情绪，想喊就大声喊，想哭就尽情地哭，想笑就放声地笑，把心中积郁的压抑情绪发泄出去。另一种方法是找个信任的长辈、知心朋友或心理咨询师，尽情倾诉，把自己的一肚子"苦水"全部倒出来，请他们帮自己分析，出主意、想办法。还可以采取给父母、朋友写信、打电话或者写日记的方式来倾诉自己的心理压抑。

（六）提高抗挫折能力

人的抗挫折能力不是天生具备的生物本能，是主体在后天的教育与环境中与客体相互作用的结果。因此，要有意识地利用和设置挫折情境，通过知识、技能和行为的练习，使青少年正确认识挫折、预防挫折、战胜挫折，增强其挫折承受力。如在高职高专学校里，可以组织学生登山、旅游、夏令营、社区服务与义务劳动等耐挫活动等。

第四节　压抑心理

心理学上的压抑，是指心理上感到束缚、沉重、烦闷的消极心态。压抑通常表现为心情郁闷、烦恼不堪、牢骚满腹、暮气沉沉，易激惹，时不时有股无明火，似乎一切都令人生厌，既不能分享他人的喜悦，也不能分担他人的忧愁，对他人的喜怒哀乐无动于衷，难以产生共鸣，失去广泛的兴趣，成天拘泥在自我约束之中，心中似有块石头难以消除，严重时还会有绝望之感。

一、压抑心理的特点

（一）内倾性

当个体与外界现实发生矛盾时，个体不是积极地调整与外界的关系，而是退缩、回避矛盾，退回到个人的主观世界，自我克制、自我约束、息事宁人，以求得心灵上的安静。

（二）消沉性

回避矛盾不等于解决矛盾，只要矛盾存在，就不可避免使个体体验到不愉快的情感。这种情感与日俱增，逐渐使整个心理消沉下去。

（三）潜意识性

受挫的思想与情感压抑在心头，久而久之，就会转化为潜意识。潜意识又支配人的需求和动机。例如，一个人在事业上屡遭失败，很想干一件惊天动地的事情，如制造一些事端等。又如，越是禁止的事情，人们越想打听。

二、压抑心理的表现

压抑心理是一种较为普遍的病态社会心理现象，它存在于社会各年龄阶段的人群中，它与个体的挫折、失意有关，继而产生自卑、沮丧、自我封闭、焦虑、孤僻等病态心理与行为。挫折与压抑感之间互为因果，形成一个恶性循环。一般而言，压抑心理表现在以下七个方面。

（一）忧郁

主要表现在：忧心忡忡，失眠，易疲劳，精神不集中，性格孤僻，自我封闭，不合群，个人感到自己存在价值不大，对前途失去信心感到外边压力大，情绪低落，有自卑心理，手足无措等。

（二）厌倦

对任何事都失去兴趣，打不起精神，懒得和人说话，工作、学习、生活的效率急剧下降，不愿承担社会工作和义务，成就动机下降等。

（三）优柔寡断

缺乏自信，导致意志薄弱，做事无主见且不果断，做决定犹豫不决，没有敢为天下先的魄力与勇气等。

（四）社交障碍

安全感低，情绪消沉，不愿与人打交道，表情呆板，少说笑言，敏感，戒备，提防他人，生怕被人抓住把柄，知心朋友越来越少等。

（五）人际关系紧张

人有合群性，希望自己能被他人接纳，亲密的人际关系使人的精神与社会方面的需求得到满足。个人的志向处处受挫，或遭人冷遇，自然会产生孤独无援的感觉，结果可能导致个体采取回避现实的行为。

（六）躯体化焦虑

由于将消极情绪压抑在内心，个体的焦虑感会明显增强，自我感觉不好，焦虑又常以躯体不适表现出来，如头痛、肠胃不适、疲倦等。有的则以暴饮暴食的方式去摆脱压抑感，结果导致肥胖症。

（七）行为改向

被压抑的情绪与思想，有些会转化为潜意识，潜意识又会以动机的形式，驱动某种行为，越被压抑的情绪、思想，越可能在适当的时候以改头换面的方式表现出来。例如，一个工人在工作上遭到挫折，他的成功感受到压抑，则可能在另一种场合去表现自己，或参加文体活动，或以恶作剧的方式来释放能量，表现自己。

三、压抑心理的成因

压抑心理源于外部环境，也有个体自身的原因。

（一）外部环境因素

从外部环境来看，以下几种因素可能引发压抑心理：

需求不能满足。当某种需要得不到满足，而这种需要又十分强烈，却又无能为力，压抑感就会油然而生。无论这种需要是合理的还是不合理的，是正当的还是非正当的，是有条件满足的还是根本不可能满足的，只要这种需要是梦寐以求的却又无法得到满足，个体都会体验到压抑、郁闷。

理想与现实相抵触。当社会的总体要求与自己的愿望和追求相背离，但又不能为所欲为时，就会感到受束缚、受压制，产生压抑感。

工作和生活压力。人生必然要进行工作、学习、生活等实践活动。如果这种实践与人的能力相适应，个体就能取得预想的成绩，就有成就感；如果人的能力不能承担这些实践任务，或者长期超负荷地工作、学习、生活，以致不堪重负，个体就可能体验到痛苦与压抑。

（二）主观因素

从主观原因来看，以下情况易产生压抑心理：

身心条件较差。如生来长得丑陋，有生理缺陷，或者才能不及人，都可能引起他人的讥讽和嘲笑。在他人的消极评价中，个体极易产生自卑感、自我否定感。有些人可能加倍努力，化压力为动力；有些人则可能感到压抑和痛苦，变得自我封闭或自暴自弃。

气质和性格缺陷。人的某些气质和性格更可能产生压抑感。气质是人的高级神经活动类型。按心理学上的说法，人有四种典型气质即胆汁质（外向、爱感情用事）、多血质（外向、灵活）、黏液质（内向、安静）、抑郁质（内向、敏感、多愁善感）。根据气质的特点属抑郁质的人具有敏感、多愁善感的特点，对同一事物，他们的压抑感可能要比其他气质的人更明显。

四、压抑心理的调治

（一）正确面对社会现实

社会是一个由多元子系统组成的大系统，社会有光明面，也有阴暗面；世上有好人，也有坏人。看待社会不能过于理想化，要看到社会成员之间实际上存在不平等的地位、待遇上的差距。人与人不能互相攀比，不能用自己的标准去衡量社会的公平性，而应正视社会、承认差别，努力去缩小与别人的差距。

（二）正确看待自己

正确地看待自己，正确地对待自己的失败和成功，如何归因自己的失败和成功，遇到不顺利时，应先从自己的主观方面去寻找原因。"勤能补拙"，用自己的勤奋特长去弥补不足之处；坚信"人无完人"，每个人都有优势，也有劣势，只要积极进取，长善救失，"天生我材必有用"；要停止自我比较，不要担心不如别人，要自己接纳自己，接纳自己的优点、缺点，允许自己不完美，拥有一种自强、自信、自立的心态。

（三）向名人学习

多读些圣贤哲理与名人传记，读多了，就会发现，圣贤名人之所以成功，就是他们能从挫折中走出来。人的一生会遇到许多挫折，如何战胜挫折，到达成功的彼岸，圣贤们的思想与足迹能给予我们许多启示。南非总统曼德拉为反对种族歧视坐牢 26 年，终于取得了斗争的胜利，这些都能给人以希望和勇气。

（四）投入创造性工作中去

压抑久了，就会产生厌倦、懒惰的行为。越是懒于动手做事的人，越容易发生心理危机。为了对付心情压抑，要用劳动的乐趣和成功的果实来充实自己的心灵。为了不让自己懒惰，可以列出工作、学习、生活日程表，包括早练、读书、写作、交友、逛街、娱乐等。不论大小事情，都列入其中，并认真、专心地去做。假如没有心情编计划，只要先行动起来就够了，你不必等到想做事的时候才开始，因为你没有做事的欲望，可能永远都懒得动。一旦你成功地完成了一项工作，心里就会踏实得多。

（五）助人为乐

"予人玫瑰，手有余香。"主动帮助别人，乐于助人，就能使人快乐、健康。如果心理压抑者通过志愿性的工作，如社区服务或帮助邻居行动不便的老人购物，心情就会好些。你会发现只要有同情心，能够理解别人，对社会就是有价值的。

（六）置身于新的情境

为了扭转你目前的心情，不妨多开展一些正常的社交活动，找朋友，或电话联系，就令人开心的话题聊聊天、叙叙旧，或就令人感兴趣的工作问题切磋一下。这样，既可以增进对朋友的了解，学习别人的长处，获得真诚的帮助，又可以化解挫折带来的精神创伤，进行心理保护，使人精神振奋，心情开朗，同时，散步、慢跑、打球、下棋等文娱活动可使人机体彻底放松，消除紧张和焦虑的心情。或者结伴到野外走走，散散心，极目绿野，回归自然，荡涤一下心中的烦恼，清理一下混浊的思绪，净化一下心灵的尘埃。

（七）坚持锻炼身体

健康的人格寓于健康的身体。有许多精神压抑者通过体育锻炼，出一身汗，精神就轻松多了。科学家认为，有氧锻炼，例如散步、慢跑、游泳和骑车等，可使人信心倍增，精力充沛。因为这些行动让人机体彻底放松，从而消除紧张和焦虑的心情。

回归自然，荡涤心灵。当你精神压抑时，可漫步于田间地头，跋涉于山河之间，看春华秋实，听蝉鸣鸟啼，置身于大自然的怀抱，因此产生许多联想和感悟，悟出人生哲理，心灵就会得到洗涤。

拓展阅读

不合理信念①

不合理信念可以归纳和简化为三个主要特征：绝对化的要求、过分概括化以及糟糕至极。

绝对化的要求是指个体以自己的意愿为出发点，认为某一事物必定会发生或不会发生的信念。这种特征通常是与"必须"和"应该"这类词联系在一起，如"我必须获得成功""别人必须友好地对待""我的想法大家应该理解和接受"等。这种绝对化的要求通常是不可能实现的。因为客观事物的发展有其自身发展规律，不可能以个人意志而转移。人不可能在每一件事上都获得成功，他周围的人和事物的表现和发展也不会依他的意愿来改变。因此，当某些事物的发生与对事物的绝对化要求相悖时，他就会感到难以接受和适应，从而极易陷入情绪困扰之中。

过分概括化是一种以偏概全的不合理的思维方式，就好像是以一本书的封面判定它的好坏一样。它是个体对自己或别人不合理的评价，其典型特征是以某一件或某几件事来评价自身或他人的整体价值。例如，一些人面对失败的结果常常认为自己"一无是处"或"毫无价值"。这种片面的自我否定往往会导致自责自罪、自卑自弃的心理以及焦虑和抑郁情绪。而一旦将这种评价转向他人，就会一味地责备别人，并产生愤怒和敌意的情绪。针对这类不合理信念，合理情绪疗法强调世上没有一个人能达到十全十美的境地，每一个人都应接受人是可能犯错误的。因此，应评价一个人的具体行为和表现来代替对整个人的评价，也就是说"评价一个人的行为而不是去评价一个人"。

糟糕至极是一种把事情的可能后果想象、推论到非常可怕、非常糟糕，甚至是灾难性结果的非理性信念。如一次重要的考试失败后断言"自己的人生已经失去了意义"，一次失恋后就认为"自己再没有幸福可言了"，几次求职失败后就恐慌"自己今后再也找不到工作了"，等等。对任何一件事情来

---

① 中国心理卫生协会．心理咨询师［M］．北京：民族出版社，2012：146－147.

说都可能有比之更坏的情况发生，因此没有一种事情可以被定义为百分之百的糟糕透顶。当人们坚持这样的信念，遇到了他认为糟糕透顶的事情发生时，就会陷入极度的负性情绪体验中。针对这种信念，合理情绪疗法理论认为虽然非常不好的事情确实可能发生，人们也有很多理由不希望它发生，但人们却没有理由说它不该发生。因此，面对这些不好的事情，人们应该努力接受现实，在可能的情况下去改变这种状态，并且在不能改变时去学会如何在这种状态下生活下去。

第九章

知识拓展——神经症的调适

学习目标：

1. 学习判断正常与异常心理活动的三项原则，学会初步甄别神经症。

2. 学习神经症的类型、诊断标准。

3. 了解神经症的表现形式及治疗方法。

4. 学习相关知识，学会自我调整的方法。

案例导入：

某大二高专学生，处于弥散性消极心境，情绪比较低落、不稳定，不爱搭理人，是校园里的"独行侠"，独来独往，做事情没有兴致，伴有负向的自我评价，且有睡眠障碍、身体乏力等躯体症状，时间长了，心理情绪积聚，影响了她的学习、生活，人际关系也出现了敏感状态，这种现象持续了3个月，到相关的医院检查为中度抑郁症。

第一节　神经症概述

一、神经症的概述

神经症，又称神经官能症、心理症或精神神经症，是一组心理障碍疾病的总称。神经症是由心理因素引起的，基本上都是主观感觉方面的不良，并没有相应的器质性损害。其表现为：当事人社会适应能力保持正常或影响不大，有良好的自知力，对自己的不适有充分的感受，能够主动求助、治疗。

神经症主要表现为持久的心理冲突，当事人觉察到或体验到心理的冲突，因此深感痛苦，并且妨碍到当事人的心理功能或社会功能，但没有任何可证实的器质性病理基础。神经症有五个特点。

（一）心理冲突

心理冲突的变形是神经症性的，而心理冲突的常形是大家都有的经验。如果陷入心理冲突的常形，甚至并没有痛苦的心理冲突，那么充其量是心理生理障碍，而不是神经症。要注意的是，一旦出现头痛、失眠、记忆力下降或内脏功能障碍，原来不明显的心理冲突便会尖锐化，很容易出现变形，例如，明显的疑病症状。再例如，某学生期末考试没考好，原来只是一到考试前就紧张、心慌。可是，近一个月以来，不愿去教室，在教室里总感到心慌，看书也不能集中注意力。人多时，就感到浑身不舒服，呼吸都感到不顺畅，当众写字，手会发抖，睡眠也不好。这一例子就是伴随生理和失眠症状出现的典型的心理冲突变形。神经症病人意识到他处于一种无力自拔的自相矛盾的心理状态。通俗地讲，就是自己总是跟自己过不去，自己折磨自己，病人知道这种心理是不正常的或病态的，但是不能解脱。

（二）精神痛苦

神经症属于持久性的精神障碍，患神经症的病人经常夜不能寐，寝食难安；还会出现睡眠障碍，感到特别痛苦。

（三）持久性

神经症是一种持久性精神障碍，不同于各种短暂的精神障碍。症状至少持续三个月，不止一次地发作。

（四）妨碍病人的心理功能或社会功能

神经症性心理冲突中的两个对立面互相强化，形成恶性循环，严重地妨碍着病人的心理功能或社会功能，影响到病人的社会交往功能。

（五）没有任何躯体病为基础

患者虽然体质不同，但却没有相应的躯体疾病与之相联系。

神经症的诊断有严格的标准，包括症状表现、严重程度和病程等，不能因为某些方面相似而随便"对号入座"。

神经症是常见病，患病率相当高。世界卫生组织根据各国的调查资料推算：人口中的5%~8%有神经症或人格障碍，是重性精神病的5倍。其中，西方国家的神经症患病率是10%~20%，我国为1.3%~2.2%。神经症也是门诊中最常见疾病之一。高职高专的学生中，也有很大的比例，需要我们了解和关注。

二、神经症的甄别

判断正常与异常心理活动有三项原则。

（一）主客观统一性原则

任何正常的心理活动和行为，必须在形式上与客观世界一致。

如一位高职高专学生性格内向，追求完美，好胜心强，因刚刚失恋导致近期情绪失落，有失眠现象，也影响到了学习效率。这样的心理表现与客观现实相符，属于正常心理。

如一位高职高专学生近两个月来，每天听到宿舍楼道里有同学们的喧哗声，而且，明显觉得她们在议论自己。告诉宿舍管理员后，宿舍管理员经过调查之后，发现确无此事。该同学的主导性症状是幻听，主客观不统一，显然属于不正常的心理活动。

（二）精神活动的内在协调一致性原则

人的精神世界是完整的统一体，各种心理过程之间具有协调一致的关系，这种协调一致性保证人在反映客观世界过程中的高度准确和有效。

如有一位高职高专学生一学期情绪低落，对什么事情都不感兴趣，对自己的专业也不感兴趣，独来独往，有时觉得活得没有意义。显然，没有明显的现实因素，但情绪低落，各种心理过程不协调一致。

（三）个性的相对稳定性原则

每个人在自己的长期的生活道路上都会形成自己独特的个性心理特征。个性形成之后，具有相对的稳定性。如在生活环境中找不到足以促使他如此改变的原因的情况下，有很大的改变。一个热情、开朗的人突然变得沉默寡言；一个平时特别节俭的人突然变得挥金如土等，个性不稳定。我们就可以说他的精神活动已经偏离了正常轨道。

三、神经症的种类

神经症包括神经衰弱、癔症、焦虑症、强迫症、恐怖症、抑郁性神经症、疑病症等。从临床表现来看，神经症可以分为如下五大类。

（一）一般性焦虑障碍与惊恐发作

一般性焦虑障碍的主要特点为：一般慢性弥散性的焦虑和惊恐，而且偶尔还出现更严重的急性焦虑体验。但无论是慢性还是急性的焦虑体验都不是来自某种具体的威胁，因此这种顽固的焦虑又称为"游离性"的焦虑。一般性焦虑障碍中间会以急性的焦虑出现，这种急性的焦虑被列为单独的一类，称为"惊恐发作"，通常是在没有任何明显诱因的情况下突然发作，达到极高的程度，然后缓解。

（二）强迫—冲动性障碍

强迫是指被某种观念或情感持续地占据，而冲动则是指一种无法抗拒的冲动体验。强迫—冲动性障碍的个体感到他们被强迫去思考某些他们不愿意思考的问题或做出某种他们不想做的行为。他们通常能觉察到自己的行为是不明智的、不必要的，但无法控制。这些动作的出现能降低他们的焦虑水平并得到一种满足和轻松感，但如果个体试图去阻止这种冲动，就会使紧张焦虑水平升高。一般来讲，出现这种障碍的人有着某种独特的人格特点，包括自卑感和不安全感，意识发展可半僵化，有内疚感倾向，以及容易受到威胁等。另外，在强迫—冲动性障碍者中，即使在症状出现之前也会有一种强烈的控制观念。在他们过去的经验中，任何他们感到无法控制的情境都会使他们感到不舒服。

（三）恐怖障碍

恐怖障碍是指某种客体或情境表现出一种持久的恐惧，但客体或情境并没有真正的危险，或这种危险的程度被极大地夸大了。恐怖障碍个体除恐怖以外还有一些其他的症状，如紧张性头痛、后背疼痛、肠胃不适、眩晕，以及对"崩溃"的恐惧。在较严重的惊恐发作时，他们还会产生不真实感、陌生感，甚至"对自己的陌生感"。另外，他们还伴有抑郁，以及人际交往敏感等，在某些情况下，他们还会难以做出决策，这种情况有时又称为决策恐惧。

（四）躯体形式障碍

躯体形式障碍是一种以焦虑为基础的神经模式。病人报告躯体症状时，似乎躯体某方面出现问题，但却不能找到任何的器质性病变基础。该类症状又可以分为如下几种：

1. 躯体化障碍

长期觉得自己存在多种躯体疾病，而且较多在 30 岁之前出现，既不能解释为躯体疾病，也没有任何躯体伤害。个体报告自己得了某种躯体疾病——不仅限于一些与生理病变相一致的症状，而且还表现出对健康状况的关注以及对某种疾病的恐惧。他们会经常去医院检查，但医生对他们"没有病"的保证并不能减轻他们的疑虑，相反，当没有检查出躯体问题时他们会很失望。病人会报告身体不适，肠胃、胸部、头部、生殖器以及躯体其他部位的病症感觉，然而他们却往往难以准确地描述他们的症状。

2. 心因性疼痛

觉察强烈的持续性疼痛。这种疼痛有的没有明显的躯体基础，有的过分夸大疼痛，与实际病变情况不符，通常报告疼痛的区域包括心脏或其他生命器官的周围，也可能包括后背或四肢。他们经常去看医生，证实自己的疼痛，并要求开药，不断服药。这种行为即使在医生确认他没有任何问题仍会继续下去。而且心因性疼痛病人最终可能会出现药物依赖问题，如止痛药成瘾。

3. 分离性障碍（旧称歇斯底里症）

这是一类由精神因素，如重大的生活事件、内心冲突、情绪激动、暗示或自我暗示引起的精神障碍疾病。常常出现在易感个体身上。多起病于青年期，35 岁以后发病罕见。起病急骤，发作前均有社会因素和心理因素的原因，但严重程度不一定表现在强烈程度上，症状也是无意识的，症状的程度和形式常因环境或自我暗示而变化，多在人多的场合发作，给人夸张和做作的印象，症状常为病人带来某些利益。

（五）神经衰弱

主要表现为容易疲劳，注意力不易集中，工作效率降低。即使是很轻微的工作，也需要做出很大的努力才能完成，而且缺乏善始善终的精神，他们通常要花费很多时间睡觉以试图消除疲劳，但睡眠质量不好，经常做梦，不管睡多长时间，醒来时都没有轻松感，这一问题在中青年中常见。

第二节　神经症的表现形式及治疗方法

神经症是一组主要表现为焦虑、抑郁、恐惧、强迫、疑病等症状，或神经衰弱症状的精神障碍，该病有一定的人格基础，起病常受心理社会环境的影响。症状除了心理问题，没有可证实的器质性病变为基础，病人对存在的症状感到痛苦和无能为力，自知力完整或基本完整，病程多迁延。各种神经症性症状或其组合可见于感染、中毒、内脏、内分泌或代谢和脑器质性疾病，称神经症样综合征。

下面分类叙述该病状的具体表现和调试方法。

一、抑郁性神经症

抑郁性神经症，又称心境恶劣障碍，是指一种以持久的心境低落状态为特征的神经症，常伴有焦虑、躯体不适感和睡眠障碍，患者有治疗要求，但无明显的运动性抑制或精神病情症状，生活不受严重影响。

（一）抑郁性神经症的表现

抑郁性神经症所表现的抑郁程度较轻，很少发展到严重程度，但患者描述却生动具体。如患者常常心情不畅，消沉、沮丧，看事物总要看到事物的负面，对工作无兴趣、无热情，缺少自信心，对未来悲观失望，有很强的无用感，常感到精神不振、疲乏。有些患者有轻生的念头。这种抑郁情绪随着时间、地点、生活的不同而有所改变，波动性大，但大部分时间感到抑郁。

尽管如此，工作、学习、生活无明显异常，人们常不认为是抑郁症。

抑郁症状伴有躯体化现象，如头痛、背痛、四肢痛等慢性疼痛症状，常查不出这些疼痛的原因。此外尚有植物神经功能障碍，如胃部不适、腹泻或便秘、失眠等。据医学统计，约30%的人伴有不同程度的焦虑，12%的患者伴有心烦易激惹。约1/3的患者有自责倾向，3/4的患者感到生活无意义，对前途很悲观，少数患者曾萌生自杀的念头，有些患者有癔症性感觉。

（二）抑郁性神经症的起因

抑郁性神经症常由心理因素或社会因素所诱发，例如，夫妻离异、亲人离别、意外的伤残、工作效率低、工作不如意、人际关系处理不佳，以及严重的躯体疾病等因素，使患者担心、焦虑，以致出现抑郁、苦闷、沮丧。正常人在经过疏导后，此种压抑的情绪历时短暂即可消失，但抑郁性神经症患者维持时间较久，尤其是抑郁人格障碍者更是如此，故抑郁性神经症患者病程长。

有性格障碍者，其特征为情绪低落，寡言少语，喜欢沉思，精力不足，凡事均看到负面，回忆过去时自责，展望未来缺乏信心，面对现实困难重重。这些人缺乏自信，有自卑感。

（三）抑郁症的诊断标准

1. 对日常生活无兴趣，觉得没意思，没有愉悦感。

2. 精力明显减退，无原因地持续疲惫感。

3. 自我评价过低，或自责，或有内疚，可达到妄想程度。

4. 理解联想困难，或自觉思维能力显著下降。

5. 失眠，或早醒性失眠，或睡眠过多。

6. 反复出现自杀的念头，或计划自杀，或出现自杀行为。

7. 食欲不振，或体重明显减退。

8. 性欲明显减退。

（四）抑郁性神经症的调适

1. 调适以心理疗法与药物治疗相结合为基本原则。

2. 支持性调适。采取支持性心理治疗，抑郁症患者在药物治疗中或药物治疗的同时，或药物治疗病情稳定、持续用药阶段，可以建立治疗联盟。其中包括精神科医生、心理咨询师、心理治疗师、同事、同学、亲戚及家人等社会支持系统，心理治疗师或咨询师了解患者抑郁性神经症的病因和性质，利用技术消除患者的焦虑情绪，教会患者以正确的态度对待疾病，充分发挥患者的主动性与积极性，对配合医生进行治疗有较大益处。

3. 认知调适。该治疗技术的疗效也很明显，其指导思想是，病人的抑郁情绪引发于不正确的非现实认知，因此，治疗的目标在于调整患者的不合理信念，调整那些糟糕至极、绝对化要求（我应该是最好的）、过分概括化（如我学习不好，未来就没有好的生活），通过自我监察、自我说理及自我强化，建立合理的信念，情绪也会随之好转。

4. 行为调适。我们知道，情绪低落甚至沮丧、活动减少是抑郁症的症状，因为情绪抑郁、活动较少使人不想做任何事，由于做事效率低，他们又责备自己，觉得自己无用，认为自己一无是处，没有价值，感觉自己再也不能做任何事情。结果，人就变得更加抑郁，也更难做任何事。因此，要从自己喜欢的、拿手的事情做起，从事新的有效行为，获得成就感，使自己感觉好转，减少疲劳感，改善思维能力，打破恶性循环。

5. 交际调适。善于与人结交的人比喜欢独来独往的人在精神状态上要愉悦得多。鼓励抑郁症患者多与性格开朗的人相处，建立必要的社会支持系统，咨询师或治疗师、教师可以帮助和鼓励寻找他们的社会支持系统，包括教师本人、同学都是有力的支持者，有一个人的支持、鼓励和理解都是有力量的。当发生什么不利事件时，有一个可以完全依赖的人，无论是亲戚、同学还是朋友，是防止抑郁的最重要保证之一。

6. 药物治疗。2013 年 5 月 1 日《中华人民共和国精神卫生法》颁布，"精神障碍的诊断应当由精神科执业医师作出"，包括药物治疗也得由精神科执业医师开药治疗。主要有抗抑郁剂，用量不宜过大。一般用三环类抗抑郁剂，如阿米替林和多塞平。用药要注意因人而异，如剂量不足可遵医嘱。有时也可用苯二氮卓类。该药既有抗焦虑作用，又有抗抑郁效果。

7. 电抽搐治疗。虽然抑郁性神经症无严重的自杀危险，但也不可轻视，故对少数有明显消极症状者应将电抽搐治疗作为首选治疗方法，在症状消除后，可口服药物以维持疗效。这个疗法也必须是在精神类医院专业医生指导治疗下才可以做的。

8. 自我疗法。

（1）有氧体育疗法。锻炼可以让人感觉轻松，出现自己可以做主的感觉，有益于克服抑郁症的无助感。专家们建议抑郁症患者每天步行1500米，并力争在15分钟内走完。

（2）营养疗法。食物也可以改善营养状况，改善身体状况。如多吃富含维生素的食物、多吃香蕉和巧克力也可降低抑郁情绪。调整食物的种类，获得丰富而合理的营养，身体状态的改善，也可以改善抑郁情绪。

（3）精神疗法。抑郁症患者往往是戴着有色眼镜来看待世界和他自己的。为了改变这种错误的认知，洛杉矶精神医疗中心的加里埃默提出了"三A法"，即明白、回答、行动。因三词的英文字母均以A开头，故称"三A法"。

明白：首先要承认自己精神上的抑郁状况，承认是接纳的开始；其次要注意自己的情绪变化，言谈举止有无异常，以及感觉思维的差别和身体反应等。

回答：要学会每当产生一个错误时，要及时予以识别并记录下来。先写下自己的错误想法，再写下一个较为实际的选择答案，其目的是在实践中检验自己的想法。写完，询问自己："这会是真的吗？"然后问自己："从另一个方面该怎样看呢？"

行动：如果你感到不被人注意，那就换一个新方式与人交往；如果学习效果不好，可以寻找更适合自己的方法，并不断地改善。或多做一些计划和规划，使自己的生活规律化。

（4）交际疗法。把自己关在家里，逃避与人接触，或独来独往，是抑郁症患者的表现。抑郁症患者常表现为情绪低落、自我评价过低，感觉自己不如他人、什么都做不好，有无价值感、无助感，这些感受导致他们兴趣匮乏、遇事退缩、减少社会交往活动、封闭自己，这使抑郁症者处在恶性循环之中，不断强化了自我症状。改变这种恶性循环的前提必须强迫自己走出去，多接触朋友，参加社会活动或出去旅行，尽管开始内心很痛苦，但是，只要坚持一段时间后，负面的情绪感受就会被外部环境慢慢消融，感受到阳光明媚的温暖与人际交往中的爱的流动，重新获得被需要的感受，重新燃起自己的信心。

（5）观息疗法。观息法是身心一体的练习，是心灵重塑疗法中的一种净化内心的方法。利用各种呼吸法，清空大脑，停止纠结，关注自己的内在，可以让分离已久的身心开始融合，消除内在思想的对抗，回归本真的自我。

抑郁症患者或有抑郁倾向的人可在早晚的时间练习观息法，练习时轻轻闭上双眼，把注意力放在呼吸上，无论任何念头出现，你都要以不推、不抗、不纠结的心态接纳它，而你所需要做的就只是纯然地观察呼吸，以盘腿的姿势，20分钟为基础，半个月至一个月后，可以延长练习时间为40~60分钟。

（6）冥想疗法。冥想是身心修习的一种很好行为，现在已被广泛应用到心理治疗和心灵成长活动中，冥想可以提高注意的集中程度，让内心处于平静状态，减少紧张、焦虑、抑郁等情绪，有规律地练习冥想会增强意识力量和觉察的力量，有助于抑郁症患者获得启迪。

简单的冥想，只要在内心中确定一个自己的愿景图，它可以是任何一种主题，以自身感到平静、放松或愉悦为准，然后在大脑中去想象实现，越是能集中投入情感在愿景图上，效果就越好，这个练习要坚持重复去做。也可以有音乐或语言的辅助。

二、强迫症

强迫症，是指以反复强迫观念和强迫动作为基础特征的一类神经症性障碍。其特点是：有意识地自我强迫和反强迫并存，二者尖锐冲突使病人焦虑和痛苦，病人体验到观念或冲动来源于自我，并意识到强迫症状的异常性违反自己的意愿，虽极力抵抗，却无法控制，无法摆脱。

（一）强迫症的表现

1. 强迫观念

明知某些想法和表现的出现是不恰当和不必要的，如强迫疑虑。强迫对立观念和穷思竭虑，却只能引起紧张不安和痛苦，无法摆脱。其具体表现

如下:

(1)强迫怀疑。患者对自己的言行反复产生怀疑,继而产生强迫性检查行为,如出门后怀疑是否关好门窗、写信是否写错地址等,为此而反复检查。

(2)强迫性穷思竭虑。患者对日常生活中的一些事情或自然现象反复思考,追根溯源,明知毫无意义,但无法控制,其思维经常纠缠在一些缺乏实际意义的问题上而不能摆脱。这一症状在青少年中可以看到,如整日思考"为什么把桌子叫桌子而不叫椅子"等。

(3)强迫联想。患者脑中出现某一观念或某一句话,便不由自主地联想起另一个观念或词句。

(4)强迫回忆。患者对经历过的事件,不由自主地在头脑中反复出现,患者在强迫回忆时怀疑自己回忆有错不得不从头想起,加重其不安和痛苦。有时患者表现为发呆,实际上是在想,若被打断或认为"想得不对"时,就得从头想起,因怕被人打扰而表现出烦躁、躲避人等退缩性表现。

(5)强迫记数。患者对物品进行强迫性记数,虽自知无此必要,但不能控制。

(6)强迫情绪。指患者对某些事物担心或恶心,明知不对,却无力摆脱。如担心自己会伤害人,担心自己会说错话或做出不明智的行为,或担心自己受到细菌感染等。

(7)强迫意向。是一种强有力的内在冲动力,是一种将想法付诸行动的冲动感。这类冲动常常是伤害性的、极端的,如杀妻灭子、损坏物品、从奔驰的汽车上纵身一跃;或产生十分不合时宜的冲动,如在大庭广众之下脱掉自己的裤子之类,此时常伴有强烈的恐惧和不安。

患者反复体验到想要做某种违背自己意愿的动作或行为的强烈内心冲动。尽管患者明知这种想法荒谬,自己肯定不会那样做,但无法摆脱这种内心冲动。如抱着孩子走在河边,出现将小孩扔进河里的意向等。

(8)强迫对立观念。患者脑子里经常出现与现实相对立的观念,这些观念常是违反道德准则的内容。为此患者感到紧张、害怕、不安,但又偏偏不能排除,有时甚至有脱口而出的冲动,如说脏话。

（9）强迫表象。指头脑中反复出现具体形象性的内容，如生殖器、色情等形象。

2. 强迫行为

强迫行为往往是为减轻强迫观念而引起的焦虑，患者不由自主地采取的一些顺从性行为。主要表现在以下几方面：

（1）强迫检查。为减轻强迫怀疑所引起的焦虑而采取的行动。

（2）强迫询问。强迫性患者往往不信任自己，为了消除疑虑或穷思竭虑所带来的焦虑，往往对他人进行询问或要求他人反复地不厌其烦地予以解释或保证。

（3）强迫性清洗。为了消除受到细菌或脏物污染的担心而反复多次地洗手、洗澡或洗衣服。有的病人反复多次用香皂洗手，以致造成手背皮肤皲裂或破损，但仍反复洗手，否则会出现十分严重的焦虑或担心。

（4）强迫性意识动作。指病人完成一系列的复杂动作或重复出现某些动作，以消除或减轻由强迫观念引起的焦虑或不安。如患者出门时必须先前进两步，然后再后退一步，如此反复做数次才可以出门。有人把强迫性计数也归入此类。有些患者因强迫性意识动作而导致行动迟缓，例如早晨起床时，反复多次穿衣服，直至患者自己满意为止，这样就耽搁了时间，以致误工或迟到。

（二）强迫症的起因

强迫症是一种病因比较复杂的心理障碍，许多研究者分别从神经、遗传学以及心理学等多种途径探讨这一现象的起因，但是，到目前为止，还没有一个十分有说服力的解释。以下列举几种主要的假说及影响因素。

人格因素。弗洛伊德的精神分析学说认为，强迫症是病理的强迫性人格的进一步发展，强迫性人格的人任何事情都要求完美无缺、按部就班、有条不紊，不合理地坚持别人也要严格地按照他的方式做事，力图保持自身和环境的严密控制，他们注重细节，做任何事都力求准确、完善，但即使如此也仍有"不完善""不安全"和"不确定"的感觉。他们或者表现为固执倔强、墨守成规、宁折不弯及脾气急躁。

强迫性人格在强迫性症状的病因中起重要作用，约 2/3 的强迫症病人病前即有强迫性人格或精神衰弱。

社会心理因素。这是强迫症重要的诱发因素，如：工作、生活环境的变迁；责任过重，处境困难，承受力不够；亲密关系不和谐；由于丧失亲人受到突然的惊吓等。有些正常人偶尔也有强迫症状但不持续，但可在社会因素影响下被强化而持续存在，从而形成强迫症。

遗传因素。遗传在强迫症发生时可能起一定作用，例如父母中有强迫症的子女患病率为5%~7%，比群体的发病率要高得多。患者的同胞、父母及子女属强迫性人格者也较多。

（三）强迫症的诊断标准

症状标准：

符合神经症的诊断标准，并以强迫症状为主，至少有下列一项。

（1）以强迫思想为主，包括强迫观念、回忆或表象，强迫性对立观念、穷思竭虑、害怕丧失自控能力。

（2）强迫行为，包括反复计数、反复洗涤、反复检查、反复询问等。

严重标准：

社会功能受损，影响到了患者的人际关系和工作效率。

病程标准：

符合症状标准至少已3个月。

（四）强迫症的调适

强迫症的起因多种多样，对它的调适也是多方面的。

1. 心理治疗

心理治疗的目的是使患者对自己的个性特点和所患疾病有正确客观的认识，对周围环境、现实状况有正确客观的判断，丢掉精神包袱以减轻不安全感；不好高骛远，不过分精益求精，以减轻其不完美感。同时动员其亲属同事，对患者既不姑息迁就，也不矫枉过正，帮助患者积极从事体育、文娱、社交活动，使其逐渐从沉湎于穷思竭虑的境地中解脱出来。

2. 系统脱敏治疗

就是逐渐减少患者重复行为的次数和时间，如在治疗一名强迫性洗手患者时，规定第一周每次洗手不超过 20 分钟，每天不超过 5 次；第二周每次不超过 15 分钟，每天不超过 3 次；以后依次递减。若有焦虑不安时，便全身放松、入静。每次递减洗手时间，起初患者有焦虑不安表现，除了教会患者放松肌肉外，还可请精神科执业医生配一些药物，以减轻焦虑。

3. 榜样学习疗法

主要有参与示范和被动示范，其中参与示范运用最多。和系统脱敏治疗一样，实施参与示范也需要建立刺激等级。从最低等级到最高等级，咨询师逐渐将示范暴露在相应的情境，陪伴患者示范暴露于从最低等级和最高等级的情境直到能够完全独立面对为止。被动示范也是让患者观察治疗者从低到高地接触各种情境，所不同的只是不让患者介入情境。

4. 暴露疗法

暴露疗法基本治疗步骤与系统脱敏疗法相似。首先要讲清治疗方法和要求，在提高认识的基础上，学会松弛训练的方法，以备日后治疗时，消除障碍。其次是想象训练，选择一种强迫行为（一般先选择程度较轻的行为）作为"靶"症状。想象在日常生活中，发生强迫行为的全过程，重点认真想象在自行控制强迫行为发生不安时，如何忍耐和不允许其行为的重复出现，坚持一个小时以上。逐步升级，向强迫行为严重和顽固的症状想象，并逐渐加强心理适应能力。最后，转入实际训练阶段，对患者实际生活中的强迫行为逐一纠治，使之克服，并消除在中断强迫行为时心理的不适应症状。把患者逐渐暴露于各种无论是想象的还是现实的焦虑情境中，效果会很好。

5. 家庭人际关系治疗

这种方法强调人际关系的因素，强调家庭动力系统。注重研究行为问题的整体意义，强调在治疗患者的同时，为患者的家庭成员提供心理咨询。具体方法如下：训练家庭成员，形成治疗联盟，使之成为患者心理分析的咨询员，或者称为欣慰治疗的助手，协助实施反应阻止训练计划；配合精神分析治疗或行为治疗对患者进行"自我"强化咨询辅导；影响并改善家庭关系，为患者提供强有力的支持系统；进行家庭交往技巧训练；讨论并解决家庭关系当中的冲突。

6. 药物治疗

所有药物治疗都只有精神科执业医生才能进行，主要采用三环类药物，以氯米帕明最为常用。一般 2～3 周开始显效，一定要从小剂量开始，4～6 周无效者可考虑改用或合用其他药物，一般治疗时间为 3～6 个月。氟西汀、帕罗西汀等也可用于治疗强迫症，效果与三环类药物相似，但副作用较小。此外，对强迫症伴有严重焦虑情绪者可以合用苯二氮卓类药物，如氯硝西泮；对难治性强迫症，可合用卡马西平或丙戊酸钠等心境稳定剂，可能会取得一定疗效。也可以住院治疗。

7. 强迫症的自我治疗

步骤一：再确认。

学习"认清"强迫症的想法与行动。这一步必须全心地觉察，以便了解此刻的困扰是来自强迫性想法或行为。目标是控制你对强迫症状的反应，而不是去控制强迫思考或冲动。确认，接纳就是改变的开始。

步骤二：再归因。

自己对自己说："这不是我，这是强迫症在作祟！"强迫性想法是无意义的，那是脑部错误的讯息。这个阶段的目标是学习"再归因"：强迫想法的源头是来自脑部生化的平衡。要记住："你可以不必马上对强迫症状做反应！"最有效的方式就是学习将强迫想法、感觉摆一边，然后做其他的事，如此可以帮助自己改变脑部的生化反应。

这就是我们所谓的"换档"：做其他的行为！

步骤三：转移注意力。

转移注意力是将注意力转移开强迫症状，即使是只有几分钟也有效。首先，选择某些特定的行为来取代强迫性洗手或检查。任何有趣的、建设性的行动都可以。最好是从事自己的嗜好活动，如散步、追剧、运动、听音乐、读书、玩计算机、玩篮球等。

当有强迫性思考时，你先"再确认"那是强迫性思考或冲动，其次"再归因"那是源自你的疾病——强迫症，然后"转移注意力"去做其他的事。

有强迫性检查的人可以运用下列方法：假如困难是检查门锁，请专心、仔细、缓慢地锁门，这个动作深深地记在心中，当强迫性冲动要去检查门锁时，可以马上"再确认"，也就是"那是强迫性想法，那是强迫症！"可以"再归因"——也就是："那不是我，那只是我的脑部在作怪！"也可以"转移注意力"做其他的事情，并且心中确认自己已经小心地锁门了。

步骤四，再评价。

在行为治疗之前，你开始"再评价"那些强迫性想法与冲动。再评价的终极目标是贬抑强迫症状的价值，不随着它起舞。第一，有心理准备。了解强迫症的感觉将要来，并且准备承受它，不要惊吓。第二，接受它。当有强迫症状时，不要浪费力气自责。你清楚症状来自何处，你知道如何应付它。

三、神经衰弱

"神经衰弱"一词最先是由美国医生贝热德在 1868 年提出来的，他认为神经衰弱是神经系统器质性疾病，患者大都具有神经质因素。目前认为神经衰弱是由于某些长期存在的精神因素引起了脑功能活动过度紧张，从而产生了精神活动的减弱。在我国和国际疾病分类中均保留神经衰弱这一诊断。国际上有把神经衰弱的症状局限于以容易疲劳为主要表现的倾向。青少年期发病者较多，脑力工作者较常见。

（一）神经衰弱的表现

神经衰弱的症状很多，几乎涉及人身的所有器官和系统，主要有以下表现：

第一，精神疲劳。患者觉察到自己精力不够和容易疲倦。早晨起床后即感到精神不佳而勉强工作，晚上感觉精神好一点，脑子也相对清醒些，平时稍做点脑力和体力劳动就感觉疲惫不堪，注意力无法集中，记忆力减退。特别对人名、地名、数字更难记住，但对自己的疾病发展经过，对给自己诊过病的医生则记得清清楚楚。

第二，神经过敏。外界一点小刺激就引起患者的烦躁和不安，他们怕吵、怕光、怕气味等。情绪不稳，易发脾气，遇到小事就兴奋激动起来，但很快就疲劳乏力。

第三，肌肉紧张性疼痛。自觉头部发涨或有紧缩感，似乎头皮变厚或像是戴上一顶橡皮帽，头昏头痛，肌肉酸痛。

第四，睡眠障碍。失眠较多见，致使患者为此而痛苦和焦虑。他们躺到床上就感到恐惧紧张，生怕睡不好，结果是越想越睡不着。每当夜深人静时，患者躺在床上胡思乱想，焦虑不安，如此反复，形成了恶性循环。入睡困难仅仅是失眠的一种表现形式，常见的还有多梦、易惊醒、早醒和夜间不眠。部分患者自述整夜未眠，但与其同室的人却听他见一夜鼾声如雷，这可能是由于患者睡眠时多梦，自己感觉睡得不沉而产生精神性失眠。

第五，自疑有病。神经衰弱的躯体化症状表现在各个系统：有的心慌、心跳加快，即认为是患了心脏病；有的脸色发红、发热即认为是患了肺结核；胃部不适，不愿吃饭即认为是患了胃病或胃癌；表现在泌尿系统、生殖系统方面的症状有小便次数增多，有的遗精、早泄，女性患者常有月经不调等。

第六，情绪兴奋。表现为回忆和联想增多，控制不住，但无言语和运动增多。此外，感觉与内脏感受器感受性明显增强，如对声、对光敏感，手指、眼睑与舌尖颤动，皮肤及肌腱反射增强。

第七，植物性神经功能紊乱。表现在心血管系统是心跳过速、心前区疼痛、四肢发凉、皮肤划痕症、血压偏高或偏低等；表现在胃肠道症状是消化不良、食欲不振、恶心、腹胀、便秘或腹泻等；表现在泌尿生殖系统症状是尿频、遗精、阳痿、早泄、月经不调等。

（二）神经衰弱的起因

心理因素。目前大多数学者认为心理因素是造成神经衰弱的主要原因，凡是能引起持续紧张心情和长期的内心矛盾的一些因素，使神经活动过程强烈而持久地处于紧张状态，超过神经系统的张力的耐受限度，即可引起神经衰弱。如过度疲劳而又得不到充分休息时，兴奋过程过度紧张，经常改变生活环境而不适应，是灵活性的过度紧张。

个人素质。精神因素并不是引起神经衰弱的唯一因素，过度疲劳而又得不到充分休息时兴奋过程过度紧张，经常改变生活环境而不适应等现象能否引起强烈而持久的情感体验，进而导致发病，在很大程度上与个体素质，包括遗传因素、后天形成的个性心理特征有关。临床上所见到的多数神经衰弱者的个性心理具有下面某些特点：偏于胆怯、自卑、敏感、多疑；依赖性强，缺乏自信心；偏于主观、任性、急躁、好强、自制力差。具有明显易感素质的人，尽管是遇到别人也有可能遇到的精神因素刺激，也有可能诱发神经衰弱。

体质因素。身体素质差，营养不良，或者感染、中毒、脑外伤或其他躯体疾病之后过度疲劳等，均削弱神经系统的功能，为某些神经衰弱的发生和发展提供了有利条件。

（三）神经衰弱的治疗

神经衰弱的治疗，原则上以精神治疗为主，辅以必要的药物治疗，加强身体锻炼。调整生活规律也有重要意义。

第一，精神治疗。在认真听取患者的陈述和详细体检之后，在其他治疗的配合下，向患者讲解发病原因、临床特点、演变规律、防治措施，使患者认识到疾病的本质，消除对疾病的恐惧心理，主动配合医生的治疗，调整自己的生活规律，注意劳逸结合，坚持锻炼身体，增强体质和中枢神经系统功能活动的稳定性。

第二，药物治疗。主要是对症治疗。对有焦虑症状和兴奋、易激惹者可先用安定、佳静安定、舒乐安定；失眠严重者可予以氟安定、氯羟安定、三唑仑或催眠药；抑郁症状可选用小剂量三环类抗抑郁药，亦可选用中药方剂或中成药治疗。还有机械治疗：经络导平治疗、电磁场治疗、脑功能保健治疗、生物反馈治疗等多种。

第三，运动治疗。参加体育运动可以刺激机体活力，增加中枢神经系统的张力，从而有助于调整高级神经活动功能。

第四，睡眠治疗。可安排每周 1 次时间较长的睡眠，临睡前喝 1 杯牛奶，散步 5 分钟，然后全身放松躺在床上，在舒缓的音乐中入睡。

第五，饮食治疗。平时应注意低盐、低糖、低脂饮食，多吃水果、蔬菜、豆制品等绿色食品。

四、焦虑症

焦虑症，就是通常所称的焦虑状态，全称为焦虑性神经症。焦虑症是一种具有持久性焦虑、恐惧、紧张情绪和植物神经活动障碍的脑机能失调，常伴有不安和躯体不适感。发病于青壮年期，男女两性发病率无明显差异。

正常人在面对困难或有危险的任务，预感将要发生不利的情况或危险时，可产生焦虑（一种没有明确原因的、令人不愉快的紧张状态），这种焦虑通常不构成疾病，是一种正常的心理状态。这种焦虑往往能够促使你鼓起力量，去应付即将发生的危机（或者说焦虑是一种积极应激的本能）。只有当焦虑的程度及持续时间超过一定的范围时才构成焦虑症状，这时就会起到相反的作用——妨碍人应付、处理面前的危机，甚至妨碍正常生活，影响到社会功能。

（一）焦虑症的表现

1. 广泛性焦虑

只有焦虑感持续 6 个月以上，才构成焦虑症。其具体表现包括以下四类：身体紧张、自主神经系统反应性过强、对未来无名的担心、过分机警。这些症状可以是单独出现，也可以一起出现。

（1）躯体焦虑。焦虑症患者常常觉得自己不能放松下来，全身紧张，面部绷紧，眉头紧皱，表情紧张，唉声叹气。

（2）自主神经系统反应性过强。焦虑症患者的交感和副交感神经系统常常超负荷工作。患者出汗、眩晕、呼吸急促、心跳过速。身体发冷或发热、手脚冰凉或发热，胃部难受、大小便过频、喉部有阻塞感等。

（3）对未来无名的担心。焦虑症患者总是为未来担心。他们担心自己的亲人、自己的财产、自己的健康。

（4）过分机警。焦虑症患者每时每刻都像一个放哨站岗的士兵，对周围环境的每个细微动作都充满警惕。由于他们无时无刻不处在警惕状态，因此影响了所有的工作，甚至影响他们的睡眠。

（5）其他症状。广泛性焦虑障碍患者常伴有合并疲劳、抑郁、强迫恐惧、惊恐发作及人格解体等症状，但这些症状常不是疾病的主要临床症状。

2. 惊恐障碍

惊恐障碍又称急性焦虑障碍，其特点是：发作的不可预测性和突然性，反应程度强烈。

患者常在无特殊的恐惧性处境时，突然感到一种突如其来的惊恐体验，伴濒死感或失控感，严重的自主神经功能紊乱症状。伴胸闷、心动过速、心跳不规则、呼吸困难或过度换气、头痛、头昏、眩晕、四肢麻木或感觉异常、出汗、肉跳、全身无力等自主神经症状。惊恐发作通常急骤，终止也迅速，一般历时 5 ~ 20 分钟，不会超过 1 小时，但不久又可突然发作，60% 的患者由于担心发病时得不到帮助而产生回避行为，如不敢单独出门，不敢到人多热闹的场所，进而发展为场所恐惧症。

（二）焦虑症的诊断标准

第一，在过去 6 个月的大多数时间里，对某些事件和活动，如工作进度、学业成绩的过度担心。

第二，个体发现难以控制自己的担心。

第三，焦虑和担心与下面六个症状中的至少三个相似（在儿童中，只要一个下述症状就可以）。

（1）坐立不安或感到心悬在半空中；

（2）容易疲劳；

（3）难以集中注意力，思想一片空白；

（4）易激惹；

（5）肌肉紧张；

（6）睡眠出现了问题（如入睡困难、睡眠不稳或不踏实）。

焦虑、担心和躯体症状给个体的社交、工作和其他方面造成了有临床显著表现的困难。上述症状不是由于药物的生理作用（例如服药、吸毒、酗酒）或者躯体疾病所引起的（例如甲状腺分泌降低），也不仅仅是发生在情绪障碍、精神病性障碍或者普遍发展障碍之中。

（三）焦虑症的起因

对焦虑症的起因，不同学派的研究者有不同的意见。这些意见并不是相互冲突的，而是互补的。

躯体因素。躯体疾病或者生物功能障碍虽然不会是焦虑症的唯一原因，但是，在某些罕见的情况下，病人的焦虑症状可以由躯体因素而引发，比如，甲状腺亢进、肾上腺肿瘤。许多研究者试图发现，是不是焦虑症患者的中枢神经系统，特别是某种神经递质，是引发焦虑症的罪魁祸首。很多研究发现病人处于焦虑状态时，他们大脑内的去甲状腺素和血清素的水平急剧变化，但是未确定这些变化是焦虑症状的原因还是结果。

认知因素。认知过程或思维，在焦虑症状的形成中起着极其重要的作用。研究发现，焦虑症病人比一般人更倾向于把模棱两可的甚至是良性的事件解释成危机的先兆，倾向于认为坏事情会落到他们头上，也倾向于认为失败在等待着他们，更倾向于低估自己对消极事件的控制能力。

应激因素。人在有应激事件发生的情况下，更有可能出现焦虑症。既然焦虑是积极应激的本能，那么应激行为，包括应激准备是焦虑症的主要原因。由于应激行为的强化，在某些情况下（比如信息缺失），会出现刺激—反应的错误联结，或者程度的控制不当，使应激准备过程中积累或调用的心理能量得不到有效释放，持续紧张、心慌等，影响到后续行为，而甲状腺素、去甲状腺素这些和紧张情绪有关的激素的分泌紊乱（过量）则对以上过程有放大作用。

性格因素。患者病前性格特征，包括自信心不足、胆小怕事、谨慎小心、对轻微挫折或身体不适容易紧张等都可能出现焦虑症。

（四）焦虑症的治疗

系统脱敏治疗。利用这种方法主要是诱导患者缓慢地暴露出导致神经症焦虑的情境，并通过心理的放松状态来对抗这种焦虑情绪，从而达到消除神经症焦虑习惯的目的。在心理治疗时，应从能引起个体较低程度的焦虑和恐怖反应刺激，再让患者放松，使焦虑程度处于可忍受的范围之后，施治者便要向处于放松状态的患者呈现另一个比前一刺激略强一点的刺激。如果一个刺激所引起的焦虑或恐惧在患者所能忍受的范围之内，那么经过多次反复的呈现，他便不再会对该刺激感到焦虑和恐怖了。

认知行为治疗。根据患者的具体症状的不同，运用行为治疗的医生有两种不同的方法来治疗焦虑症。如果患者的焦虑症状与某些确定的情境有关，那么，医生通过运用这种行为治疗技术"情境分析"，来找出患者的焦虑症状是由情境中的哪些关键因素造成的。然后医生运用"系统脱敏"的技术，降低患者对这些特定因素的焦虑程度。如果患者的焦虑症状游离于任何特定情境也就是不与某种特定环境有特殊的关系，那么医生就会运用"放松训练"来降低病人的总体紧张水平。另外，由于焦虑症患者经常表现出无助感，所以治疗者会帮助患者通过学习有用的技巧（比如社交技术、直言技术）来提高患者面对各种情境的信心。

放松疗法。由于焦虑症病人都有躯体症状，针对躯体症状可以采用放松疗法，各种松弛精神和肌肉的方法均可。其中最简便的是胸、腹式呼吸交替训练。其方法为：平卧在床上，头下垫枕头；两膝弯曲并分开，相距 20～30 厘米，两手分别置于胸部和腹部；用意念控制呼吸，先吸气并隆胸，使意念停留在胸部上，此时置于胸部上的手慢慢随之升起，然后呼气，再吸气并鼓腹，使意念停留在腹部上，此时置于腹部上的手慢慢随之升起，然后呼气……这样反复交替训练，不断体验胸、腹部的上下起伏，以及呼吸时的全身舒适轻松的感觉，每天 1～2 次。

运动疗法。这种疗法是指导患者做循序渐进的规律性运动，如跑步疗法。一般而言，运动治疗较药物治疗起效慢，中断者较多。尤其是在最初四周要使患者开始有规律的运动相当困难，只能在亲属陪伴下进行锻炼，随着锻炼计划的实施，大多数病人能坚持下来，并取得满意疗效。运动能赋予患者一种自主感，这是药物治疗所不能做到的。运动治疗既可以帮助患者养成更为乐观地对待躯体健康的观点，也可使患者的注意力从抑郁或焦虑的情绪分散出来。

担忧行为阻止法。与强迫症中的强迫行为一样，焦虑症中的"担忧行为"对患者起着强化的作用，原因是它们通常都能带来焦虑的暂时减轻。担忧行为的例子包括，经常给正在工作的家人打电话，拒绝看、听或读大众媒体上的负面信息，查找和自己担忧相关的各种资料等。

药物治疗。抗焦虑药物是最常用的治疗焦虑症的方法，但是抗焦虑药物有很多副作用，比如嗜睡、抑郁。长期服用甚至对某些内脏器官有损害，而且抗焦虑药物往往有成瘾性。抗焦虑药物的最大问题是，一旦患者停止服用，几乎可以肯定，症状会重新出现。因为患者把症状的好转归结为药物的作用，而不是他们自己的改变。于是，当他们停止服药时，当然会觉得情绪不可控制。所以，在药物治疗时，其他治疗相互配合使用才有持续性疗效。

五、恐怖症

恐怖症，是以恐怖症状为主要临床表现的一种神经症。患者对某些特定的对象产生强烈和不必要的恐惧，伴有回避行为。恐惧的对象可能是单一的或多种的，如动物、广场、闭室、登高或社交活动等。患者明知自己的反应不合理，却难以控制而反复出现。青年期与老年期中发病者居多，其中女性更多见。

（一）恐怖症的类别

恐怖症常见的临床表现类型有以下三种。

处境恐怖症。患者害怕使用公共交通工具，如乘坐汽车、火车、地铁、飞机；害怕到人多拥挤的场所，如剧院、餐馆、菜市场、百货公司等；害怕排队等候；害怕出远门等。严重的病例，如果长年在家，不敢出门，甚至在家也要有人陪伴时，上述恐惧可显著减轻。这类患者大多为女性，起病多在成年早期，若不进行有效治疗，场所恐惧的病情可有波动，并会转为慢性。

社交恐惧症。症状主要表现为害怕处于众目睽睽的场合，或害怕自己当众出丑，使自己处于难堪或窘困的处境，因而害怕自己当众说话或表演，害怕当众进食，害怕去公共厕所解便，当众写字时控制不住手发抖，或在社交场合结结巴巴不能作答。害怕见人，见则脸红而怕别人看见，或坚信自己脸红已被别人看到，因而惴惴不安，也称赤面恐怖症。害怕与别人对视，或自认为别人眼睛的余光在窥视自己，因而惶恐不安，称为对人恐怖症。

单纯恐怖症。单纯恐怖症又称特殊恐怖症。表现为对以上两种类型以外的某些特殊物体、情境或活动的害怕。这一综合征包含3个成分：预期焦虑（即担心自己会遇见引起恐惧的物体、情境或活动）、恐惧本身，以及为了减轻焦虑采取的回避行为。患者害怕的往往不是与这些物体接触，而是担心接触之后会产生可怕的后果。例如，患者不敢接触尖锐物品，害怕会用这种物品伤害别人；不敢过桥，害怕桥会坍塌，自己掉到水里；害怕各种小动物会咬自己等。以上各种恐怖症可单独出现，也可合并出现。

（二）恐怖症的诊断标准

以恐怖为主要临床特征，符合以下几点：

对某一物体、某一活动或处境产生一种莫名的恐惧为临床主要表现，恐怖的程度与实际危险不相符。

由恐惧产生的焦虑使患者出现回避行为；明知恐惧没必要，但无法克服；发作时，伴有自主神经症状。

因上述症状，至少造成下述症状之一：（1）妨碍工作、学习、生活和社交；（2）无法摆脱的精神痛苦，以致主动求医。

症状持续至少三个月。

（三）恐怖症的起因

恐怖症病因未明，可能与下列因素有关：

遗传因素。据心理学家调查，在患者的一级亲属中，20%的父母和10%的同胞患恐怖症，认为遗传因素可能与发病有关。

性格特征。患者的病前性格偏向于幼稚、胆小、害羞、依赖性强和内向。

精神因素。精神因素在发病中常起着更为重要的作用。例如，某人遇到凶杀场面，就对刀具产生恐惧。这可能是在焦虑背景上恰巧出现了某一情境，或在某一情境中发生急性焦虑而对之产生恐惧，并固定下来成为恐怖的对象。

其他因素。对特殊物体的恐怖与父母的教育、环境的影响及亲身经历（如被蛇咬过而怕蛇）等有关。心理动力学派认为恐怖是被压抑的潜意识的焦虑象征作用和取代作用的结果。条件反射和学习机理在本症发生中的作用是较有说服力的解释。

（四）恐怖症的治疗

心理治疗。恐怖症的治疗应以鼓励、劝告和指导等心理治疗为主，教育患者敢于面对现实，发挥主动性，树立战胜疾病的信心。在医生的要求和指导下进行模拟性或渐进性训练，使病人逐渐克服对物体或处境的恐怖。

行为疗法。行为疗法是治疗恐怖症的重要方法，常用的有系统性脱敏、暴露或冲击疗法、肌肉松弛训练等。例如对某种动物的恐怖症，医生先同病人多次接触取得信任，并反复讲述有关动物的知识，然后在医生的陪同下逐步接近该动物，经过反复实践，最终使病人克服对动物的恐惧心理。

催眠疗法。可以应用催眠疗法来对抗面临恐惧处境所产生的焦虑反应，也可以训练病人应用自我催眠法，在面临恐怖处境时保持肌肉的松弛，以期对抗。

药物治疗。药物治疗主要是针对恐怖症所引起的焦虑和抑郁情绪。三环类抗抑郁剂可以减轻广场恐怖的症状，但停止服药则有较高的复发率，故药物治疗只是一种辅助疗法。

六、疑病症

疑病症，又称疑病性神经症，是以疑病症状为主要临床表现的神经症。患者对自身健康状况或身体的某一部分功能过分关注，怀疑患了某种严重的躯体或精神疾病，但与其实际健康状况不符，虽然医生对疾病解释或客观检查正常，仍不足以消除患者固有的成见。疑病患者通常伴有紧张、焦虑和抑郁。四处求医多方检查，采用一般性说明方法无法消除其思想顾虑。

（一）疑病症的表现

心理障碍。心理障碍有两种表现。一为疑病感觉，感觉身体某部位有病或对某部位的敏感增加，进而疑病，或过分地关注。患者的描述较含糊不清，部位不恒定。另一种是患者的描述形象逼真，认为患有某种疾病，患者本人自己也确信实际上并不存在，但要求进行各种检查，要医生同情。尽管检查正常，医生的解释与保证并不足以消除其疑病信念，仍认为检查可能有误。于是患者担心忧虑、惶惶不安、焦虑、苦恼。此为一种疑病观念，带强烈的情感色彩。

身体疼痛。这是本病最常见症状，约有2/3的患者有疾病症状，常见部位为头部、下腰部。这种疼痛描述不清，有时甚至说全身疼痛，但查无实据，患者常四处求医辗转于内外各科，毫无结果，最后才到精神科，常伴有失眠、焦虑和抑郁症状。

躯体症状。表现多样而广泛，涉及身体许多不同区域，如口内有一种特殊味道、恶心、吞咽困难、反酸、胀气、腹痛、心悸、左侧胸痛、呼吸困难，担心患有高血压或心脏病。有些患者疑有五官不正，特别是鼻子、耳朵以及乳房形状异样，还有体臭或出汗等。

（二）疑病症的起因

心理社会因素。如婚姻的改变、子女的离别、朋友交往减少、孤独、生活的稳定性受到影响、缺乏安全感，均可成为发病的诱因。有一部分病人是医源性的，如医生不恰当的言语、态度和行为引起患者的多疑，或者医生做出的诊断不确切，反复让病人做些检查，则会造成病人产生怀疑患有某种疾病的信念。有一部分病人，在患躯体疾病以后，通过自我暗示或联想而疑病。

性格因素。性格缺陷是本病的重要致病基础。这一类病人有以下的疑病性格特征：过度注意自己的躯体健康和生命安全，对自己体内不舒服感觉敏感，过多地自我注意、自我检查、自我暗示，甚至将正常的生理性感觉扩大为疑病的臆想。例如，将心悸、胃肠道不适感觉扩大为心脏病、癌症等，为此到处求医觅药。这类人喜欢翻阅各种医学书刊及报纸，对卫生常识、医疗信息特别注意和敏感，无端地自我联系，希望从中找出致病的原因及治病的良方秘诀，为此产生不必要的紧张、疑虑、担心和忧虑等情绪反应。

素质因素。素质因素也是重要的发病基础，已发现本病在同一家庭成员有类似发作。此类病人人格特征为敏感、多疑、主观、固执、谨小慎微，对身体过分地关注，要求十全十美，男性患者病前常具有强迫人格，女性则与癔症性格有关。

（三）疑病症的治疗

对疑病症的防治措施，应以心理治疗为主，辅以药物治疗。

认知疗法。在治疗时，首先应尽可能地全面了解其起病的背景情况，让患者尽情地述说，在其叙述过程中细察致病的真正原因，然后指导病人将只关注自己身体的注意力转向缤纷的外界。注意力的转移，有时可大幅减轻其主观症状，再同时配以认知疗法，以矫正患者因不良认知行为模式而形成的疑病观念。如认为自己曾有过肝功能异常，将来发展的结局肯定是肝硬化或肝癌。如果这一认知模式不断强化，终成疑病观念，甚至出现相应的"症状"。通过认知疗法，可将其误断矫正。

对抗疑病症的四大原则：

其一，不要过多地看有关医学卫生的书刊和其他宣教资料。

其二，改变四处投医问药的习惯，除非确实有某种疾病，才接受必要的医学诊治。

其三，杜绝经常自我注意、自我检查、自我暗示的不良生活习惯。无根据的担心疑虑，本身就是一种不良的心理因素，是诱发多种身心疾病的导火线。

其四，只要不是器质性疾病，对自己身体上一切功能性症状和不适要抱着"听之任之"的态度。

拓展阅读

合理（理性）情绪疗法①

用 ABC 来表示：A 代表诱发事件；B 指个体对这一事件的想法、解释和评价，包括理性和非理性的信念；C 则代表个体情绪和行为的结果。理性信念往往导致乐观快乐的情绪，而非理性信念则容易导致悲观烦恼的情绪。因此对日常生活中的一些事情，要尽可能以积极的、乐观的态度去理解，与他人相处尽可能以善良、宽容服人。

过程：

1. 心理诊断阶段：寻找求助者的不合理信念。

2. 领悟阶段：

实现三点领悟：（1）是信念而不是诱发事件本身引起了情绪及行为后果；（2）求助者对自己的情绪和行为反应应负有责任；（3）只有改变了不合理信念，才能减轻或消除各种症状。

3. 修通阶段：（1）与不合理信念辩论；（2）合理情绪想象技术；（3）家庭作业；（4）其他方法。

4. 再教育阶段：重建心理与行为模式。

---

① 中国心理卫生协会．心理咨询师［M］．北京：民族出版社，2012：144 - 146.

原理：

1. 合理情绪疗法原理：合理情绪疗法是美国心理学家埃利斯（A. Eills）创造的一种心理治疗理论和方法，通过纯理论分析和逻辑思辨的途径，改变求助者的非理性观念，解决情绪和行为上的问题。其核心理论是 ABC 理论。A 是诱发事件，B 是信念，C 是情绪反应、行为结果。

2. ABC 的关系：A 不是 C 的直接原因；B 是不合理的、不现实的信念导致情绪困扰和神经症；治疗核心是通过改变不合理的信念来改变、控制情绪及行为结果。

艾利斯通过临床观察，总结出日常生活中常见的产生情绪困扰甚至导致神经症的 11 类不合理信念，并分别对其不合理做了分析，现分述如下：

1. 每个人绝对要获得周围环境尤其是生活中每一位重要人物的喜爱和赞许

这个观念实际上是个假象，是不可能实现的事。因为在人的一生中，不可能得到所有人的认同，即便是像父母、老师等对自己很重要的人，也不可能永远对自己持一种绝对喜欢和赞许的态度。因此如果他坚持这种信念，就可能需要千辛万苦，委曲求全以取悦他人，以获得每个人的欣赏；但结果必定会使他感到失望、沮丧和受挫。

2. 个人是否有价值，完全在于他是不是个全能的人，即在人生中的每个环节和方面都能有所成就

这个是永远无法达到的目标，因为世界上根本没有十全十美、永远成功的人。一个人可能在某方面较他人有优势，但在另外方面却可能不如别人。虽然他以前有过许多成功的境遇，但无法保证在每一件事上都能成功。因此，若某人坚持这种信念，他就会为自己永远无法实现的目标而徒自伤悲。

3. 世界上有些人很邪恶、很可憎，所以应该对他们给予严厉的谴责和惩罚。

世上既然没有完人，也就没有绝对的区分对与错、好与坏的标准。每个人都可能会犯错误，但仅凭责备和惩罚则于事无补。人偶然犯错误是不可避免的。因此，不应因一时的错误就将他们视为"坏人"，以致对他们产生极端排斥和歧视。

4. 如果事情非己所愿，那将是一件可怕的事情

正如人不可能永远成功一样，生活和事业上也不会样样顺心，遭受一些挫折是很自然的事，如果一经遭受挫折便感到可怕，就会导致情绪上的困扰，反而可能使事情更加恶化。

5. 不愉快的事总是由于外在环境因素所致，不是自己所能控制和支配的，因此人对自身的痛苦和困扰也无法控制和改变

外在因素会对个人有一定影响，但实际上并不是像自己想象的那样可怕和严重。如果能认识到情绪困扰之中包含了自己对外在事件的知觉、评价及内部言语等因素的作用，那么外在的力量便可能得以控制和改变。

6. 面对现实中的困难和自我所承担的责任是件不容易的事情，倒不如逃避它们

逃避问题虽然可以暂时缓和矛盾，但问题却始终存在而且得不到解决，时间一长，问题也就会恶化或连锁性地产生其他问题和困难，从而更加难以解决，最终会导致更为严重的情绪困扰。

7. 人们要随时随地对危险和可怕的事加以警惕，应该非常关心并不断注意其发生的可能性

对危险和可怕的事情有一定的心理准备是正确的，但过分的忧虑则是非理性的。因为坚持这种信念只会夸大危险发生的可能性，使人不能对之加以客观评价和有效地去面对。这种杞人忧天式的观念只会使生活变得沉重和没有生气，导致忧心忡忡，焦虑不已。

8. 人必须依赖别人，特别是那些与自己相比强而有力的人，只有这样，才能生活得好些

虽然人在生活中的某些方面要依赖于别人，但过分夸大这种依赖的必要性则可能使自我失去独立性，导致依赖性更大，从而失去学习能力，产生不安全感。

9. 一个人以往的经历和事件常常决定了他目前的行为，而且这种影响是永远难以改变的

已经发生的事实是个人的历史，这的确是无法改变的。但是不能说这些事就会决定一个人的现在和将来。因为事实虽不可改变，但对事件的看法却

是可以改变的，因此，人们仍可以控制、改变自己以后的生活。

10. 一个人应该关心他人的问题，并为他人的问题而悲伤、难过

关心他人，富于同情，这是有爱心的表现。但如果过分投入他人的事情，就可能忽视自己的问题，并因此使自己的情绪失去平衡，最终导致没有能力去帮助别人解决问题，却使自己的问题更糟。

11. 对人生中的每个问题都应有一个唯一正确的答案；如果人找不到这个答案，就会痛苦一生

人生是一个复杂的历程，对任何问题都要寻求完美的解决办法是不可能的事。如果人们坚持要寻求某种完美的答案，那就会使自己感到失望和沮丧。

问题与思考

1. 判断正常与异常心理活动的三项原则有哪些？
2. 神经症有哪五个特点？
3. 神经症包括哪些？
4. 列表并对比各个神经症的原因、症状、调适策略。

附录

常用心理测试量表

一、SCL - 90

（一）编制背景和目的

此表由 Derogatis, L. R. 编制（1975），表的制定可追溯到在 Cornell Medical Index（CMI）的基础上，由 Parloff, M. B. 制定的评定心理治疗并经 Frank, J. D. 修改的不适量表（Discomfort Scale）。后来 Derogatis 以他编制的 Hopkin's 症状清单 JHSCL1973 为基础制定 SCL - 90。此表包括 90 个项目。曾有 58 项版本及 35 项的简本，此处介绍 90 个项目的 SCL - 90，此表包含比较广泛的精神病症状学内容，如思维情感、行为、人际关系、生活习惯等。

（二）评定说明

评定时间：可以评定一个特定的时间，通常是评定一周以来的时间。

评定方法：分为五级评分（从 0 ~ 4 级），0 = 从无，1 = 轻度，2 = 中度，3 = 相当重，4 = 严重。有的也用 1 ~ 5 级，在计算实得总分时，应将所得总分减去 90。SCL - 90 除了自评外，也可以作为医生评定病人症状的一种方法。

分析统计指标：

总分：

1. 总分是 90 个项目所得分之和。

2. 总症状指数（General Symptomatic Index），国内称总均分，是将总分除以 90（总分 ÷ 90）。

3. 阳性项目数是指评为 1 ~ 4 分的项目数，阳性症状痛苦水平（Positive-

symptom distress level）是指总分除以阳性项目数（总分÷阳性项目数）。

因子分：

SCL-90 包括9个因子，每一个因子反映出病人的某方面症状痛苦情况，通过因子分可了解症状分布特点。其计算公式为：

因子分＝组成某一因子的各项目总分/组成某一因子的项目数

9个因子含义及所包含项目为：

1. 躯体化（Somatizati）：

包括1、4、12、27、40、42、48、49、52、53、56、58，共12项。该因子主要反映身体不适感，包括心血管、胃肠道、呼吸和其他系统的主诉不适，头痛、背痛、肌肉酸痛，以及焦虑的其他躯体表现。

2. 强迫症状（Obsessive - Compulsive）：包括3、9、10、28、38、45、46、51、55、65，共10项。主要指那些明知没有必要，但又无法摆脱的无意义的思想、冲动和行为，还有一些比较一般的认知障碍的行为征象也在这一因子中反映。

3. 人际关系敏感（Interpersonal sensitivity）：包括6、21、34、36、37、41、61、69、73，共9项。主要指某些个人不自在与自卑感，特别是与其他人相比较时更加突出。在人际交往中的自卑感，心神不安，明显不自在，以及人际交流中的自我意识，消极的期待亦是这方面症状的典型原因。

4. 抑郁（Depression）：5、14、15、20、22、26、29、30、31、32、54、71、79，共13项。苦闷的情感与心境为代表性症状，还以生活兴趣的减退、动力缺乏、活力丧失等为特征。包括反映失望、悲观以及与抑郁相联系的认知和躯体方面的感受。另外，还包括有关死亡的思想和自杀观念。

5. 焦虑（Anxiety）：包括2、17、23、33、39、57、72、78、80、86，共10项。一般指烦躁、坐立不安、神经过敏、紧张，以及由此产生的躯体征象，如震颤等。测定游离不定的焦虑及惊恐发作是本因子的主要内容，还包括一项解体感受的项目。

6. 敌对（Hostility）：包括11、24、63、67、74、81，共6项。主要从三个方面来反映敌对的表现：思想、感情及行为。其项目包括厌烦的感觉，摔物，争论，直到不可控制的脾气爆发等各方面。

7. 恐怖（Photicanxiety）：包括 13、25、47、50、70、75、82，共 7 项。恐惧的对象包括出门旅行、空旷场地、人群，或公共场所和交通工具。此外，还有反映社交恐怖的一些项目。

8. 偏执（Paranoidideation）：包括 8、18、43、68、76、83，共 6 项。本因子是围绕偏执性思维的基本特征而制定：主要指投射性思维、敌对、猜疑、关系观念、妄想、被动体验和夸大等。

9. 精神病性（Psychoticism）：包括 7、16、35、62、77、84、85、87、88、90，共 10 项。反映各式各样的急性症状和行为，有代表性地视为较隐讳，限定不严的精神病性过程的指征。此外，也可以反映精神病性行为的继发征兆和分裂性生活方式的指征。

此外还有 19、44、59、60、64、66、89 共 7 个项目未归入任何因子，分析时将这 7 项作为附加项目（Additional Items）或其他，作为第 10 个因子来处理，以便使各因子分之和等于总分。

当得到因子分后，便可以用轮廓图（profiles）分析方法，了解各因子的分布趋势和评定结果的特征。

此量表在国外已广泛应用，在国内也已广为应用于临床研究，特别是精神卫生领域。如对医学生考试应激的身心影响研究中，SCL - 90 总分由考试前 24.05±20.62 增加到 42.80±31.27（$P < 0.01$），各因子分均值亦皆有不同程度升高。除人际关系敏感及恐怖两个因子外，其余因子在考试前后均有显著差异（$P < 0.05 - 0.001$）。考试前后 SCL - 90 总分与生活事件总分、人格部分均呈显著正相关。与应对方式相关分析，发现消极的应对方式，如自闭自责、听天由命等，与考试后 SCL - 90 增分呈显著正相关；而与积极的应对方式，如寻求社会支持，着重争取有利方面等则呈显著负相关（$P < 0.05 - 0.01$）。若将 SCL - 90 总分均值为界限，分为高症状组与低症状组，观察其 PHA 诱发的淋巴细胞转化反应，发现高症状组的淋转降低较显著（唐宏宇等，1992）。

用于痴呆病人照顾者的研究，发现 SCL - 90 评分均高于对照组，其中总痛苦水平（GSI）、阳性症状痛苦水平（PSDL）的均分以及抑郁、焦虑、敌对、偏执、精神病性等因子的痛苦水平与对照组相比，差异有显著性（$P < 0.05 - 0.01$）。SCL - 90 与亲属应激量表（RSS）评分之间有显著正相关。

（三）SCL - 90 的测量

指导语：以下表格中列出了有些人可能有的病痛或问题，请仔细阅读每一条，然后根据最近一星期以内（或过去_____）下列问题影响你或使你感到苦恼的程度，在方格选择最合适的一格，画一个"√"。请不要漏掉问题。

举例：

下列问题对你影响如何？

从无	轻度	中度	偏重	严重
0	1	2	3	4

表1　SCL - 90 量表

	从无 0	轻度 1	中度 2	偏重 3	严重 4
1. 头痛					
2. 神经过敏，心中不踏实					
3. 头脑中有不必要的想法或字句盘旋					
4. 头晕和昏倒					
5. 对异性的兴趣减退					
6. 对旁人责备求全					
7. 感到别人能控制您的思想					
8. 责怪别人制造麻烦					
9. 忘性大					
10. 担心自己的衣饰整齐及仪态的端正					
11. 容易烦恼和激动					
12. 胸痛					
13. 害怕空旷的场所或街道					
14. 感到自己的精力下降，活动减慢					
15. 想结束自己的生命					
16. 听到旁人听不到的声音					

续表

	从无 0	轻度 1	中度 2	偏重 3	严重 4
17. 发抖					
18. 感到大多数人都不可信任					
19. 胃口不好					
20. 容易哭泣					
21. 同异性相处时感到害羞不自在					
22. 感到受骗、中了圈套，或有人想抓住自己					
23. 无缘无故地突然感到害怕					
24. 自己不能控制地发脾气					
25. 怕单独出门					
26. 经常责怪自己					
27. 腰痛					
28. 感到难以完成任务					
29. 感到孤独					
30. 感到苦闷					
31. 过分担忧					
32. 对事物不感兴趣					
33. 感到害怕					
34. 我的感情容易受到伤害					
35. 旁人能知道自己的私下想法					
36. 感到别人不理解自己不同情自己					
37. 感到人们对自己不友好，不喜欢自己					
38. 做事必须做得很慢以保证做得正确					
39. 心跳得很厉害					
40. 恶心或胃部不舒服					
41. 感到比不上他人					
42. 肌肉酸痛					
43. 感到有人在监视自己谈论自己					

续表

	从无 0	轻度 1	中度 2	偏重 3	严重 4
44. 难以入睡					
45. 做事必须反复检查					
46. 难以做出决定					
47. 怕乘电车、公共汽车、地铁或火车					
48. 呼吸有困难					
49. 一阵阵发冷或发热					
50. 因为感到害怕而避开某些东西、场合或活动					
51. 脑子变空了					
52. 身体发麻或刺痛					
53. 喉咙有梗塞感					
54. 感到没有前途，没有希望					
55. 不能集中注意					
56. 感到身体的某一部分软弱无力					
57. 感到紧张或容易紧张					
58. 感到手或脚发重					
59. 想到死亡的事					
60. 吃得太多					
61. 当别人看着自己或谈论自己时感到不自在					
62. 有一些不属于自己的想法					
63. 有想打人或伤害他人的冲动					
64. 醒得太早					
65. 必须反复洗手、点数目或触摸某些东西					
66. 睡得不稳不深					
67. 有想摔坏或破坏东西的冲动					

续表

	从无 0	轻度 1	中度 2	偏重 3	严重 4
68. 有一些别人没有的想法或念头					
69. 感到对别人神经过敏					
70. 在商店或电影院等人多的地方感到不自在					
71. 感到任何事情都很困难					
72. 一阵阵恐惧或惊恐					
73. 感到在公共场合吃东西很不舒服					
74. 经常与人争论					
75. 单独一人时神经很紧张					
76. 别人对您的成绩没有做出恰当的评价					
77. 即使和别人在一起也感到孤单					
78. 感到坐立不安、心神不定					
79. 感到自己没有什么价值					
80. 感到熟悉的东西变成陌生或不像是真的					
81. 大叫或摔东西					
82. 害怕会在公共场合昏倒					
83. 感到别人想占自己的便宜					
84. 为一些有关"性"的想法而很苦恼					
85. 您认为应该因为自己的过错而受到惩罚					
86. 感到要赶快把事情做完					
87. 感到自己的身体有严重问题					
88. 从未感到和其他人很亲近					
89. 感到自己有罪					
90. 感到自己的脑子有毛病					

二、抑郁自评量表（SDS）

（一）编制背景和目的

SDS 抑郁自评量表，Zung 编制，美国教育卫生部推荐用于精神药理学研究的量表之一，由 Psychology Express 重新编辑和制作。

这是一个含有 20 个项目，分为 4 级评分的自评量表。其特点是使用简便，能相当直观地反映抑郁病人的主观感受。

（二）评定说明

1. 项目、定义和评分标准：

SDS 采用 4 级评分，主要评定症状出现的频度，该 4 级的记分标准为：没有或很少时间（为 1 分）；小部分时间（为 2 分）；相当多时间（为 3 分）；绝大部分或全部时间（为 4 分）。

2. 前标"＊"者为反序计分。

3. 适用对象：

SDS 主要适用于具有抑郁症状的成年人。除了对有严重阻滞症状者评定起来有困难外，一般来讲，无论对门诊还是住院病人都是可以接受的。

4. 评分方法：

作为精神科的一种自评表，在自评者评定之前，一定要让他把整个量表的填写方法及每条问题的含义都弄明白，然后做出独立的、不受任何人影响的自我评定。评定时需根据最近一星期的实际情况，在适当的分数下画钩（√）。

如果评定者的文化程度太低，不能理解或看不懂 SDS 问题的内容，可由工作人员念给他听。逐条念，让评定者独立地自己做出评定，一次评定，一般可在七分钟内填完。应该注意：

（1）评定的时间范围，应强调是"现在"或"最近一星期"。这一时间范围应十分明确地告诉自评者。

（2）在评定结束时，工作人员应仔细地查一下自评结果。除有特殊情况外，一般应提醒自评者不要漏评某一项目，也不要在相同一个项目里打两个钩（√），即不要重复评定。

（3）SDS 应在开始治疗（或开始研究）前让自评者评定一次，然后至少应在治疗后（或研究结束时）再让他评定一次，以便通过 SDS 总分的变化来分析该自评者症状的变化情况。在治疗期间评定，其时间间隔可由研究者自行安排。

（4）结果分析：SDS 的分析方法比较简单，主要的统计指标是总分，但要经过一次转换，将粗分化成标准分。待自评结束后，把 20 个项目中的各项分数相加，即得到了粗分。用粗分乘以 1.25 后取整数部分，就得到标准分。分数越高，症状越严重。也可以通过下列表格查得标准分。

抑郁自评量表（SDS）填表注意事项：下面有 20 条题目，请仔细阅读每一条，把意思弄明白，每一条文字后有四个格，根据你最近一个星期的实际情况在适当的方格里面画"√"进行选择。

表 2　抑郁自评量表

	没有或很少时间	小部分时间	相当多时间	绝大部分或全部时间
1. 我觉得闷闷不乐，情绪低沉				
*2. 我觉得一天之中早晨最好				
3. 我一阵阵地哭出来或是想哭				
4. 我晚上睡眠不好				
5. 我吃得和平时一样多				
*6. 我与异性接触时和以往一样感到愉快				
7. 我发觉我的体重在下降				
8. 我有便秘的苦恼				
9. 我心跳比平时快				
10. 我无缘无故感到疲乏				

续表

	没有或很少时间	小部分时间	相当多时间	绝大部分或全部时间
＊11. 我的头脑和平时一样清楚				
＊12. 我觉得经常做的事情并没有困难				
13. 我觉得不安而平静不下来				
＊14. 我对将来抱有希望				
15. 我比平常容易激动				
＊16. 我觉得做出决定是容易的				
＊17. 我觉得自己是个有用的人，有人需要我				
＊18. 我的生活过得很有意思				
＊19. 我认为如果我死了别人会生活得更好些				
20. 平常感兴趣的事我仍然照样感兴趣				

三、焦虑自评量表（SAS）"

（一）编制背景和目的

焦虑自评量表（Self - Rating Anxiety Scale，SAS）由 Zung 于 1971 年编制，从量表构造的形式到具体评定的方法，都与抑郁自评量表（SDS）十分相似，它也是一个含有 20 个项目、分为 4 级评分的自评量表，用于评出焦虑病人的主观感受。

（二）评定说明

1. 项目、定义和评分标准：

SAS 采用 4 级评分，主要评定项目为所定义的症状出现的频度，其标准为："1"表示没有或很少有时间有；"2"是小部分时间有；"3"是相当多时间有；"4"是绝大部分或全部时间都有。

2. 适用对象：

SAS 适用于具有焦虑症状的成年人。同时，它与 SDS 一样，具有较广泛的适用性。

3. 评定方法及注意事项：

在自评者评定之前，要让他把整个量表的填写方法及每条问题的含义都弄明白，然后做出独立的、不受任何人影响的自我评定。

在开始评定之前，先由工作人员指着 SAS 量表告诉他：下面有 20 条文字，请仔细阅读每一条，把意思弄明白，然后根据您最近一星期的实际情况，在适当的方格里画钩（√）。每一条文字后有 4 个方格，分别代表没有或很少（发生），小部分时间，相当多时间，绝大部分或全部时间。

如果评定者的文化程度太低，不能理解或看不懂 SAS 问题内容，可由工作人员念给他听，逐条念，让评定者独立地自己做出评定。一次评定一般可在十分钟内填完。

4. 应该注意：

（1）评定的时间范围，应强调是"现在或过去一周"。

（2）在评定结束时，工作人员应仔细地检查一下自评结果，应提醒自评者不要漏评某一项目，也不要在相同一个项目里打两个钩（不要重复评定）。

（3）SAS 应在开始治疗前由自评者评定一次，然后至少应在治疗后（或研究结束时）再让他自评一次，以便通过 SAS 总分变化来分析自评者症状的变化情况。如在治疗期间或研究期间评定，其间隔可由研究者自行安排。

5. 结果分析：

SAS 的主要统计指标为总分。由自评者评定结束后，将 20 个项目的各个得分相加，即得粗分（raw score）。经过下式换算，y = int（1.25x），即用粗分乘以 1.25 以后取整数部分，就得到标准分（index score，Y），或者可以查表做相同的转换。

必须着重指出，SAS 的 20 个项目中，第 5、9、13、17、19 条共 5 个项目的计分，必须反向计算。

6. 应用评价：

（1）SAS 是一种分析病人主观症状的相当简便的临床工具。作者对 36 例神经官能症患者进行 SAS 评定，同时用 HAMA 量表做询问检查，两表总分的 Pearson 相关法的相关系数为 0.36，Spearman 等级相关的系数为 0.341，结果表明 SAS 的效度相当高。国外研究认为，SAS 能较准确地反映有焦虑倾向的精神病患者的主观感受。而焦虑则是心理咨询门诊中较常见的一种情绪障碍，近年来，SAS 已作为咨询门诊中了解焦虑症状的一种自评工具。

表3　不同精神疾患的 SAS 总分（标准分）

诊断	例数	总分均值	标准差
焦虑症	22	58.7	13.5
精神分裂症	25	46.4	12.9
抑郁症	96	50.7	13.4
人格障碍	54	51.2	13.2
正常对照组	100	33.8	5.9

（2）对中国正常人 1158 例常模的研究结果显示，正评题 15 项单分均值为 1.29 ± 0.98；反向 5 个项目均分为 2.08 ± 1.71，20 项总分均值 29.78 ± 0.46 可作为常模总分均值之上限。

（3）全国部分量表协作组对 129 例神经衰弱、焦虑症和抑郁性神经症者进行了检查，得出 SAS 的平均总分为 42.98 ± 9.94，其中神经衰弱为 40.52 ± 6.62 分，48 例焦虑症为 45.68 ± 11.23 分。经 F 值检验的结果是无显著意义，$P > 0.05$ 表明自评性焦虑症状量表 SAS 无法区别三类神经症的严重性和特殊性，必须同时应用其他自评量表。如 CESD 或 SCL-90 及他评 HAMA 或 HAMD 量表等，这样才能有助于神经症临床分类。

（三）焦虑自评量表 SAS

SAS 的条文及所希望引出的症状（括号中为症状名称部分）是：

1. 我觉得比平常容易紧张和着急（焦虑）。

2. 我无缘无故地感到害怕（害怕）。

3. 我容易心里烦乱或觉得惊恐（惊恐）。

4. 我觉得我可能将要发疯（发疯感）。

5. 我觉得一切都很好，也不会发生什么不幸（不幸预感）。

6. 我手脚发抖打战（手足颤抖）。

7. 我因为头痛、颈痛和背痛而苦恼（躯体疼痛）。

8. 我感觉容易衰弱和疲乏（乏力）。

9. 我觉得心平气和，并且容易安静坐着（静坐不能）。

10. 我觉得心跳很快（心悸）。

11. 我因为一阵阵头晕而苦恼（头昏）。

12. 我有晕倒发作或觉得要晕倒似的（晕厥感）。

13. 我呼气吸气都感到很容易（呼吸困难）。

14. 我手脚麻木和刺痛（手足刺痛）。

15. 我因为胃痛和消化不良而苦恼（胃痛或消化不良）。

16. 我常常要小便（尿意频数）。

17. 我的手常常是干燥温暖的（多汗）。

18. 我脸红发热（面部潮红）。

19. 我容易入睡并且一夜睡得很好（睡眠障碍）。

20. 我做噩梦（噩梦）。

（四）焦虑自评量表（SAS）

姓名　　　　　性别　　　　　年龄

填表注意事项：下面有20条文字，请仔细阅读每一条，把意思弄明白，然后根据您最近一星期的实际感觉，在适当的方格里画一个钩，每一条文字后有四个方格，表示：A 没有或很少时间；B 少部分时间；C 相当多时间；D 绝大部分或全部时间。E 由工作人员评定。

表4　焦虑自评量表

	A	B	C	D	E
1. 我觉得比平时容易紧张和着急					
2. 我无缘无故地感到害怕					
3. 我容易心里烦乱或觉得惊恐					
4. 我觉得我可能将要发疯					
5. 我觉得一切都很好，也不会发生什么不幸					
6. 我手脚发抖打战					
7. 我因为头痛、头颈痛和背痛而苦恼					

	A	B	C	D	E
8. 我感觉容易衰弱和疲乏					
9. 我觉得心平气和，并且容易安静坐着					
10. 我觉得心跳得很快					
11. 我因为一阵阵头晕而苦恼					
12. 我有晕倒发作或觉得要晕倒似的					
13. 我呼气吸气都感到很容易					
14. 我的手脚麻木和刺痛					
15. 我因为胃痛和消化不良而苦恼					
16. 我常常要小便					
17. 我的手常常是干燥温暖的					
18. 我脸红发热					
19. 我容易入睡，并且一夜睡得很好					
20. 我做噩梦					

四、青少年生活事件量表（ASLEC）

（一）编制的背景和目的

自 20 世纪 30 年代 H. Selye 提出应激（stress）的概念以来，生活事件作为一种心理社会应激源对身心健康的影响引起广泛的关注。1967 年 Holme 和 Rahe 编制了第一份包含 43 个项目的社会再适应量表（SRRS），开辟了生活事件量化研究的途径。由于不同民族、文化背景、年龄、性别及职业群体中生活事件发生的频度及认知评价方式的差异，针对特殊群体的生活事件量表也相继问世。国内 20 世纪 80 年代杨德森和张明园教授等结合我国国情先后编制了两份生活事件量表，两份量表各有特色，已被多项研究引用。作者在综括国内外文献的基础上，结合青少年的生理心理特点和所扮演的家庭社会角色，于 1987 年编制了青少年自评生活事件量表（Adolent Self - Rating Life Events Check List，ASLEC），经过对 1473 名中学生的测试，证明该量表有较好的信度和效度，现已用于多项研究。

1. 适用范围：适用于青少年尤其是中学生和大学生生活事件发生频度和应激强度的评定。

（1）主成分因子分析显示 ASLEC 可用 6 个因子来概括。

①人际关系因子包括条目 1，2，4，15，25；

②学习压力因子包括条目 3，9，16，18，22；

③受惩罚因子包括条目 17，18，19，20，21，23，24；

④丧失因子包括条目 12，13，14；

⑤健康适应因子包括条目 5，8，11，27；

⑥其他包括条目 6，7，23，24。

（2）因子可解释全量表 44% 的变异。

（3）效标关联效度 ASLEC 总分与应对方式问卷中消极应对分（r = 0.31）和心理控制源量表（CNSIE）中外控分（r = 0.22）呈显著正相关关系。此外，ASLEC 总分对焦虑自评量表（SAS）评分（B = 0.29）和抑郁自评量表（SDS）评分（B = 0.20）有显著的预测作用。

2. 使用和统计方法：

ASLEC 为一自评问卷，由 27 项可能给青少年带来心理反应的负性生活事件构成。评定期限依研究目的而定，可为最近 3 个月、6 个月、9 个月或 12 个月。对每个事件的回答方式应先确定该事件在限定时间内发生与否，若未发生过仅在未发生栏内画"√"，若发生过则根据事件发生时的心理感受分 5 级评定，即没有（1）、轻度（2）、中度（3）、重度（4）和极重（5）。完成该量表约需要 5 分钟。

统计指标包括事件发生的频度和应激量两部分，事件未发生按无影响统计，累积各事件评分为总应激量。若进一步分析可分 6 个因子进行统计。

3. 应用价值和理论意义：

该量表有以下特点：（1）简单易行，可以自评也可以访谈评定；（2）评定期限依研究目的而定，可以是 3、6、9 或 12 个月；（3）应激量根据事件发生后的心理感受进行评定，考虑了应对方式的个体差异；（4）ASLEC 仅包含青少年时期常见的负性生活事件；（5）ASLEC 有较好的信、效度；（6）

统计指标包括发生频度和应激量两部分。

该量表可用于精神科临床、心理卫生咨询和心理卫生研究，对于研究青少年心理应激程度、特点及其与身心发育和身心健康的关系有十分重要的理论意义和应用价值。

（三）青少年生活事件量表

过去12个月内，你和你的家庭是否发生过下列事件？请仔细阅读下列每一个项目，如果发生过，根据事件给你造成的苦恼程度选择"没有、轻度、中度、重度、极重"。

表5　青少年生活事件量表

	没有	轻度	中度	重度	极重
1. 被人误会或错怪					
2. 受人歧视冷遇					
3. 考试失败或不理想					
4. 与同学或好友发生纠纷					
5. 生活习惯（饮食、休息等）明显变化					
6. 不喜欢上学					
7. 恋爱不顺利或失恋					
8. 长期远离家人不能团聚					
9. 学习负担重					
10. 与老师关系紧张					
11. 本人患急重病					
12. 亲友患急重病					
13. 亲友死亡					
14. 被盗或丢失东西					
15. 当众丢面子					
16. 家庭经济困难					
17. 家庭内部有矛盾					
18. 预期的评选（如三好学生）落空					

续表

	没有	轻度	中度	重度	极重
19. 受批评或处分					
20. 转学或休学					
21. 被罚款					
22. 升学压力					
23. 与人打架					
24. 遭父母打骂					
25. 家庭给你施加学习压力					
26. 意外惊吓，事故					
27. 如有其他事件请说明					

五、社会支持评定量表

（一）编制的背景和目的

学术界对社会关系与健康的关系已有了很长时间的研究。早在 20 世纪，法国社会学家 Durklieim 就发现社会联系的紧密程度与自杀有关。21 世纪以来，社会流行学研究表明社会隔离或社会结合的紧密程度低的个体身心健康的水平较低，而死亡率则较高。在各年龄组，缺乏稳定婚姻关系和社会关系较孤立的个体易患结核病、意外事故和精神疾病，如精神分裂症，且死亡率高于有稳定婚姻关系者。对精神疾病患者的研究发现，与正常人比较，精神分裂症患者的社交面较窄，一般仅限于自己的亲人，而神经症患者社交活动少，社会关系松散。老年人如果有较密切的社会关系，则可以有效地减少抑郁症状。20 世纪 70 年代初，精神病学文献中引入"社会支持"（Socialsupport）的概念，社会学和医学用定量评定的方法，对社会支持与身心健康的关系进行大量的研究。多数学者认为，良好的社会支持有利于健康，而劣性社会关系的存在则损害身心健康。社会支持一方面对应激状态下的个体提供保护，即对应激起缓冲作用，另一方面对维持一般的良好情绪体验具有重要意义。

　　为了提供评定社会支持的工具，肖水源于 1986 年设计了一个 10 条的《社会支持评量表》并在小范围内试用，1990 年又根据使用情况进行了小规模修订，现对该量表设计的理论基础、使用方法和实际使用情况做一些简单介绍。

　　（二）量表设计的理论基础

　　到目前为止，"社会支持"一词仍没有一个统一的概念。早期的一些研究主要以社会结构因素（如婚姻关系）来衡量社会关系，近年来则有越来越多的学者趋向于分析不同来源和不同性质的支持与健康的关系。

　　一般认为，社会支持从性质上可以分为两类。一类为客观的、可见的或实际的支持，包括物质上的直接援助与社会网络、团体关系的存在和参与，后者是指稳定的社会网络（如家庭、婚姻、朋友、同事等）或不稳定的社会联系（如非正式团体、暂时性的社会交际等）的大小和可获得程度，这类支持独立于个体的感受，是客观存在的现实。另一类是主观的、体验到的情感上的支持，指的是个体在社会中受尊重、被支持、被理解的情感体验和满意程度，与个体的主观感受密切相关。对这两类支持的重要性，不同的学者有不同的看法，多数学者认为感受到的支持比客观支持更有意义，因为虽然感受到的支持并不是客观现实，但是"被感知到的现实却是心理的现实，而正是心理的现实作为实际的（中介）变量影响人的行为和发展"。

　　然而，这并不等于说客观支持没有意义。实际上，虽然主观体验到的社会支持存在较大的个体差异，但是它总是有一定的客观基础的。因此，国外较有影响的社会支持问卷一般仍采用多轴评价的方法。例如：Sarason 等（1981）的社会支持问卷（Social Support Questionnaire, SSQ）共有 27 个条目，分为两个维度：社会支持的数量，即在需要的时候能够依靠别人的程度，主要涉及客观支持；对所获得的支持的满意程度，评定的是对支持的主观体验。Andrews（1978）在一项城市社区研究中，应用的社会支持问卷共有 16 个项目，分为三个部分，即危机情况下的支持（Crisis Support）、邻居关系和团体参与。Hendeson 等（1981）的社会交往调查表（Interview Schedule for Social Interaction, ISSI）分为社会支持的可利用度和自我感觉到的社会关系的适合程度两个维度。

除实际的客观支持和对支持的主观体验外，本文作者（1987）还提出，社会支持的研究还应包括个体对支持的利用情况。个体对社会支持的利用存在着差异，有些人虽可获得支持，却拒绝别人的帮助，并且，人与人的支持是一个相互作用的过程，一个人在支持别人的同时，也为获得别人的支持打下了基础。因此，对社会支持的评定有必要把对支持的利用情况作为社会支持的第三个维度（前述 ISSI 评定的可利用度是指可以利用的客观资源，与我们所说的对支持的主动利用不同）。

自 20 世纪 80 年代初以来，我国心理卫生工作者在研究中开始大量使用评定量表，有的直接移植国外的量表或稍加修订，有的则在参考国外文献的基础上设计新的问卷，但未见有评定社会支持的量表。由于 SSQ 和 ISSI 等国外流行的问卷条目繁多，且其中相当一部分条目不太符合中国国情。考虑到我国受试者的文化素质一般较西方国家低，且对问卷调查不习惯，且在我国的心理卫生研究中，问卷和条目的数量有越来越多的趋势，因此，我们本着有效和简洁的原则，在参考国外有关资料的基础上，自行设计了只有 10 个条目的《社会支持评定量表》，该量表包括客观支持（3 条）、主观支持（4 条）和对社会支持的利用度（3 条）等三个维度。

（三）量表的研究应用

据不完全统计，自 1986 年以来，《社会支持评定量表》已在国内 20 多项研究中应用，并被译为日文用于一项国际协作研究。从反馈回来的意见看，该问卷的设计基本合理，条目易于理解，无歧义，具有较好的信度和效度。

作者（1987）试用《社会支持评定量表》对 128 名二年级大学生进行测试，量表总分为 34.56 ± 3.73 分，两个月重测总分一致性 R = 0.92（P < 0.01），各条目一致性 R 1 – 10 在 0.89 ± 0.94 之间，表明该问卷具有较好的重测信度。

国外研究表明，社会支持对身心健康有显著的影响，即社会支持的多少可以预测个体身心健康的结果。从已有的研究结果看，《社会支持评定量表》的测定结果与身心健康结果具有中等程度的相关性，即该量表具有较好的预测效度（predictive validity）。汪向东等（1988）将该量表应用于对深圳移民的心理健康研究，发现本地组社会支持总分（33.77±0.68）高于迁居组（36.78±13.73，两组比较 P < 0.01）。SCL - 90 代表的心理健康水平与迁居组社会支持总分呈显著负相关，多元回归分析发现迁居组的心理健康水平主要与在深圳居住时间、迁居态度和社会支持状态有关。解亚林等（1993）分析社会及心理因素与少数民族大学生心理健康水平的关系，发现《社会支持评定量表》的三个维度都与 SCL - 90 症状呈负相关，其中主观支持和对支持的利用度与症状的相关关系显著。以大学生 SCL - 90 总症状指数大于 2 分划界进行两类判别，《社会支持评定量表》的利用度进入差别方程，成为预测大学生心理健康水平的四个社会与心理因素之一，表明对社会支持的利用度确实与精神健康相关，是社会支持的一个重要组成部分。肖水源等（1991，1992）应用病例配对方法研究应激、社会支持等社会与心理因素对消化性溃疡的影响，发现患者的社会支持总分低于配对的正常组（P < 0.01），表明社会支持水平与消化性溃疡的发生与复发可能有一定的关系。用该量表分析 100 例消化性溃疡患者社会支持水平与心理健康水平的关系，发现社会支持总分与 SCL - 90 评分呈负相关，相关系数为 - 0.184 8（P < 0.05）。SCL - 90 总痛苦水平为因变量，社会人口学资料、生活事件、社会支持、病期、并发症等因素为自变量做多元逐步回归分析，结果社会支持是进入回归方程的四个因素之一。

评定说明：

1. 社会支持评定量表条目计分方法：

第 1~4、8~10 条：每条只选一项，选择 A、B、C、D 项分别计 1、2、3、4 分。

第 5 条分 A、B、C、D 四项计总分，每项从无到全力支持分别计 1~4 分。

第 6、7 条如回答"无任何来源"则计 0 分，回答"下列来源"者，有几个来源就计几分。

2. 社会支持评定量表分析方法：

（1）总分：十个条目计分之和；

（2）客观支持分：2、6、7 条评分之和；

（3）主观支持分：1、3、4、5条评分之和；

（4）对支持的利用度：第8、9、10条。

（四）社会支持评定量表

姓名：　　　性别：　　　年龄：　　　（岁）

文化程度：　　　职业：　　　婚姻状况：

住址或工作单位：　　　填表日期：　　年　月　日

指导语：下面的问题用于反映您在社会中所获得的支持，请按各个问题的具体要求，根据您的实际情况写。谢谢您的合作。

1. 您有多少关系密切，可以得到支持和帮助的朋友？（只选一项）

A. 一个也没有

B. 1~2个

C. 3~5个

D. 6个或6个以上

2. 近一年来，您：（只选一项）

A. 远离家人，且独居一室

B. 住处经常变动，多数时间和陌生人住在一起

C. 和同学、同事或朋友住在一起

D. 和家人住在一起

3. 您与邻居：（只选一项）

A. 相互之间从不关心，只是点头之交

B. 遇到困难可能稍微关心

C. 有些邻居都很关心您

D. 大多数邻居都很关心您

4. 您与同事：（只选一项）

A. 相互之间从不关心，只是点头之交

B. 遇到困难可能稍微关心

C. 有些同事很关心您

D. 大多数同事都很关心您

5. 从家庭成员得到的支持和照顾（在无、极少、一般、全力支持四个选

项中，选择合适选项）

A. 夫妻（恋人）

B. 父母

C. 儿女

D. 兄弟姐妹

E. 其他成员（如嫂子）

6. 过去，在您遇到急难情况时，曾经得到的经济支持和解决实际问题的帮助的来源有：

A. 无任何来源

B. 下列来源：（可选多项）

（A）配偶（B）其他家人（C）亲戚（D）同事（E）工作单位（F）党团工会等官方或半官方组织（G）宗教、社会团体等非官方组织（H）其他（请列出）

7. 过去，在您遇到急难情况时，曾经得到的安慰和关心的来源有：

A. 无任何来源

B. 下列来源：（可选多项）

（A）配偶（B）其他家人（C）朋友（D）亲戚（E）同事（F）工作单位（G）党团工会等官方或半官方组织（H）宗教、社会团体等非官方组织（I）其他（请列出）

8. 您遇到烦恼时的倾诉方式：（只选一项）

A. 从不向任何人诉述

B. 只向关系极为密切的1~2个人诉述

C. 如果朋友主动询问您会说出来

D. 主动叙述自己的烦恼，以获得支持和理解

9. 您遇到烦恼时的求助方式：（只选一项）

A. 只靠自己，不接受别人帮助

B. 很少请求别人帮助

C. 有时请求别人帮助

D. 有困难时经常向家人、亲友、组织求援

10. 对于团体（如党团组织、宗教组织、工会、学生会等）组织活动，您：（只选一项）

A. 从不参加

B. 偶尔参加

C. 经常参加

D. 主动参加并积极活动

六、应付方式问卷

（一）编制背景和目的

1. 背景：

Gentry（1983）曾较乐观地认为我们正趋向发展一门"应付科学"（Science of Coping）。这种意见是对 Pelietier 于 20 世纪 70 年代提出的"现代人类疾病一半以上与应激有关"这一观点认同的结果。因为，应付作为应激与健康的中介机制，对身心健康的保护起着重要的作用。如有研究发现，个体在高应激状态下，如果缺乏社会支持和良好的应付方式，则心理损害的危险度可达 43.3%，为普通人群危险度的两倍。但是，当个体面对应激环境时，哪一类或哪一种应付方式是良好的应付方式？如何测量或评估个体的应付方式？虽然近十多年来，此类问题国外的研究较多，但目前似乎仍无统一的意见和工具。而国内有关应付与应付方式评估与测量工具的研究，根据所能查到的文献资料，发现较少有人涉足。本着积极开拓应付行为领域的研究，发展一套适合中国人使用的"应付方式问卷"的思想，我们参阅了国外部分被认为是较好的研究应付和防御时所用的问卷，并借助他们的经验和知识，同时，结合我们汉语的语言特点以及中国处世的一些行为习惯，编制了《应付方式问卷》。

2. 量表编制与信度和效度检验：

（1）编制"应付方式问卷"初稿。参考 Billings & Moos（1980），Folkman & Lazrus（1980），Ilefld（1980），Ray & Lindop（1982），Bond & Gardner（1983）以及 Stone 和 Neale（1986）等人研究应付和防御时所用的问卷内容以及有关"应付"的理论思想，根据编制问卷的要求，首先按照逻辑法原则结合汉语的语言特点和我国为人处世的一些行为习惯，编制出"问卷"原始稿，并将原始稿送两位有关教授评阅。经评阅后再做修改，由此产生"问卷"初稿。

（2）"应付方式问卷"初稿在普通人群组中效度研究。

①样本：

A. 样本量计算：研究最低样本量应在 93 以上。为提高样本代表性，实际研究中抽取了 250 名自愿受试者。

B. 抽样方法：根据工作方便和职业分布，抽取了四个整群样本以及少量院内患者的陪人。

C. 样本构成（以实际收回有效问卷计算）：人数：226；男：108；女：118；年龄：27.6±11.7。

②效度评估：采用因子分析，以检验和评估"问卷"初稿的构造效度。组成各因子条目的因素负荷取值在 0.35 或以上。

③"问卷"修订：因子分析的结果显示，初稿中八个理论因子的条目主要集中在六个因子内，初稿中仅有 54% 的条目在所期望的因子内。根据这一结果，对"问卷"初稿进行修订，将未进入六个因子内的条目和因素负荷低于 0.35 的条目删除，对语义欠明确的条目进行修改。同时，增补部分新条目，由此，产生"问卷"修订稿。

（3）"应付方式问卷"修订稿在两个特定群体中的效度与信度研究。

①青少年学生组

A. 样本：

（A）样本量：样本量计算方法同普通人群组，为利于进行分层、整群随机抽样，实际研究中，受试样本量达 648 人；

（B）样本构成（以实际收回有效问卷计算）：人数：587；男：292；女：295；中学生：301；大学生：286；年龄：17.0±2.3。

B. 效度评估：采用因子分析，构成各因子条目的因素负荷取值在 0.35 或以上。

C. 信度评估：采用再测信检验法。在受试学生中，随机抽取 40 多名学生，间隔一周重测。六个应付因子重测相关系数分别为：R1 = 0.72；R2 = 0.62；R3 = 0.69；R4 = 0.72；R5 = 0.67；R6 = 0.72。

②神经症—对照组。

A. 样本：

（A）样本量：样本量计算方法同青少年学生组，其中神经症患者 97 例，配对的正常对照组 97 例，两组共 194 例，组成神经症—对照组；

（B）样本构成：人数：194；男：102；女：92；年龄：28.0±7.5。

B. 效度评估：采用因子分析，构成各因子条目的因素负荷取值在 0.35 或以上。

C. 信度评估：五个应付因子重测相关系数分别为：R1 = 0.63；R2 = 0.68；R3 = 0.65，R4 = 0.73；R5 = 0.68。

（4）比较两组受试应付因子的组成和因子内部应付条目的一致性，以检验该问卷在不同群体中，其应付因子和因子内应付条目的稳定性。

为便于比较，将青少年学生组忍耐与合理化合并为忍耐/合理化因子。两组受试各因子条目构成一致率见表6。

表6　青少年学生组与神经症—对照组应付因子条目构成一致率比较表

青少年学生组	解决问题	自责	求助	幻想	退避/合理化	总体
神经症—对照组	解决问题	自责	求助	幻想	退避/合理化	总体
一致率	94%	57%	91%	73%	67%	76.5%

（二）评定说明

1. 适用范围：

（1）文化程度在初中和初中以上。

（2）年龄在 14 岁以上的青少年、成年和老年人。

（3）除痴呆和重性精神病之外的各种心理障碍患者。

2. 使用方法与注意事项：

（1）"应付方式问卷"为自陈式个体应付行为评定量表。检查者将该问卷发给受检者后，要求受检者首先认真阅读指导语，然后根据自己的实际情况，逐条回答问卷每个项目提及的问题。答完问题后，当场收回。

（2）每个条目有两个答案"是""否"。如果选择"是"，则请继续对后面的"有效""比较有效""无效"做出评估；如果选择"否"则请继续下一个条目；

（3）评定的时间范围是指受检者近两年来的应付行为状况。

3. 计分方法与结果解释：

（1）量表分计分方法："应付方式问卷"有六个分量表，每个分量表由若干个条目组成，每个条目只有两个答案："是"和"否"。计分分两种情况。

①除 B 所列举的情况外，各个分量表的计分均为：选择"是"得 1 分，选择"否"得 0 分。将每个项目得分相加，即得该分量表的量表分；

②在"解决问题"分量表中的条目 19，在"求助"分量表中的条目 36、39 和 42，选择"否"得 1 分，选择"是"得 0 分。

（2）计算各分量表的因子分。因子分计算方法如下：

分量表因子分＝分量表单项条目分之和/分量表条目数

（3）结果解释：

①根据各分量表的因子分的值绘出应付方式因子廓图；

②根据廓图和各分量表因子分结果。

A. 解释受检个体或群体的应付方式类型和应付行为特点；

B. 比较不同受检个体或群体的应付行为差异；

C. 各分量表理论意义简析：应付因子间的相关"解决问题"与"退避"两应付因子的负相关程度最高。以此作为六个应付因子关系序列的两极，然后根据各因子与"解决问题"应付因子相关系数的大小排序，可将六个应付因子排出下列关系序列图：

退避→幻想→自责→求助→合理化→解决问题

Vaillant（1975）等人研究"应付"时，认为应付行为可分为自恋型、不成熟型、神经症型和成熟型。如果以"解决问题"表示成熟的应付方式，"求助"与"合理性"因与"解决问题"呈正相关也归为成熟应付方式类，而与"解决问题"相反的另一极的"退避"表示不成熟的应付方式，则该应付行为成熟等次序列的类型与 Vaillant 等人观点有相似之处。该结果提示，不同类型的应付行为可以反映人的心理发展成熟的程度。

研究结果还发现，个体应付方式的使用一般都在一种以上，有些人甚至在同一应激事件上所使用的应付方式也是多种多样的。但每个人的应付行为类型仍具有一定的倾向性，这种倾向性构成了六种应付方式在个体身上的不同组合形式。这些不同形式的组合与解释为：

"解决问题—求助"，成熟型，这类受试在面对应激事件或环境时，常能采取"解决问题"和"求助"等成熟的应付方式，而较少使用"退避""自责"和"幻想"等不成熟的应付方式，在生活中表现出一种成熟稳定的人格特征和行为方式。

"退避—自责"，不成熟型。这类受试在生活中常以"退避""自责"和"幻想"等应付方式应付困难和挫折，而较少使用"解决问题"这类积极的应付方式，表现出一种神经症性的人格特点，其情绪和行为均缺乏稳定性。

"合理化"，混合型。"合理化"应付因子既与"解决问题""求助"等成熟应付因子呈正相关，也与"退避""幻想"等不成熟应付因子呈正相关，反映出这类受试的应付行为集成熟与不成熟的应付方式于一体，在应付行为上表现出一种矛盾的心态和两面性的人格特点。

③各分量表更全面和精确的理论意义和标准化的行为评估解释尚待进一步研究确认。

④每个条目答案后的单个应付方式的有效评估仅供实用性应付行为指导研究用。

（4）应用价值与理论意义：

①可以作为不同群体的应付行为研究的标准化工具之一；

②由于良好的应付方式有助于缓解精神紧张，帮助个体最终成功地解决问题，从而起到心理平衡、保护精神健康的作用。因此，评估个体或某个群体的应付行为，有助于为心理健康保健工作提供依据；

③用于不同群体应付行为类型和特点研究，为不同专业领域选拔人才提供帮助；

④用于不同群体应付行为类型和特点研究，为培养人才提供帮助；

⑤用于各种心理障碍的行为研究，为心理治疗和康复治疗提供指导；

⑥用于各种有心理问题人的行为研究，为提高和改善人的应付水平提供帮助。

（5）《应付方式问卷》（第三版）分量表构成与评分

《应付方式问卷》（第三版）是在《应付方式问卷》（第二版）的基础上修订而成。该版注意改善了《应付方式问卷》中存在的一些问题，重点在各分量表的条目构成和分量表条目数的均衡性上进行了一些增补和修订。《应付方式问卷》（第三版）仍含六个分量表，各分量表的条目构成见表7：

表7 "应付方式问卷"（第三版）分量表条目构成表

分量表	分量表条目构成编号
1. 解决问题	1，2，3，5，8，－19，29，31，40，46，51，55
2. 自责	15，23，25，37，39，48，50，56，57，59
3. 求助	10，11，14，－36，－39，－42，43，53，60，62
4. 幻想	4，12，17，21，22，26，28，41，45，49
5. 退避	7，13，16，19，24，27，32，35，44，47
6. 合理化	6，9，18，20，30，33，38，52，54，58，61

评分方法：各分量表项目近期没有"－"号者，选"是"得1分；有"－"者，选"否"得1分。

（三）《应付方式问卷》

姓名　　　　性别　　　　年龄　　　　文化　　　　职业

籍贯　　　　住址　　　　编号

填表方法：此表每个条目有两个答案"是""否"。请您根据自己的情况在每一条目后选择一个：如果选择"是"，则请继续对后面的"有效""比较有效""无效"做出评估。

表8 《应付方式问卷》量表

	是	否
1. 能理智地应付困境		
2. 善于从失败中吸取经验		
3. 制订一些克服困难的计划并按计划去做		
4. 常希望自己已经解决了面临的困难		

续表

	是	否
5. 对自己取得成功的能力充满信心		
6. 认为"人生经历就是磨难"		
7. 常感叹生活的艰难		
8. 专心于工作或学习以忘却不快		
9. 常认为"生死有命，富贵在天"		
10. 常常喜欢找人聊天以减轻烦恼		
11. 请求别人帮助自己克服困难		
12. 常只按自己想的做，且不考虑后果		
13. 不愿过多思考影响自己的情绪的问题		
14. 投身其他社会活动，寻找新寄托		
15. 常自暴自弃		
16. 常以无所谓的态度来掩饰内心的感受		
17. 常想"这不是真的就好了"		
18. 认为自己的失败多系外因所致		
19. 对困难采取等待观望任其发展的态度		
20. 与人冲突，常是对方性格怪异引起		
21. 常向引起问题的人和事发脾气		
22. 常幻想自己有克服困难的超人本领		
23. 常自我责备		
24. 常用睡觉的方式逃避痛苦		
25. 常借娱乐活动来消除烦恼		
26. 常爱想些高兴的事自我安慰		
27. 避开困难以求心中宁静		
28. 为不能回避困难而懊恼		
29. 常用两种以上的办法解决困难		
30. 常认为没有必要那么费力去争成败		

续表

	是	否
31. 努力去改变现状，使情况向好的一面转化		
32. 借烟或酒消愁		
33. 常责怪他人		
34. 对困难常采用回避的态度		
35. 认为"退后一步自然宽"		
36. 把不愉快的事埋在心里		
37. 常自卑自怜		
38. 常认为这是生活对自己不公平的表现		
39. 常压抑内心的愤怒与不满		
40. 吸取自己或他人的经验去应付困难		
41. 常不相信那些对自己不利的事		
42. 为了自尊，常不愿让人知道自己的遭遇		
43. 常与同事、朋友一起讨论解决问题的办法		
44. 常告诫自己"能忍者自安"		
45. 常祈祷神灵保佑		
46. 常用幽默或玩笑的方式缓解冲突或不快		
47. 自己能力有限，只有忍耐		
48. 常怪自己没出息		
49. 常爱幻想一些不现实的事来消除烦恼		
50. 常抱怨自己无能		
51. 常能看到坏事中有好的一面		
52. 自感挫折是对自己的考验		
53. 向有经验的亲友、师长求教解决问题的方法		
54. 平心静气，淡化烦恼		
55. 努力寻找解决问题的办法		
56. 选择职业不当，是自己常遇挫折的主要原因		

	是	否
57. 总怪自己不好		
58. 经常是看破红尘，不在乎自己的不幸遭遇		
59. 常自感运气不好		
60. 向他人诉说心中的烦恼		
61. 常自感无所作为而任其自然		
62. 寻求别人的理解和同情		

参考文献

［1］俞国良. 大学生心理健康［M］. 北京：北京师范大学出版社，2018.

［2］欧晓霞，罗杨. 大学生心理健康［M］. 北京：清华大学出版社，2017.

［3］黎文珍. 心理健康教育［M］. 上海：上海交通大学出版社，2016.

［4］陈秀元. 大学生心理健康教程［M］. 北京：人民邮电出版社，2015.

［5］张劲东，俞旭红. 大学生心理健康实用教程［M］. 北京：中国出版集团现代教育出版社，2015.

［6］许建新. 大学生心理健康教育［M］. 武汉：武汉大学出版社，2014.

［7］郑东东. 大学生心理健康教程［M］. 北京：北京理工大学出版社，2014.

［8］廖舟，张静. 大学生团体心理辅导方案指南［M］. 北京：知识产权出版社，2013.

［9］李鹤展，万崇华. 当代大学生心理健康教育［M］. 长春：东北师范大学出版社，2012.

［10］中国心理卫生协会. 心理咨询师［M］. 北京：民族出版社，2012.

［11］仲少华，蒋难牧. 新编大学生心理健康教程［M］. 上海：上海交通大学出版社，2012.

［12］毕淑敏. 心灵游戏［M］. 北京：北京出版集团公司北京十月文艺出版社，2010.

［13］郝春生．高职大学生心理健康指导［M］．北京：北京交通大学出版社，2009.

［14］赵艳丽．大学生心理辅导案例［M］．青岛：中国海洋大学出版社，2007.

［15］傅宏．心理健康与辅导［M］．南京：河海大学出版社，2005.

［16］雷骥．象牙塔中的柔情与理性——当代大学生恋爱问题调研报告［M］．开封：河南大学出版社，2005.

［17］杨玉宇．大学生心理咨询案例分析与辅导［M］．昆明：云南民族出版社，2005.

［18］彭聃龄．普通心理学（修订版）［M］．北京：北京师范大学出版社，2004.

［19］孔燕．微笑成长：大学生心理健康教育案例［M］．合肥：安徽人民出版社，2003.

［20］陈国明．心理健康教育指导［M］．宁波：宁波出版社，2002.

［21］潘玉腾．大学生心理健康教育研究［M］．北京：人民出版社，2001.

［22］李百珍．青少年心理卫生与心理咨询［M］．北京：北京师范大学出版社，1997.

［23］王登峰，张伯源．大学生心理卫生与咨询［M］．北京：北京大学出版社，1992.

［24］简明不列颠百科全书［M］．北京：中国大百科全书出版社，1986.